Edith Broszinsky-Schwabe

Interkulturelle Kommunikation

Edith Broszinsky-Schwabe

Interkulturelle Kommunikation

Missverständnisse – Verständigung

VS VERLAG

Bibliografische Information der Deutschen Nationalbibliothek
Die Deutsche Nationalbibliothek verzeichnet diese Publikation in der Deutschen Nationalbibliografie; detaillierte bibliografische Daten sind im Internet über <http://dnb.d-nb.de> abrufbar.

1. Auflage 2011

Lektorat: Frank Engelhardt / Cori Mackrodt

VS Verlag für Sozialwissenschaften ist eine Marke von Springer Fachmedien.
Springer Fachmedien ist Teil der Fachverlagsgruppe Springer Science+Business Media.
www.vs-verlag.de

Umschlaggestaltung: KünkelLopka Medienentwicklung, Heidelberg
Druck und buchbinderische Verarbeitung: Ten Brink, Meppel
Gedruckt auf säurefreiem und chlorfrei gebleichtem Papier
Printed in the Netherlands

ISBN 978-3-531-17174-6

Inhalt

Vorwort

Ein weiteres Buch zur *Interkulturellen Kommunikation?* Kann das noch etwas Neues bringen?

Zunächst: Dies soll kein Lehrbuch sein. Ich habe bewusst vermieden, möglichst viele Definitionen von *Kommunikation* oder von *Kultur* aufzuzählen, sondern mich auf wenige konzentriert, die für das Verständnis des interkulturellen Verständigungsprozesses unumgänglich sind. Auf weitere werde ich nur verweisen.

Die Beschäftigung mit den Bedingungen und Folgen von Begegnungen zwischen den Kulturen ist nicht neu, verändert aber hat sich die Welt, in der wir leben. Kaum jemand ist in seiner Lebenswelt unbeeinflusst von Kontakten mit Menschen aus anderen Kulturen, sei es im Beruf oder in privaten Beziehungen.

Ich habe das Buch unter einem Blickpunkt von Interkultureller Kommunikation geschrieben, der mir persönlich sehr wichtig erscheint, nämlich die Tatsache, dass Verständigung zwischen Menschen aus verschiedenen Kulturen außerordentlich kompliziert, manchmal erfolglos oder mit Missverständnissen verbunden ist. Eine glatte, erfolgreiche Kommunikation ist eher die Ausnahme. Ich habe versucht, Ursachen für diese Missverständnisse zu finden und zu analysieren, um sie vermeiden zu helfen. Um Barrieren zu beseitigen, muss man sie kennen. Das erscheint mir äußerst notwendig zu einer Zeit, in der Kontakte zwischen Kulturen unausweichlich sind. Verständigung trotz unterschiedlichen kulturellen Hintergrundes ist möglich, wenn man die Tatsche akzeptiert, dass heute in der Welt, in unserem Land, Menschen miteinander leben und arbeiten, die einfach kulturell anders sind. Wenn wir uns dies bewusst machen, können wir Verständigung untereinander erreichen. Es gibt heute nicht nur diese Verschiedenheit, sondern zum Glück auch die Kenntnisse darüber, wie man trotzdem miteinander kommunizieren kann. Interkulturelle Kommunikation ist erlernbar. Diese Gewissheit möchte ich mit diesem Buch vermitteln.

Noch einige Anmerkungen zuvor:

Natürlich kommunizieren Menschen zwischen den Kulturen auf ganz unterschiedliche Weise, direkt oder indirekt, mündlich oder schriftlich. Uns erscheint es oft so, dass sich heute Menschen häufiger durch E-Mails, sms oder über ihr Handy miteinander verständigen, als im persönlichen Kontakt. Dennoch konzentriere ich mich auf die personale, face-to-face Kommunikation und zwar aus einem einfachen Grund: Wir wollen Interkulturelle Kommunikation als Einheit von verbalen und nonverbalen Mitteilungen erfassen. Interkulturelle Kommunikation ist eine Aktion zwischen Menschen, in der Sprache, Körpersprache und kulturelle

Verhaltensmuster ineinander greifen. Und die Missverständnisse entstehen auf allen drei Ebenen.

Wenn man die Publikationen zum Thema „Interkulturelle Kommunikation" der letzten Jahre vergleicht, ist es offensichtlich, dass die fachliche Herkunft/Spezialisierung des Verfassers den Blickpunkt bestimmt: Linguisten stellen sprachliche Verständigung in den Mittelpunkt, Betriebswirtschaftler jene Missverständnisse, die gemeinsame Wirtschaftsprojekte behindern, Psychologen widmen ihre Studien stärker den inneren Barrieren zwischen Personen im Kulturkontakt etc.

Als Kulturwissenschaftlerin interessiert mich vor allem, welche kulturellen Faktoren Kommunikation beeinflussen. Durch meine langjährige Erfahrung als Dozentin habe ich mich vielfach mit Kulturvergleich beschäftigt, in Projekten den Umgang mit Fremdbildern untersucht, mit den Studenten Erfahrungen in der interkulturellen Kommunikation ausgewertet und – last but not least – während zahlreicher Auslandsaufenthalte selbst erlebt, wie schwierig es sein kann, sich zu verständigen. Diese Erfahrungen gehen in das Buch ein.

Ich halte das Thema dieser Publikation nicht für ein rein theoretisches, sondern eng verflochten mit praktischen Prozessen. Ich habe deshalb versucht, eine Brücke zu schlagen.

Das Buch zielt nicht nur auf eine einzelne Berufsgruppe. Ich möchte auch jene erreichen, die für ihre eigenen komplizierten interkulturellen Erfahrungen nach Erklärungen suchen und sie auf Wege des Erwerbs Interkultureller Kompetenz hinweisen.

Mein Dank gilt jenen, die mich ermuntert haben, meine Gedanken und Erfahrungen in diesem Buch zusammen zu fassen. Ebenso danke ich denen, die Fotos für dieses Buch zur Verfügung stellten.

Berlin, August 2010

Edith Broszinsky-Schwabe

Einleitung

„Interkulturelle Kommunikation" ist in den letzten Jahren zu einem Modewort geworden. Noch vor 30 Jahren waren Begriffe wie „Völkerverständigung", „Verständigung zwischen den Kulturen", „Internationale Kommunikation" oder „Internationale Verständigung" ebenso geläufig. Was hat sich verändert?

Ein Artikel aus dem Bereich der internationalen Wirtschaft als Auftakt weist darauf hin.

> „General Electric muss chinesischer als die Chinesen werden"
> Ferdinando Becalli-Falco, Präsident von GE International, fordert stärker den Kulturwandel ein.
> Das Wachstumspotential sieht Beccalli in Asien, dort vor allem in China und Indien. …
> Wichtigste Voraussetzung für das Erreichen der Ziele ist nach den Worten von Becalli auch die stärkere Verinnerlichung der jeweiligen Landeskulturen.
> „Wir müssen die Kulturen verstehen, mehr zuhören und einfach auch mal den Mund halten." Er habe gelernt, sich den jeweiligen Situationen anzupassen, ohne den eigenen Charakter und eigene Werte aufzugeben. „General Electric muss ein Chamäleon sein."
> (Frankfurter Allgemeine Zeitung, 17.7.2010, S.14)

In dem Artikel wird schon deutlich, dass der Begriff Interkulturelle Kommunikation mehr umfasst als folkloristische Völkerverständigung oder kurzeitige Begegnung von Menschen aus unterschiedlichen Kulturen im Rahmen von Tourismus-Reisen oder Experteneinsätzen im Ausland. Es geht um das Bemühen zur Verständigung nicht mehr nur zwischen verschiedenen Nationen, sondern zwischen Menschen aus unterschiedlichen Kulturen. „Internationale Verständigung" wäre heute ein zu enger Begriff, weil die Verständigungsbarrieren ebenso im Inneren der Nationen vorhanden sind.

„Interkulturelle Kommunikation" betont zugleich die Bedeutung, die Kultur für Kommunikation hat. Verständigung wird wesentlich von dem jeweiligen kulturellen Hintergrund beeinflusst. Für den Erfolg der Kommunikation zwischen Personen oder Gruppen ist entscheidend, inwieweit und ob die Partner sich der kulturellen Andersartigkeit bewusst sind und sich darauf einstellen.

Die Verwendung und Bedeutung des Begriffes Interkulturelle Kommunikation ist jedoch nicht einfach ein Modewort. Die Verständigung zwischen Menschen aus verschiedenen Kulturen ist heute ein unausweichlicher Prozess, der seine Wurzeln in großen gesellschaftlichen Veränderungen der vergangenen 50 Jahre hat.

Im übertragenen Sinne ist unsere Welt immer mehr geschrumpft. Es gibt immer mehr Verbindendes zwischen den Völkern und Kulturen der Welt. McLuhans Begriff des „global village“ bezog sich vor allem auf die technischen Entwicklungen im 20. Jahrhundert (weltumspannende Mediennetze). Das „global village“ assoziierte aber auch eine einheitliche Gemeinschaft mit gemeinsamen Problemen.

Dieser umfassende Aspekt hat inzwischen eine viel größere Bedeutung erhalten. Wir hängen heute in der Welt viel stärker voneinander ab. Die Völker haben Probleme, die sie gemeinsam lösen müssen: die Bedrohung der Umwelt, der sparsame Umgang mit den Ressourcen, über Ländergrenzen hinweg verbreitete Krankheiten wie AIDS und – zunehmend in den letzten Dekaden – die Gefahr des internationalen Terrorismus. Ohne Verständigung über nationale und kulturelle Grenzen hinweg sind diese Probleme nicht zu lösen. Und sie können nicht von den Politikern allein gelöst werden.

Vielfach wird Interkulturelle Kommunikation als die besondere Form von Kommunikation im 21. Jahrhundert bezeichnet. Der Hintergrund ist ihre Bindung an Prozesse der Globalisierung.

Ulrich Beck hat die damit verbundenen gesellschaftlichen Veränderungen im Kontext seiner Artikel zu Globalität und Globalisierung sehr anschaulich beschrieben. Hier sind jene Aspekte von Interkulturalität enthalten, die uns im Laufe der Publikation beschäftigen werden.

- „Globalität meint: Wir leben längst in einer Weltgesellschaft, und zwar in dem Sinne, dass die Vorstellung geschlossener Räume fiktiv wird. Kein Land, keine Gruppe kann sich gegeneinander abschließen. Damit prallen die verschiedenen ökonomischen, kulturellen, politischen Formen aufeinander.“
- „Globalisierung meint dem gegenüber die Prozesse, in deren Folge die Nationalstaaten und ihre Souveränität durch transnationale Akteure, ihre Machtchancen, Orientierungen, Identitäten und Netzwerke unterlaufen und querverbunden werden.“ (Beck 2007, S. 27 ff.)

Beck charakterisiert acht Aspekte der Globalität, die bedeuten, dass dieser Prozess unumkehrbar ist. In unserem Zusammenhang sind besonders vier Aspekte hervorzuheben:

1. Geographische Ausdehnung und zunehmende Interaktionsdichte des internationalen Handels, die globale Vernetzung der Finanzmärkte und der Machtzuwachs transnationaler Konzerne;
2. informations- und kommunikationstechnologische Dauerrevolution;
3. die universal durchgesetzten Ansprüche auf Menschenrechte …;
4. die Bilderströme der globalen Kulturindustrien. (ebenda S. 29)

> „Neu ist nicht nur das tägliche Leben und Handeln über nationalstaatliche Grenzen hinweg, in dichten Netzwerken mit hoher, wechselseitiger Abhängigkeit und Verpflichtungen; neu ist die Selbstwahrnehmung dieser Transnationalität (in den Massenmedien, im Konsum, in der Touristik); neu ist die ‚Ortlosigkeit' von Gemeinschaft, Arbeit und Kapital; neu sind auch das globale ökologische Gefahrenbewusstsein und die korrespondierenden Handlungsarenen; neu ist die unausgrenzbare Wahrnehmung transkultureller Anderer im eigenen Leben mit all den sich widersprechenden Gewissheiten, neu ist die Zirkulationsebene ‚globaler Kulturindustrien'." (ebenda S. 31)

Die Veränderungen der Gesellschaft erfassen alle Bereiche: politisch, wirtschaftlich, sozial, kulturell.

Politisch bilden neue Staatenbündnisse Rahmenbedingungen für enge Zusammenarbeit, die Europäische Union mit ihren heute 27 Staaten ist ein Beispiel dafür. Nach dem Auflösen bipolarer Gegensätze in den Zeiten des Ost-West-Gegensatzes entwickelt sich eine internationale Staatengemeinschaft, in der neue Akteure neben den „G8" mitbestimmen wollen, insbesondere die Schwellenländer China und Indien.

Wirtschaftlich hängen die einzelnen Staaten von den Entwicklungen der Weltwirtschaft und des Finanzmarktes ab, Krisen weiten sich über Grenzen hinweg aus. Die Globalisierung der Wirtschaft bedeutet: neue Organisationsformen wie multinationale Konzerne, länderübergreifende Jointventures, Fusionen von Handelsimperien und Erweiterung des Welthandels sowie Internationales Management als normale Praxis. Diese Wirtschaftsentwicklung entzieht sich nationaler Kontrolle, baut aber zugleich auf internationale Kooperation, d. h. immer mehr Menschen arbeiten im Auftrag ihrer Firmen im Ausland.

Zentren dieser Wirtschaftsentwicklung sind nicht mehr nur die USA und Westeuropa, sondern zunehmend auch asiatische Staaten.

Begünstigt wird diese länderübergreifende Entwicklung insgesamt durch neue technologische Entwicklungen. Neue Transporttechnologien ermöglichen, dass immer mehr Menschen in immer kürzerer Zeit von einem Punkt der Welt zu einem anderen reisen oder ihre Waren befördern können.

In Hinblick auf soziale und kulturelle Prozesse in der Welt sind es aber vor allem die neuen Kommunikationstechnologien, die mit immer neuen Produkten unser Leben verändert haben. Selbst Alltag ist ohne TV, PC, Internet und Mobiltelefon kaum denkbar. Die Zahlen zeigen den Anstieg der Nutzung weltweit:

- PC-Nutzung in der Welt: 1 Milliarde Geräte, jährliche Wachstumsrate 12 %. aber: 58 % aller PCs weltweit sind in den USA, Westeuropa und Japan, d. h. stehen 15 % der Weltbevölkerung zur Verfügung! (www.it-times.de, Gartner.) (Zahlen von 2008)

- Handys: bereits 2006 gab es in Deutschland 82,8 Mio. Handys, also mehr als Einwohner.
  weltweit 16.7.2010: über 5 Milliarden (Wachstum vor allem in China und Indien)
- mobiles Internet: 2009: 360 Mio. Nutzer (www.teltarif.de)
- TV: 2010 sind 96 % der EU-Haushalte mit mindestens einem Fernseher ausgestattet.
  (www.eds-destatis.de) (Internet-Zugriff 16.07.2010)

Die Verfügbarkeit des Fernsehens in den verschiedenen Weltteilen ist sehr unterschiedlich. Im Jahre 1997 kamen in Afrika 6 Geräte auf 100 Einwohner. In Nordamerika 79, in Mittel-und Südamerika 21, in Asien 19 auf 100 Einwohner, in Europa 45 Geräte auf 100 Einwohner. Der stärkste Anstieg ist in Asien mit 48 % der weltweit verfügbaren Geräte. (Quelle: Unesco)

Diese Entwicklung führt zu einem enormen Anstieg von Informationen über andere Kulturen. Dennoch dürfen wir die Gegensätze in der Verfügbarkeit der Medien nicht übersehen. Noch immer stehen medial vernetzte Bewohner von Megastädten isolierten Dorfgemeinschaften in anderen Teilen der Welt gegenüber, für die sich die traditionellen Kommunikationsstrukturen als die einzig verlässlichen darstellen.

Für die Mehrheit der Menschen in den industrialisierten Ländern sind Entfernungen tatsächlich geschrumpft: Wir können unsere Geschäftspartner, Freunde oder Verwandte in anderen Erdteilen per Telefon oder Internet erreichen. Wenn wir sie persönlich treffen wollen, bringt uns das nächste Flugzeug in kurzer Zeit in ein anderes Land. Als Touristen sind wir in wenigen Stunden an entfernten Urlaubszielen.

Folgen: Immer mehr Menschen reisen zu kürzeren oder längeren Aufenthalten in andere Länder und begegnen dort Menschen mit einem anderen kulturellen Hintergrund, seien es Touristen, Schüler in Austauschprogrammen, Studenten, Geschäftsleute, Manager… Diese Entwicklung vollzieht sich im Rahmen einer drastischen Zunahme der Weltbevölkerung (heute bereits über 6 Milliarden Menschen) und einer weltweiten Wanderungsbewegung. Auf der Suche nach Arbeit, Wohlstand, Ausbildung und Sicherheit vor bewaffneten Konflikten verlassen immer mehr Menschen ihre Heimat, manche mit Rückkehroption, viele für immer. Weltweit leben heute 190 Millionen Menschen in einem anderen Land als dem ihrer Geburt.(Diese Zahl ist sicher zu niedrig angesetzt, da illegale Einwanderer und Flüchtlinge im Asylverfahren nicht eingeschlossen sind!). In Deutschland leben 15,2 Millionen Menschen mit Migrationshintergrund.

Das Besondere der Entwicklung der letzten Jahrzehnte ist, dass wir Menschen mit einer anderen Sprache, anderem Verhalten, anderen Essgewohnheiten, anderen Werten nicht erst in einem anderen Land in großer Entfernung begegnen, sondern mit ihnen Tür an Tür im eigenen Land leben. Das neue ist: Interkulturelle Kommunikation findet überall statt und betrifft uns alle. Es gibt fast keine Menschen auf der Erde, die so isoliert leben, dass sie keinem Fremden begegnen und sich zwangsläufig mit ihm verständigen müssen.

Man kann sich vor der Kommunikation mit Menschen anderer Kulturen nicht verschließen, weder an einem entfernten Strand irgendwo in der Welt noch in der eigenen Stadt!

Eine Erfahrung der Begegnungen ist: sie laufen nicht zwangsläufig harmonisch ab. Es treten Missverständnisse auf, Worte und Gesten werden unterschiedlich bewertet und interpretiert und manches Verhalten erscheint einfach unverständlich und nicht vorhersehbar (z. B. in Folge von divergierenden Auffassungen zur Zeit).

Interkulturelle Kommunikation als Begegnung und Verständigung zwischen Menschen, die unterschiedlichen Kulturen angehören und sich daher als Fremde wahrnehmen ist nicht mehr zufällig, sondern Normalität geworden.

Bekannt wurde die Aussage von Watzlawick „man kann nicht nicht kommunizieren". Dies gilt immer noch, aber heute müsste es zudem wahrscheinlich heißen: „Man kann nicht nicht interkulturell kommunizieren!"

Das Problem ist, ob man dafür mit dem nötigen Rüstzeug ausgestattet ist.

Kommunikation als Form der Interaktion von Menschen findet in allen Gemeinschaften statt, sei es mit den Mitteln der Sprache oder Körpersprache. Sie ist immer auch verbunden mit Verhaltensmustern und Ritualen, die man in seiner Kultur bereits im Kindesalter erlernt. Was in unserer heutigen Welt jedoch massenhaft erlebt wird, ist die Erfahrung, dass diese Muster offensichtlich nicht von allen und überall in der Welt geteilt werden. Es wird plötzlich ein Unterschied zwischen der bekannten, vertrauten eigenen Kultur und der fremden Kultur erlebt, die unsicher macht.

Immer mehr Menschen (darunter Menschen, die ihre vertraute Heimatkultur zuvor nie verlassen hatten) begegnen anderen, deren Sicht auf die Welt und auf die Dinge, die sie tun, vollkommen anders ist. Das Erlebnis immer größerer kultureller Vielfalt und Verschiedenartigkeit führt zu starker Verunsicherung, da unser kulturelles Weltbild offenbar aktuelle Erfahrungen nicht abdeckt. Mit den Menschen, die sich begegnen, stehen sich Lebenswelten gegenüber, also unterschiedliche Erfahrungen aus der eigenen Biographie und den erlernten Kulturmustern. Sie werden auf der Folie der eigenen Identität wahrgenommen. Es ist also notwendig, Begriffe wie Kultur, Identität und Fremdheit zu hinterfragen.

Nun leben wir heute aber auch in einer Zeit, in der die Kulturen nicht nur zusammengerückt sind, sondern in der sich auch das Wissen darüber entwickelt hat, wie man mit dieser Erfahrung umgeht. Die wissenschaftliche Beschäftigung mit Interkultureller Kommunikation ist durch und mit praktischen Erfahrungen gewachsen.

Sie begann in den USA in den 60er und 70er Jahren (auf Edward T. Hall, dem „Stammvater“ der Interkulturellen Kommunikation, komme ich noch zurück). Mit der Globalisierung in den 90er Jahren und der Zunahme realer Kontakte zwischen den Kulturen begann auch in Deutschland die wissenschaftliche Beschäftigung mit Interkultureller Verständigung bzw. Kommunikation. Heute gibt es bereits eine große Anzahl von theoretischen und praktischen Publikationen zum Umgang mit fremden Kulturen.

Heute ist klar, dass Kommunikation mit Menschen fremder Kulturen besondere Kenntnisse und Fähigkeiten erfordert.

Das Wissen darum, dass die Regeln der Kommunikation in unserer eigenen Kultur nicht ausreichen, sondern erweitert werden müssen, hat auch soziale Gründe, denn Unverständnis für Fremdes, erlebte Missverständnisse und Beharren auf der universellen Gültigkeit der eigenen Kultur kann nicht nur zu politischen Risiken und Scheitern von wirtschaftlichen Projekten führen, sondern schnell auch zu Konflikten oder sogar zu Gewalt.

Falsche Gesten und Gebärden bei einem militärischen Auslandseinsatz, vorwiegend in einem außereuropäischen Land, können lebensbedrohlich sein (Es ist nicht zufällig, dass die Bundeswehr in diesem Jahr Interkulturelle Berater für den Einsatz in Afghanistan sucht)!

Was ist Anliegen des Buches?

Interkulturelle Kommunikation soll als ein sozialer Prozess verstanden werden, der im Rahmen von Interaktionen stattfindet oder sie auslöst.

Interkulturelle Kommunikation soll als ein Spezialfall von Kommunikation transparent gemacht werden, für den alle Erkenntnisse über Bedingungen, Elemente und Ablauf von Kommunikation in gleicher Weise gelten, jedoch unter den erschwerten Bedingungen des Einflusses fremder Kulturmuster. Es soll verständlich werden, welche Bereiche von Kultur dabei besonders sensibel und relevant sind – sei es das Zeitverhalten, soziale Rollen und Hierarchien, Höflichkeitsregeln oder ethisch-religiöse Wertorientierungen. Dies sowohl im internationalen Rahmen, innerhalb des Landes oder in privaten Beziehungen. Im besonderen Blickpunkt werden dabei Interkulturelle Missverständnisse stehen: von der unterschiedlichen Bedeutung von Wörtern und Symbolen bis zu „falschen Gesten“ oder gegensätzlichen Verhaltensmustern. Durch interkulturelle Missverständnisse wird die Notwendigkeit sichtbar, sich mit der fremden und mit der eigenen Kultur auseinander zu setzen und deren Folgen für Verständigung zu erkennen. Ziel ist es, für kulturelle Gemeinsamkeiten und Unterschiede zu sensibilisieren.

Schwerpunkte des Buches werden Kommunikation – Kultur – Identität, Fremdheit und Interkulturelle Kompetenz sein.

Fragen nach der Zukunft von Interkultureller Kommunikation können ohne Vorstellungen von Kultur und möglichen „Entgrenzungen“ von Nationalkulturen nicht beantwortet werden. Der Verweis auf neue Formen von Lebenswelten, die verschiedene Kulturen in sich aufgenommen, vermischt oder verworfen haben, birgt die abschließende Frage danach, ob Interkulturelle Kommunikation dann überhaupt noch möglich oder notwendig ist.

1. Kapitel:
Interkulturelle Kommunikation als Spezialfall sozialer Kommunikation

Interkulturelle Kommunikation ist fest verbunden mit Interkulturalität, d.h. mit Beziehungen zwischen den Kulturen, wo immer sie stattfinden und welcher Art sie sein mögen. In der Geschichte der Menschheit gab es stets Kontakte und Begegnungen von Menschen – vom Tauschhandel zwischen Stammeskulturen bis zum globalen Markt unserer Zeit. Kriege, Eroberungen, Entdeckungen oder die Entwicklung von politischen Strukturen zwischen menschlichen Gemeinschaften waren immer begleitet von der Notwendigkeit, sich auf die eine oder andere Weise zu verständigen (was nicht unbedingt Toleranz und Akzeptanz der anderen bedeutete). Aber wie lief diese Kommunikation ab?

Der Austausch notwendiger oder begehrter Güter durch Handel brauchte ein Maß der Verständigung. Dies musste nicht zwangsläufig die Sprache sein. Herodot überlieferte aus dem 5. Jahrhundert v. u. Z. einen „stummen Tauschhandel“ der Griechen mit den Küstenbewohnern des nördlichen Westafrika, bei dem gegen griechische Luxusgüter Gold eingehandelt wurde. Weitgehend lief der Handel über lange Zeit über Gesten, also Körpersprache, ab oder es zogen Händler von Ort zu Ort, die sich weniger Worte bedienten, die auch ihre Käufer beherrschten. Im Fernhandel auf den alten Handelsrouten entwickelten sich Handels- oder Verkehrssprachen, wie z. B. das Suaheli und Arabisch in Afrika.

Wo immer Menschen aus einander fremden Gemeinschaften aufeinander trafen, mussten sie Formen der Verständigung finden, um ihre Interessen zum Ausdruck zu bringen. In manchen Fällen gab es einheimische Vermittler. Kulturkontakt in der Geschichte war nie global, sondern auf bestimmte Regionen eingegrenzt (z. B. Gebiete der Entdeckungen und Eroberungen), oft zeitlich begrenzt oder auf einzelne soziale Gruppen bezogen; z. B. Händler, wandernde Handwerksgesellen, Geistliche, Forscher, Krieger, Studenten. Es gab über lange Zeiträume Gebiete, in die nie ein Fremder kam oder der Fremde war nur aus dem Nachbarort, so dass Verständigung nicht allzu schwer war. Ein wechselseitiges Verstehen war dort gegeben, wo bestimmte Gruppen sich über eine gemeinsame Sprache verständigen konnten, auch wenn sie in andere Gebiete kamen, z. B. Mönche, die sich überall durch die lateinische Sprache verstehen konnten, oder Adlige, die sich bei ihren Reisen durch Europa einer gemeinsamen Sprache, wie Französisch, bedienten. Kommunikation innerhalb der gleichen Gruppe war kein wirkliches Problem. Kam es aber zu Begegnungen mit Fremden, musste ein gemeinsamer Weg zur Verständigung erst gesucht werden.

Die Beschäftigung mit den Sprachen und kulturellen Verhaltensmustern bisher fremder kultureller Gemeinschaften wird erst dann absolut notwendig und allgemein, wenn sich wirtschaftliche und politische Interessen über die eigenen Grenzen hinaus verlagern, wie es im 20. Jahrhundert begann. Für die in diesen Strudel weltweiter Verbindungen und Begegnungen hineingezogenen Individuen und Gruppen beginnt damit ein höchst komplizierter und nicht immer erfolgreicher Prozess.

Woraus besteht aber Kommunikation? Was läuft dabei zwischen den agierenden Personen ab? Ist das jeweils beliebig anders oder gibt es gemeinsame Regeln?

Thema dieser Publikation ist „Interkulturelle Kommunikation" und der komplizierte Umgang damit. Sie ist wie eine Straße mit Schlaglöchern voller Missverständnisse, auf der andere, ungewohnte Verkehrsregeln gelten.

Bevor wir hinterfragen, worin die Unsicherheiten und Gefahren dieser Art der Verständigung liegen, welche Ursachen sie haben und wie man sie vermeiden kann, müssen wir den Kernprozess verstehen: In dem Begriff **„Interkulturelle Kommunikation"** sind Faktoren enthalten, die in der Praxis ineinander greifen:

- *Kommunikatio*n als die Verständigung zwischen Menschen allgemein,
- *Interkulturell* als Begegnung und Verständigung zwischen Menschen, die verschiedenen Kulturen angehören.

Es ist daher sinnvoll, mit einer kurzen Darstellung von Kommunikation zu beginnen und dabei bereits die Besonderheit der Interkulturellen Kommunikation herauszufiltern. Der Ablauf von Kommunikation und Interkultureller Kommunikation sollen in ihrer Verschränkung dargestellt werden. Die allgemeinen Grundregeln der Kommunikation gelten ebenso für Interkulturelle Kommunikation.

In einem zweiten Schritt muss erklärt werden, was unter „Kultur" und „Interkulturalität" zu verstehen ist und welche Formen und Unterschiede von Kultur einen Hintergrund für die agierenden Personen bilden. Erst dann können wir uns dem interkulturellen Prozess in Detail zuwenden und die einzelnen Elemente genauer analysieren. Dies sowohl, um in der Lage zu sein, Ursachen von Missverständnissen aufzudecken, als auch um Strategien zur Vermeidung von Konflikten zu entwickeln.

Menschen sind soziale Wesen, sie brauchen sozialen Kontakt. Wo immer sie sind, reagieren sie auf die Begegnung mit anderen Menschen: sie winken ihnen zu oder wenden sich ab, rufen ihnen Gruß zu oder gehen schweigend aneinander vorbei und signalisieren nur mit den Augen, dass sie den anderen gesehen haben. Sie werden ihrerseits von anderen bemerkt, die ihnen mit Worten oder Gesten etwas übermitteln.

Diesen gemeinsamen Austausch von Informationen bezeichnen wir als menschliche Kommunikation. Sie ist eine Handlung. Sie ist die Basis aller Kontakte zwischen Menschen und ist eine wichtige soziale Interaktion, in der Gedanken und Gefühle mitgeteilt oder ausgetauscht werden.

Interkulturelle Kommunikation bezeichnet die Verständigung zwischen zwei oder mehreren Personen, die unterschiedlichen Kulturen angehören, woraus sich eine Reihe von Schwierigkeiten und Problemen ergeben. Der Inhalt und Verlauf menschlicher Kommunikation gilt für Interkulturelle Kommunikation auf gleiche Weise, es ist der übergreifende Prozess. Wir müssen daher Kommunikation allgemein beschreiben und die Gemeinsamkeiten und Unterschiede zur Interkulturellen Kommunikation verständlich machen.

Die erste Schwierigkeit ist, dass es keinen einheitlichen Kommunikationsbegriff gibt, sondern eine Vielzahl unterschiedlicher Definitionen. Merten ermittelte bereits 1977 über 170 Definitionen, Dance and Larson in den USA Mitte der 80er Jahre bereits 126. Es erscheint daher sinnvoll, sich dem Kommunikationsprozess über die für ihn charakteristischen Merkmale und Abläufe zu nähern.

Kommunikation als Prozess der Weitergabe von Signalen oder Botschaften ist nicht nur Gegenstand von Sozialwissenschaften, sondern auch von verschiedenen Naturwissenschaften sowie der Informations- und Nachrichtentechnologien. Auch Tierkommunikation im Sinne der Verständigung untereinander (oder mit dem Menschen) ist Gegenstand der Forschung

Als allgemein verbreitete Unterscheidung haben sich ein weiter und ein enger Kommunikationsbegriff durchgesetzt: Ein **weitgefasster Kommunikationsbegriff** bezieht die Kommunikation zwischen lebenden Organismen, zwischen technischen Systemen oder zwischen Maschinen und Menschen (z. B. Mensch – PC) ein. In einem **engeren Sinne ist Kommunikation** die zwischen Menschen und basiert auf gemeinsamen Zielen.

Das lateinische Wort *communicatio* bedeutet Verbindung, Mitteilung und weist darauf hin, welche Bedeutung es für Menschen hat, ihr Handeln mit anderen abzustimmen. Sie benutzen dazu die Sprache (verbale Kommunikation) oder Signale ihres Körpers (nonverbale Kommunikation).

Kommunikation kann auf verschiedene Weise erfolgen: direkt (als *personale Kommunikation*, auch als *face-to-face communication* bezeichnet) oder indirekt durch die Vermittlung eines Mediums. In der Kulturgeschichte der Menschheit haben sich dazu geeignete Medien in allen Teilen der Welt entwickelt: In Stein gemeißelte Botschaften, Papyrustexte und in Holz geschnitzte Informationen, Mitteilungen durch Trommelsprachen, Morsezeichen, wechselseitige Rauchzeichen etc.

Seit der Entdeckung des Buchdrucks wurde die indirekte Kommunikation als schriftliche Form allgemein populär. Im Zusammenhang mit der Entwicklung des Postwesens als Austausch von Briefen und amtlichen Mitteilungen. Mit der technischen Entwicklung im 20. Jahrhundert verbunden sind medial vermittelte Botschaften über technische Geräte wie Telefon, Telegraphie, Tonband, Telefax u. a.

Heute können wir mit anderen Menschen durch Computertechnologien wie E-Mail via Internet Gedanken austauschen und sie durch eine Web-Kamera und Skype dabei sogar sehen. Auf Videokonferenzen mit räumlich entfernten Arbeitspartnern in einer quasi-direkten zeitgleichen Verbindung können wir über gemeinsame Aufgaben diskutieren, in chat-rooms unsere Erfahrungen mit Personen austauschen, die gleiche Probleme oder Interessen haben.

Welchen Weg Mitteilungen auch immer nehmen, bleibt ihnen doch gemeinsam, dass das eigentliche Problem darin besteht, ob sie überhaupt verstanden werden.

1.1 Was ist in jeder Kommunikation gleich und wo liegen Unterschiede in der Interkulturellen Kommunikation?

Allen Kommunikationssituationen gemeinsam sind bestimmte Voraussetzungen: personale, d. h. mindestens zwei Personen in einer sozialen Interaktion; Kommunikationskanäle und ein Instrumentarium, um sich wechselseitig verständlich zu machen.

Kommunikationskanäle sind unsere sinnlichen Fähigkeiten zur Kommunikation: visuell (sehen), auditiv (hören), taktil (fühlen), olfaktorisch (riechen), gustatorisch (schmecken) und der thermale Kanal (Spüren der Körperwärme). Fällt einer der Sinne aus, müssen die aus den anderen Sinnen gewonnenen Wahrnehmungen ergänzend wirken.

Das ***Instrumentarium der Kommunikation*** sind alle verbalen und nonverbalen Zeichen, also Mitteilungen durch die Sprache oder durch Signale der Körpersprache.

Zum verbalen Bereich gehören neben den sprachlichen Mitteilungen auch paraverbale Signale (wie z. B. Redetempo, Stimmlage, Lautstärke und Lautäußerungen wie Lachen, Brummen, Laute wie „ah“). Mit der Stimme werden Emotionen ausgedrückt (Fröhlichkeit, Trauer, Unruhe). Auch sprachliche Fehlleistungen wie Stottern oder Versprecher werden vom Kommunikationspartner empfangen und gedeutet.

Zur Körpersprache des Menschen gehören Körperhaltung, Gestik (Handzeichen und Gesten des Körpers), Mimik (Blickverhalten und Gesichtsausdruck), Berührungen, Informationen durch Gerüche und die Nutzung des Raumes, d. h. Abstand und Nähe der Kommunikationspartner. Zu unserer Körpersprache gehören alle Informationen, die wir mit unserem Körper geben, z. B. auch Frisur, Körperschmuck, Auftreten, Bekleidung, Körperpflege. Auch nonverbale Botschaften wie Geschenke („Lasst Blumen sprechen“) sind wichtige Mitteilungen.

Gemeinsam ist allen Kommunikationshandlungen die Frage, wozu und worüber man sich austauscht, d. h. **Inhalt und Ziel der Kommunikation und die Themen** *(topics)*. Die Themen können sich auf eine spontane Situation beziehen, auf eine geplante Verständigung, sie können allgemein interessierend sein oder nur für einzelne Personen. Der heikle Punkt ist, über Tabu-Themen vorher informiert zu sein.

In der folgenden Darstellung einzelner Aspekte von Kommunikation beziehe ich mich u. a. auf zwei amerikanische Wissenschaftler, die umfangreiche Forschungen zum Thema durchgeführt und publiziert haben:

- William B. Gudykunst, Professor für Sprachkommunikation an der California State University, Fullerton, gestorben 2005;
- Larry Samovar, Professor Eremitus für Kommunikation an der San Diego State University.

Rahmen von Kommunikation

Samovar betonte, dass jedes Gespräch und jede Interaktion immer in einem bestimmten Kontext stattfindet. Zur Kommunikation als Teil eines Systems gehören verschiedene Elemente:

- **Rahmen und Umgebung der Kommunikation**, ihr Kontext *(setting)*. Er ist wie ein Rezept, das vorgibt, welches Verhalten vorgeschrieben, empfohlen oder verboten ist, z. B. Kleidung, Sprache, Themenauswahl etc. Dies ist bereits kulturabhängig: der Grad der formalisierten Kleiderordnung vor Gericht, im Büro etc. ist relativ. Je nach Anlass kann eine andere Sprache vorgegeben sein (wissenschaftlicher Vortrag, Büro) und es ist innerhalb einer Kultur auch klar, wer an welchem Ereignis teilnimmt.
- **Ort** *(place):* Menschen agieren unterschiedlich je nach Ort der Interaktion (z. B. Restaurant oder Büro). Regeln, wie man sich an welchen Orten verhält, sind kulturell vorgegeben (z. B. Aufenthalt in einer Kirche).
- **Anlass der Zusammenkunft** *(occasion)*. Jede Art der Zusammenkunft verlangt eine spezifische Art von Benehmen, Verhalten (z. B. ein Spiel, eine Tanzveranstaltung, ein Gedenkdienst). Jede Kultur hat Regeln für bestimmte Gelegenheiten (z. B. wie man sich auf einer Hochzeit verhält).
- **Zeitpunkt einer Kommunikation** *(time)*. Wir reagieren unterschiedlich, wenn jemand um zwei Uhr nachmittags oder zwei Uhr nachts anruft. Wir überlegen, wieviel Zeit für ein Gespräch zur Verfügung steht, machen Zeitpläne, geben einen Zeitrahmen oder ein „Zeitfenster" für bestimmte Anlässe vor (Verhandlung, Gespräch). E. T. Hall wies darauf hin, dass im Geschäfts-

leben mit dem Zeitrahmen, den wir jemandem einräumen, dessen Stellung im sozialen System angezeigt wird. Da das Zeitverständnis und Zeitverhalten in den Kulturen sehr unterschiedlich ist, unterscheidet sich auch die Zeitdauer für bestimmte Anlässe (z. B. für Feste und Familienfeiern).

- **Die Anzahl der beteiligten Personen** beeinflusst den Ablauf der Gespräche. Menschen fühlen sich unterschiedlich, ob sie in einer kleinen Gruppe miteinander reden oder vor einer großen Menschenmenge sprechen (Auch dies ist kulturbedingt: Japaner fühlen sich in einer Gruppe wohler, Menschen aus individualistischen Kulturen eher nicht).
- **Der kulturelle Rahmen** übt den größten Einfluss auf alle Elemente der Kommunikation aus: Regeln, Werte, Normen, Traditionen, Bräuche und Tabus geben vor, welche Worte und welches Verhalten gewählt werden.

Der kulturelle Rahmen enthält auch, welche Symbole in einer Kommunikation eine bestimmte Bedeutung haben, den Grad der Selbstreflexion (z. B. wie wichtig das „Ich" oder „Selbst" in einer Kultur ist) oder das Verhalten wie Fragestellungen, Selbst-Enthüllungen etc. in der Kommunikation. Wenn Menschen eine gemeinsame Geschichte und ähnliche Erfahrungen haben, ist es leichter, zu wissen, was der Partner denkt oder fühlt. (Vgl. Samovar/Porter 2001, S.25 f.)

Jede Kommunikation findet in einer physischen Umgebung und einem sozialen Kontext statt. Zur Umgebung gehören solche Objekte wie Möbel, Licht, Lärm, die Atmosphäre, die Farbe der Wände u. a.; auch dies kann kulturbedingt zu Missstimmungen führen, wenn z. B. Beteiligte einen runden Tisch fordern als Zeichen der Gleichwertigkeit. Der soziale Kontext drückt den Typ sozialer Beziehungen zwischen den Teilnehmern einer Kommunikationssituation aus: Lehrer-Schüler, Freund-Freund oder Freund-Feind etc. Die physische Umgebung kann Hierarchien unterstreichen, so wenn der Boss z. B. hinter seinem Schreibtisch sitzt und der Angestellte davor steht.

1.2 Die Kommunikationshandlung: Symbole, Zeichen und Bedeutungen

Wie diese Kommunikation abläuft, ist zunächst unabhängig davon, ob sich Menschen innerhalb ihrer eigenen Kultur bewegen *(intrakulturell)*, ob sie mit Menschen aus anderen Kulturen agieren *(interkulturell)* oder sogar nur mit sich selbst kommunizieren (*intrapersonell*, d. h. in Gedanken oder laut mit sich selbst argumentieren).

Da Menschen sich nicht direkt mental austauschen können, haben sie im Verlauf der Evolution und der Kulturgeschichte gelernt, Symbole und Zeichen hervorzubringen, die in ihrem Verständigungsprozess untereinander benutzt werden „an Stelle von…", für etwas stehen. Ein *Symbol* kann ein Laut sein, eine Markierung auf dem Papier, eine Bewegungsgeste etc. Beim Hören eines Wortes oder eines Satzes wie „Die Katze schläft" hat jeder das Bild einer schlafenden Katze vor Augen. Die reale Katze wird zum Symbol: zum gesprochenen Wort „Katze", zum geschriebenen Wort „Katze" und zum inneren abstrakten Bild einer Katze. Die gewählten Symbole sind willkürlich und subjektiv (Das Tier „Katze" hätte ja auch mit einem anderen Wort bezeichnet werden können.). Das Bild für das Symbol „Katze" ist subjektiv, es wird immer etwas anders ausfallen, je nach individuellen Erfahrungen.

Bekannt wurde die Definition von Gudykunst: Symbole sind Symbole, weil eine Gruppe von Menschen zustimmt, dass sie es sind. Zwischen Symbol und Referenz gibt es keine natürliche Verbindung. Symbole sind künstlich. (Vgl. Gudykunst 2003, S. 5)

In der interkulturellen Kommunikation wird hier bereits ein Problem sichtbar: Zwar verwenden alle Kulturen Symbole, aber sie haben selten die gleiche Bedeutung. Symbole in der Kommunikation sind nicht nur Worte, sondern auch nonverbale Ausdrucksformen (z. B. die Handbewegung für „Wendeltreppe"). Die gleichen Gesten können in verschiedenen Kulturen eine völlig andere Bedeutung haben (z. B. Fingergesten). Symbole können aber auch Objekte sein, wie z. B. Fahnen, die für ein Land stehen. Das gleiche Symbol kann außerdem unterschiedlich gedeutet werden, z. B. rotes Licht als das Warnlicht einer Verkehrsampel oder die rote Laterne an einem Haus. Innerhalb einer Kultur gibt es eine Übereinkunft, wie Symbole zu verstehen sind. Dies wird im Laufe des Lebens innerhalb einer Kultur erlernt. Auch ethnische Gruppen, Familien oder Freunde teilen Symbole mit spezifischer Bedeutung. Symbole verbinden menschliche Gruppen oder Personen (z. B. eine bestimmte Melodie als Symbol einer Liebesbeziehung). Unternehmen schaffen durch ihre Firmen-Logos Symbole ihrer spezifischen Leistung. Durch die Fähigkeit, Symbole zu gebrauchen, wurde die Sprache entwickelt. Inwieweit ein Symbol auch für andere Sprachen gilt, ist höchst ungewiss und muss in der Kommunikation erst ermittelt bzw. verhandelt werden.

Vielfach werden in der Literatur Symbole gleichwertig mit dem Begriff „Zeichen" benutzt, in dem Sinne „für etwas stehen".

Heringer bietet für die Deutung von *Zeichen* drei Verfahren an:

1. *Zeichen als Symptome:* (Deutung erfolgt auf der Basis eines kausalen Zusammenhanges, z. B. „wo Rauch ist, ist auch Feuer", d. h. Rauch ist hier das Symptom.) Sie sind im Allgemeinen nicht künstlich erzeugt.
2. *Ikone:* Sie gründen sich auf Ähnlichkeit (z. B. Verkehrsschilder mit Abbildungen eines schlingernden Autos bedeutet „Vorsicht, Schleudergefahr!") Ikone sind nicht universal, sondern kulturbedingt. Da es für den gleichen Vorgang in einem anderen Land ein anderes oder gar kein Ikon gibt, ist es in der interkulturellen Begegnung im Inland nicht unbedingt für Fremde verständlich.

3. *Verwendung von Symbolen:* Symbole sind künstlich erzeugt. Sie basieren auf der Erfahrung, dass sie bereits früher in einem bestimmten Sinn gedeutet wurden, so dass es dazu eine Konvention gibt, allerdings nur innerhalb einer Kultur. (Vgl. Heringer 2004, S. 31 ff.)

Abbildungen Symbole im Öffentlichen Raum: „Vorsicht, Tiere wechseln die Strasse!" (kulturspezifisch)

Reh (Deutschland)

Kamel (Saudi-Arabien)

Koala (Australien)

Wir verwenden *Zeichen* (z. B. Wörter oder Gesten) als Ersatz für die realen Dinge. Die Zeichen können sehr unterschiedlich sein, da Kommunikation nicht nur aus Sprache (Wörter), sondern auch aus paraverbalen Phänomenen *(*z. B. Sprechgeschwindigkeit, Pausen, Stimmvolumen etc.) und *nonverbaler Körpersprache* (Mimik, Gesten, Körperhaltung, Distanz zum Partner etc.) besteht, also aus Verhalten jeder Art.

Die gleiche Information können wir auf verschiedene Weise geben. Stellen Sie sich folgendes Szenario vor: Sie treffen am Bahnhof einen Freund, den Sie lange nicht gesehen haben. Er hat es eilig und ruft Ihnen zu: „Ich muss meinen Zug bekommen. Ich rufe heute Abend an!" – als verbale *message.* Er kann aber auch im Vorbeirennen nur lächeln und mit der Hand Richtung Bahnhof weisen und eine Telefongeste machen – die Absicht ist dennoch verständlich, auch wenn sie nonverbal erfolgte. Wir könnten die nonverbale Nachricht des Freundes nicht verstehen, wenn wir die Geste für „telefonieren" nicht kennen würden!

Abbildung Handgeste für „Telefonieren“

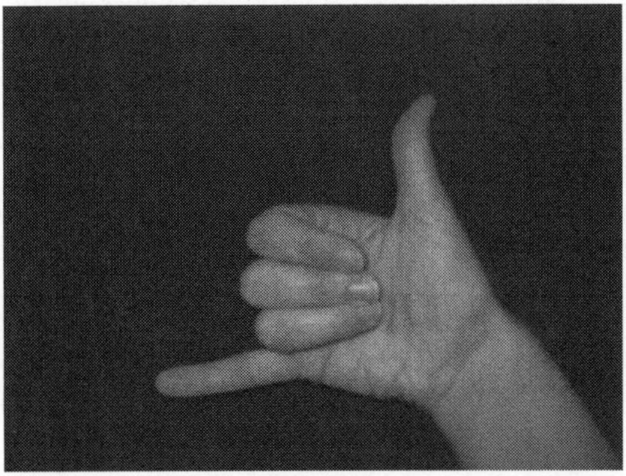

Wir können Zeichen also nur verstehen, wenn wir den Schlüssel kennen. Dies führt uns zu einem zentralen Bereich des Kommunikationsvorganges: Wenn eine Person eine Botschaft an eine andere Person sendet, muss diese erst „verschlüsselt“ werden, enkodiert, bevor sie über ein Kommunikationsmedium an die Zielperson gelangt, die dann ihrerseits die Mitteilung entschlüsselt (decodiert). Man kann davon ausgehen, dass Menschen normalerweise über einen bestimmten Vorrat an Zeichen verfügen, aus dem sie das entsprechende Zeichen (Wörter, Bilder, Gesten) auswählen, um eine Information über einen Sachverhalt weiter zu geben. Der Weg der Information beginnt also bei einem Sender, wird optisch, akustisch oder auf andere Weise übertragen und gelangt an einen oder mehrere Empfänger, der sie decodiert und damit die Bedeutung übermittelt bekommt. Wenn er die Bedeutung der Nachricht verstanden hat, reagiert er seinerseits durch eine Antwort.

Kommunikation ist also ein Prozess, in dem Personen wechselseitig Bedeutungen vermitteln.

Was aber ist Verstehen? Hierbei geht es vor allem darum, die Intention, Absicht des „Senders“ zu deuten. Das geht über die übermittelte Bedeutung hinaus. Menschen brauchen für ihre Verständigung Zeichen und Symbole, die im Normalfall in der Sozialisation in einer Gemeinschaft erlernt werden. Das erklärt, warum sie häufig unbewusst benutzt werden, insbesondere nonverbale Ausdrucksformen. In einer interkulturellen Begegnung kann dies sehr schnell zu Missverständnissen und Unverständnis führen, wenn die Bedeutung der Zeichen und Symbole kulturbedingt angeeignet wurden und in einer anderen Sprache und Kultur keine Entsprechung haben (die gleiche Geste kann etwas vollkommen anderes bedeuten – Beispiel: Fingergeste „Ring“).

Menschliche soziale Kommunikation bezeichnet also den über Zeichen oder Symbole vermittelten Austausch sozialer Informationen zwischen Individuen oder Gruppen. Diese Zeichen basieren auf einem durch die Kultur einer Gesellschaft vermittelten Fundus an sozialen Informationen (Wissen, Werte, Verhaltensnormen etc.), die durch die Individuen erlernt werden.

Bereits innerhalb einer Kultur können Missverständnisse auf den verschiedenen Ebenen des Kommunikationsprozesses entstehen. Quellen dafür sind z. B. die kommunikativen Fähigkeiten und das kulturelle System des Senders (er kann einen Dialekt sprechen, stottern oder sich nicht verständlich machen können); er verwendet ein falsches Wort oder ein unverständliches Bild bei der Verschlüsselung der Botschaft. Die Entschlüsselung der Botschaft kann auch einfach zu kompliziert sein. Die Chance des Verstehens steigt mit der Ähnlichkeit des kulturellen Umfelds. In der Reaktion auf die Nachricht zeigt sich, ob sie verstanden oder fehl interpretiert wurde. (Vgl. dazu auch Meier/Blom 2002, S. 75 ff)

Offensichtlich wird der Erfolg einer Verständigung stark durch den gewählten Kommunikationsweg beeinflusst, ob direkt oder indirekt kommuniziert wird. Der sicherste Weg ist immer noch die personale, face-to-face Kommunikation, da sie ein Nachfragen, Korrigieren und Wiederholen unkompliziert ermöglicht.

1.3 Verlauf von Kommunikation: Modelle

Der Kommunikationsverlauf ist gleich, unabhängig davon, ob es sich um eine *intrakulturelle* oder *interkulturelle Kommunikation* handelt. Allgemein wird er so beschrieben: Er besteht aus einem ***Sender***, d. h. einer Person, die etwas aussagt oder auf andere Weise mitteilt; einer Aussage oder *message*, d. h. einem Gegenstand oder Sachverhalt, worauf sich die Verständigung bezieht, und einem ***Empfänger***, einer Person, die die Aussage aufnimmt.

Die Kommunikation beginnt mit der Wahrnehmung des Anderen, unabhängig davon, ob gesprochen oder lediglich Blicke und Gesten ausgetauscht werden. Dieser Austausch wird durch die Erwartungen, die ein Partner an den anderen hat, gesteuert. Die Nachricht wird durch einen Kommunikationskanal geleitet: Wir hören ein Wort *(auditiv)*, sehen eine Geste oder ein Bild *(visuell)*, nehmen den anderen durch Berührung *(taktil)* oder über den Geruchssinn *(olkaftorisch)* wahr oder spüren seine Körperwärme bei einer Berührung *(thermal)* etc. In einer Begegnung werden in der Regel mehrere Kanäle gleichzeitig benutzt.

Es gibt unterschiedliche Modelle von Kommunikation, die auf Gemeinsamkeiten des Verlaufs aufbauen. In unserem Kontext möchte ich dies auf wenige, bekannte Modelle beschränken. (Mehr dazu siehe Schugk 2004, S. 5 ff.)

Es gibt im Wesentlichen zwei unterschiedliche Ansätze: Zum einen jene, die menschliche Kommunikation nach dem Muster der Nachrichtentechnik gliedern (linear Sender → Nachricht → Empfänger) und zum anderen jener Ansatz, der in die Kommunikation alle Prozesse einschließt, durch die Menschen einander beeinflussen. Zu den bekanntesten linearen Modellen wurde die ***Lasswell-Formel:***

> „Who-says-what-in-which-channel-to whom-with-what-effect"
> Sender → Nachricht (Aussage, Mitteilung) → Kanal (Medium) → Empfänger (Adressat)

Hier ist das Medium, das die Mitteilung von A an B leitet, besonders wichtig. Das können sowohl menschliche Ausdrucksmöglichkeiten als auch technische Hilfsmittel sein. Unterschieden wird zwischen Medien, die keine technischen Hilfsmittel benötigen (verbale und nonverbale Ausdrucksformen des Menschen) und jenen, die ein technisches Hilfsmittel entweder nur auf der Seite des Senders haben (z. B. Zeitungsdruck) oder auf Seiten des Senders und des Empfängers ein technisches Gerät benötigen, z. B. Email.

Ein ebenfalls oft zitiertes Modell ist das von Shannon und Weaver. Auch hier bezieht sich die lineare Übertragung auf die Abfolge: Sender-Enkodierung der Nachricht durch den Sender zu einem verschlüsselten Signal-Empfänger, der das Signal dekodiert.

Lineare Kommunikationsmodelle wurden vielfach kritisiert, weil dabei unberücksichtigt bleibt, dass es einen ständigen Wechsel von Sender und Empfänger gibt, jeder beide Rollen innehat. Beide Partner agieren meist gleichzeitig; z. B. spricht der eine, während der andere etwas durch seine Körpersprache mitteilt: Er lächelt, runzelt zweifelnd die Stirn, blickt uninteressiert weg, starrt den anderen böse an, dreht sich weg etc.

Ohne die Antwort des Empfängers (Feedback) kann die Kommunikation nicht fortgesetzt werden. Zudem bleibt unberücksichtigt, dass jeder Mensch eine empfangene Mitteilung in den Zusammenhang seines Wissens einordnet, Assoziationen einbringt, Ansichten über die Situation und Annahmen über die Intensionen des Senders. Hanapel und Melenk verwendeten dafür in ihrem Modell den Begriff „Partnerhypothese".

Aus der amerikanischen Sozialwissenschaft kritisierten Samovar und Gudykunst an den Linearen Modellen vor allem, dass von der Annahme ausgegangen wird, dass es eine Absicht *(intention)* zum kommunizieren gibt. Tatsächlich können Miteilungen auch unbeabsichtigt oder sogar unbewusst weitergegeben werden. Dies trifft in hohem Maße auf nonverbale Äußerungen zu, von denen der Sender gar nichts weiß. Möglicherweise erkennt er es an der Reaktion des Anderen, die nicht den Erwartungen entspricht. Es kann aber auch sein, dass ein so verursachtes Missverständnis eine Verhaltensänderung auslöst, die erst bei der nächsten Begegnung auffällt. In Hinblick auf interkulturelle Begegnungen ist diese Möglichkeit, unbeabsichtigte oder unbewusste *messages* weiter zu geben, sehr groß!

Es ist allgemein zu beobachten, dass eine sprachliche Aussage von nonverbalen Gesten und Blicken begleitet wird, deren sich der Sprecher gar nicht bewusst ist. Goffman nannte dies „information given and information given off", d. h. wir teilen zugleich etwas über uns mit!

Vielfach zitiert wird das *klassische Kommunikationsmodell nach Hermann.* Hier stehen die Gemeinsamkeiten von Sender und Empfänger im Zentrum, die eine Verständigung ermöglichen. Betont wird, dass beide verfügen

- über einen Vorrat an Bedeutungen (Begriffen, Vorstellungen über Dinge, Sachverhalten),
- über einen Vorrat an Zeichen (Buchstaben, Wörter, Piktogramme, Bilder...)
- und Bedeutungs-Zeichen-Zuordnungen, durch die geregelt ist, welches Zeichen welcher Bedeutung und umgekehrt zugeordnet ist.

In diesem Modell wird nach natürlichen und künstlichen Zeichen unterschieden. Natürliche Zeichen sind alle, die der Mensch durch seine eigene Sprache und Körpersprache selbst gibt, während künstliche Zeichen durch ein Medium (Technik!) erzeugt werden. Am wichtigsten sind die jeweils verwendeten Zeichen. Zeichen können allerdings auch mehrdeutig sein und ihre Bedeutung ist manchmal nur aus dem Kontext herzuleiten (z. B. Wort oder Bild für „Blatt" – welches Blatt ist gemeint?) (Vgl. Schugk 2004, S. 14).

1.4 Gibt es international gültige Charakteristika von Kommunikation?

Es finden sich zahlreiche übereinstimmende Aussagen von Wissenschaftlern verschiedener Disziplinen aus europäischen Ländern und den USA. Dazu gehören die fünf Grundsätze der Kommunikation, die die Forschergruppe um den Psychotherapeuten Paul Watzlawick formulierte: (Watzlawick in: Heringer 2004, S. 18 ff.)

1. Man kann nicht *nicht* kommunizieren.
2. Die Beziehung bestimmt die inhaltliche Bedeutung.
3. Die Interpunktion bestimmt den Kommunikationsablauf
4. Menschliche Kommunikation vollzieht sich digital und analog.
5. Kommunikationsabläufe sind entweder symmetrisch oder komplementär.

In unserem Kontext der Interkulturellen Kommunikation sind die ersten drei Axiome besonders wichtig.

Was soll das erste Axiom „Man kann nicht *nicht* kommunizieren" bedeuten? Watzlawick illustrierte dies mit folgendem Beispiel:

> „Der Mann im überfüllten Wartesaal, der vor sich auf den Boden starrt oder mit geschlossenen Augen dasitzt, teilt den anderen mit, dass er weder sprechen noch angesprochen werden will, und gewöhnlich reagieren seine Nachbarn richtig darauf, indem sie ihn in Ruhe lassen" (Watzlawick 1982, S. 53)

Die Bedeutung dieser Aussage ist auch in Hinblick auf Verständigung zwischen Menschen verschiedener Kulturen relevant. Gerade in diesen Situationen kann oft verbal nicht ausreichend kommuniziert werden, weil die sprachliche Verständigung schwierig ist, aber dennoch werden Mitteilungen hin und her gesendet, die das Verhalten beeinflussen. Nehmen Sie als Beispiel das Feilschen von Touristen auf einem Basar.

Auch wenn nicht gesprochen wird, kann durch die Körpersprache ein intensiver Austausch von Informationen stattfinden. Das können wir innerhalb und außerhalb unserer Kultur beobachten, denn Kommunikation ist z. B. bereits Augenkontakt, der Austausch von Blicken. Es gibt Situationen, in denen Reden nicht üblich ist (z. B. eine Trauerfeier), aber Personen sich ihre Eindrücke durch Augensprache wechselseitig mitteilen oder sich verabreden. Auch wenn die Beteiligten ernst und feierlich an ihrem Platz stehen, findet auf diese Weise Kommunikation statt.

Ein anderer Grund kann darin bestehen, dass jemand (oder mehrere Personen) einfach schweigen. Das Verhältnis von Reden und Schweigen ist kulturabhängig. Wir leben in einer Kultur, in der Schweigen verunsichert, als unhöflich gilt. Das wird in anderen Kulturen (z. B. Finnland) ganz anders empfunden: miteinander schweigen ist eine Kommunikationsform. Man drückt damit Gemeinschaft und Gemeinsamkeit aus. Kommunikation findet bereits statt, wenn ein Mensch einen anderen wahrnimmt und dieser auf irgendeine Weise reagiert.

Ein zweiter Grundsatz – *Beziehung bestimmt inhaltliche Bedeutung* – weist auf die enge Verflechtung zwischen dem Inhalt einer Mitteilung und der Beziehung hin, die zwischen den handelnden Personen besteht. Stellen Sie sich unterschiedliche Situationen vor, in denen eine Person eine andere fragt: „Wie geht es heute?". Der Satz erhält unterschiedliche Bedeutung, wenn er in einem formalen Gespräch zwischen Chef und Angestelltem gesagt wird, zwischen zwei Freunden, die umeinander besorgt sind oder es eine Arzt-Patient-Frage ist. Ob die Frage eine reine Floskel ist oder echte Anteilnahme und Informationsbedürfnis ausdrückt, hängt also von der Beziehung zwischen den beteiligten Partnern ab. In der eigenen Gemeinschaft kann das in der Regel jeder richtig deuten. Im Ausland kann es problematisch werden, zu entscheiden, wie wichtig eine Information ist. Hier kann man dies häufig daraus ableiten, wer wem etwas mitteilt, z. B. ist es ein Ranghöherer, ein Alter etc. Deuten kann man die Bedeutung evt. auch aus der Mine oder Körperhaltung einer Person im Kontakt mit einer anderen (z. B. Demutsgesten). Sind die beteiligten Personen locker und entspannt, lachen sich an, kann man daraus auf eine gleichwertige Beziehung schließen.

Gudykunst betont den Unterschied zwischen beiden Ebenen: Die Inhaltsdimension wird gewöhnlich verbal übermittelt, ist kognitiv (Wissen), während die Beziehungsdimension sich meist nonverbal ausdrückt, oft auch unbewusst. Der Ton, in dem etwas mitgeteilt wird, sagt über die Beziehungen zwischen den agierenden Personen bereits viel aus. Unsere Worte, aber auch die Art, wie wir sie sagen, können andere verletzen und es entstehen Missstimmungen oder ernsthafte Störungen der Beziehungen. Zwischen den Kulturen gibt es Unterschiede darin, wie viel Bedeutung der nonverbalen Ebene beigemessen wird (sie ist z. B. in asiatischen Kulturen besonders hoch).

Stellen Sie sich vor, dass Sie eine Begegnung von zwei Personen beobachten, die ein Gespräch miteinander beginnen. Sie stehen zu weit weg, um den Inhalt zu hören, aber sie registrieren, welche Haltung die Personen zueinander einnehmen, wie sie jeweils auf das gesprochene Wort reagieren – mit einem Lächeln oder energisch, mit Angstschweiß oder locker. Sie trennen sich: beide gehen beschwingt in verschiedene Richtungen oder der eine geht mit stolz erhobenem Kopf, während der andere gesenkten Blickes weggeht. Wir können aus diesem jeweiligen Verhalten auf die Beziehung zwischen beiden Partnern schließen und auch Vorstellungen über Verlauf und Inhalt des Gespräches ableiten.

Das dritte Axiom von Watzlawick lautet „Die Interpunktion bedingt den Kommunikationsablauf". Gemeint ist damit die Reihenfolge von Gesprächsabschnitten und deren Themen. Kulturabhängig ist hierbei, wer ein Gespräch beginnen darf oder beginnt, wer sich das Wort nehmen darf (sogenanntes „turntaking"), womit beginnt oder endet ein Gespräch etc.

In „Communicating with strangers" gibt Gudykunst eine Zusammenfassung dessen, was für ihn Kommunikation ist:

1. eine symbolische Aktivität (Gebrauch von Symbolen)
2. ein Prozess (Weitergabe von Botschaften)
3. umfasst die Übertragung und Interpretation von Botschaften
4. schließt ein, Bedeutungen zu schaffen
5. findet auf verschiedenen Ebenen des bewussten Wahrnehmens statt
6. eine Absicht *(intention)* ist nicht notwendig.

- Kommunikation schließt den Gebrauch von Symbolen ein. „,... anything can be a symbol. Symbols are symbols only because a group of people agreed to consider them as such. There is no natural connection between symbols and their references; the relationsship is arbitrary and vary from culture to culture." (Gudykunst 2003, S. 5)
- Kommunikation als Prozess, der die Weitergabe und Interpretation von Botschaften einschließt. Die Art der Weitergabe (*transmit*) und Interpretation von *messages* wird durch unseren Hintergrund beeinflusst: unsere Kultur,

Ethnizität, unsere familiäre Erziehung und unsere einmaligen individuellen Erfahrungen (eingeschlossen die Erfahrungen mit anderen und die Gefühle, die wir dabei hatten). Da keine zwei Personen den gleichen Hintergrund haben, übertragen oder interpretieren sie die *message* unterschiedlich. Wir empfangen und geben *messages* zur gleichen Zeit, d. h. Kommunikation ist kontinuierlich, komplex, unwiederholbar und unumkehrbar (man kann eine übermittelte Information nicht zurückholen!)

- Kommunikation schließt die Schaffung von Bedeutungen ein. Bedeutungen können wir nicht übertragen, weil sie Transaktionen in der *message* selbst sind (z. B. was man sagt und wie man es sagt, der benutzte Kanal, die Situation, in der die *message* übermittelt wird etc.

Der Kommunikationskanal beeinflusst unsere Interpretation der Botschaft. So kann eine face-to-face gesprochene Mitteilung anders interpretiert werden als die gleiche Botschaft auf dem Anrufbeantworter. Eine Mitteilung in einem handgeschriebenen Brief kann anders ausgedrückt werden als eine Mitteilung auf dem PC. Auch die jeweilige Situation beeinflusst die gleiche Mitteilung, z. B. die Frage „How are you" im Büro oder auf einer Party.

Gudykunst betont insbesondere die Bedeutung des Unbewussten in der Kommunikation. Personen machen schon für sich Vorhersagen oder Annahmen über das Ergebnis der Kommunikation mit einer anderen Person. Sie beziehen sich dabei auch auf Stereotypen von Gruppen, in die sie ihre Partner einordnen oder sie sehen eine bestimmte Handlung schon voraus, wenn es sich um jemanden handelt, den sie gut kennen.

Es ist keine Absicht zur Kommunikation notwendig, sie kann auch unbewusst ablaufen. Viele interkulturelle Missverständnisse entstehen durch unbeabsichtigtes Verhalten einer Person aus einer Kultur, das von einer Person aus einer anderen Kultur empfangen wird und die die Information nach ihrer eigenen Kultur interpretiert und dann reagiert.

Zugleich wird unser Verhalten in der Kommunikation noch durch zwei andere Quellen gespeist: durch Gewohnheiten und durch Gefühle. Wir verhalten uns nach *scripts,* die wir gelernt haben, d. h. vorbestimmte Handlungsabläufe. Das betrifft z. B. Grußrituale, die in der Eröffnungsphase einer Kommunikation unsere Ängste und Unsicherheit reduzieren. Solche in der Kultur eingeübte *scripts* (Drehbücher für unser Verhalten) sind nicht universal, sondern können sich jeweils kulturell unterscheiden (Vergleiche Grußritual in Japan und in den USA).

Ein solches unbewusste Reagieren einem anderen gegenüber kann auch durch unsere Emotionen hervorgerufen werden (z. B. auf Kritik mit Schlagen zu reagieren). Durch Wissen und Nachdenken sind wir aber in der Lage, unser Verhalten in der Kommunikation zu managen.

In Hinblick auf eine Kommunikation mit Menschen aus anderen Kulturen oder Ethnien betont Gudykunst den hohen Grad an Unsicherheit und Angst. Unsere Interpretationen basieren auf unseren eigenen Lebenserfahrungen, auf ethnischer und kultureller Zugehörigkeit. Daher ist die Gefahr groß, dass wir etwas falsch interpretieren und es zu Interkulturellen Missverständnissen kommt.

Im Zusammenhang mit den Forschungen zur Interkulturellen Kommunikation von Larry Samovar finden wir eine Reihe von Aussagen, die in Hinblick auf interkulturelle Missverständnisse und deren Vermeiden wichtig sind. Seine Definition von Kommunikation ist an einem vielseitigen Vorgang orientiert, der über lineare absichtliche Verständigung hinausgeht:

> „Communication is defined as that which happens whenever meaning is attributes to behavior or to the residue of behavior." (Samovar 1988, S. 142)

Kommunikation ist daran geknüpft, dass unser Verhalten von jemandem beobachtet wird und dieser dem Verhalten Bedeutung beimisst, egal ob unser Verhalten bewusst, unbewusst absichtlich oder unabsichtlich ist. Wir reagieren ob wir wollen oder nicht. Samovar erweitert diesen Reaktionsraum noch durch „residues", d. h. wir reagieren auf Rückstände bereits abgelaufenen Verhaltens. Wir nehmen z. B. Zigarrenrauch in einem Raum wahr und geben diesem Geruch eine Bedeutung, indem wir an Menschen denken, die dort Zigarren geraucht haben.

Auch in Bezug auf interkulturelle Missverständnisse hat Samovar einen interessanten Verweis: Die Bedeutungszuschreibungen zu einem Verhalten in einer Kommunikation entnehmen wir einem in unserem Gehirn gespeicherten Vorrat an Bedeutungen, den wir im Laufe unseres Lebens gesammelt haben. Wenn wir einem Verhalten begegnen, suchen wir die Bedeutung heraus, die mit der größten Wahrscheinlichkeit für unser Verhalten geeignet ist. Das funktioniert auch meistens, aber wir können auch die falsche Bedeutung auswählen und es kommt zu einem Missverständnis. Bedeutung ist relativ für jeden von uns. Hinzu kommt auch, dass jede Kommunikation einschließt, dass wir aus verbalen Mitteilungen oder Verhalten Schlüsse bzw. Schlussfolgerungen ziehen, auf die wir die weitere Kommunikation aufbauen.

Genauer charakterisiert er auch das Ziel der Kommunikation: Antwort und Feedback. Während überwiegend davon ausgegangen wird, dass eine Kommunikation erfolgreich war, wenn es ein Feedback vom Empfänger gibt, unterscheidet Samovar zwischen Antwort und Feedback. Die Antwort zeigt die Entscheidung des Empfängers, wie er mit der *message* umgehen soll: Als Minimum ignoriert er sie einfach, als Maximum reagiert er mit einer sofortigen körperlichen Handlung. Ein Feedback ist ein qualitatives Urteil über die Effektivität der Kommunikation überhaupt. Antwort und Feedback sind verwandt, aber nicht identisch.

Antworten oder Reaktionen auf *messages* können sehr verschieden sein: offene Antworten, d. h. der Ablauf ist bekannt und wir reagieren mit einem Wort oder einer bekannten Geste; die Antwort kann auch eine verdeckte sein, wenn wir die Bedeutung erst indirekt herausgefunden haben (z. B. haben wir ein Grußritual beobachtet und gesehen, dass man sich die Hand gibt und tun dies auch). Die Reaktion kann auch eine unbewusste sein (z. B. nonverbal: Grinsen, zu Boden blicken). Die gleiche Mitteilung kann in verschiedenen Kulturen völlig unterschiedliche Reaktionen hervorrufen. So wird die Nachricht über den Tod eines Angehörigen in Japan ein anderes Trauerritual auslösen als in Mexiko!

Die Antwort auf eine Botschaft kann auch zeitversetzt erfolgen. Das wichtigste Ergebnis der Forschungen von Samovar in Hinblick auf Kommunikation ist, dass in jede Kommunikation individuelle Erfahrungen eingehen. Da jedes Individuum einmalig ist, wird sich Kommunikation immer unterscheiden.

Bisher haben wir vor allem allgemeine, gemeinsame Merkmale von Kommunikation betrachtet, wenn auch z. T. in ihren Wirkungen auf Interkulturelle Verständigungsprozesse, nun wollen wir die **Besonderheiten der Interkulturellen Kommunikation** in den Mittelpunkt stellen.

An Interkultureller Kommunikation ist weniger der Verständigungsprozess als solcher interessant, sondern die Frage, warum es immer wieder zu Missverstehen und Unverständnis kommt.

Interkulturelle Missverständnisse entstehen, wenn Menschen aus verschiedenen Kulturen in der Kommunikation Signale unterschiedliche interpretieren.

1.5 Wie werden Unterschiede in der Interkulturellen Kommunikation erfahren?

Der Begriff „Interkulturelle Kommunikation“

Auf den ersten Blick erscheint es einfach, miteinander zu kommunizieren. Die Kommunikation ist zunächst in ihrer Struktur gleich. Sie beginnt mit der Wahrnehmung des anderen Partners über die Kommunikationskanäle. Anhand von körperlichem Aussehen, Kleidung, Auftreten und möglichen Symbolen wird er eingestuft: als Individuum, als Angehöriger einer sozialen oder kulturellen Gruppe etc. Diese Personenwahrnehmung kann verzerrt sein, da sie zunächst auf die eigenen kulturellen Muster und individuellen Erfahrungen bezogen wird. Ein Beispiel: Ein deutscher Tourist begegnet in Afrika am Strand einem Mann, dessen wettergegerbtes Gesicht und langer Bart den Schluss nahe legt, dies sei ein „alter Mann“. Er ist aber tatsächlich erst ca.50 Jahre alt, d. h. er erscheint nur alt. Auf die Frage, wie weit die Hotels entfernt ist, gibt er zu verstehen, dass es nahe sei. Der Tourist muss über eine Stunden lang laufen, was er als *weit* wahrnimmt. Die unterschiedliche Wahrnehmung von Raum und Zeit in Afrika und in Europa führt zu unterschiedlichen verbalen Äußerungen von Nähe und Ferne. Nicht nur die Wahrnehmung, sondern auch die Interpretation der Botschaften ist kulturabhängig, wie das Beispiel der Entfernung zeigt.

In der interkulturellen Kommunikation begegnen sich die Kommunikationspartner mit stärkeren Emotionen wie z. B. Angst, Neugier, Unsicherheit und mit Gedanken über den Fremden, die Erwartungen, Befürchtungen, Vorinformationen und Assoziationen enthalten. In die Reaktionen gehen vorhandene Informationen über den Anderen ein und prägen die Beziehung mit.

Der wichtigste Unterschied zu allgemeinen Begegnungen innerhalb der eigenen Kultur ist die Tatsache, dass sich beide als Fremde sehen. Maletzke bringt dies mit den Worten zum Ausdruck, dass interkulturelle Begegnungen jene sind, „in denen die Beteiligten nicht ausschließlich auf ihre eigenen Kodes, Konventionen, Einstellungen und Verhaltensformen zurückgreifen, sondern in denen andere Kodes, Einstellungen und Verhaltensweisen erfahren werden. Dabei werden diese als fremd erlebt und definiert." (Maletzke 1996, S. 37)

Die Ursache dafür, dass bekannte Muster der Kommunikation nicht mehr oder nur noch bedingt gelten, liegt in der unterschiedlichen kulturellen Prägung der Partner in einer interkulturellen Begegnung. Daraus ergeben sich fast immer Probleme, auf die reagiert werden muss.

In der wissenschaftlichen Diskussion ist die Definition des Begriffes *Interkulturelle Kommunikation* nicht einheitlich. Man könnte auch hier von einem weiten und engen Begriff sprechen.

Im engeren Sinne findet ***Interkulturelle Kommunikation*** direkt zwischen Personen in einer Interaktion statt, in einem weiter gefassten Verständnis ist über den personalen Dialog hinaus die in den Medien thematisierte Interkulturelle Kommunikation eingeschlossen.

So verwendet der Linguist Hinnenkamp diesen Begriff für all jene „Kommunikationsformen, die die Menschen im interpersonalen Kontakt zum Ausdruck bringen – also zunächst einmal der ganze Bereich der verbalen, vokalen, nonverbalen, paraverbalen und ausdrucksmäßigen Kommunikation". (Hinnenkamp 1994, S. 5)

Hans-Jürgen Lüsebrink fasst den Begriff weiter und bezieht neben der personalen Interaktion auch die „medialen Darstellungsformen Interkultureller Kommunikation in Film, Fernsehen, Radio, Internet und anderen Medien, die Formen der alltagsweltlichen Interkulturellen Kommunikation gleichermaßen darstellen, stilisieren und prägen, sowie die Interkulturelle Ausbreitung von Kommunikationstechnologien und -medien" ein. (Lüsebrink 2005, S. 8) In der amerikanischen Sozialwissenschaft wird der Begriff *Intercultural Communication* weitgehend an Personalen Kulturkontakt gebunden.

In unserem Kontext wollen wir Interkulturelle Kommunikation als *personale Begegnung* von Menschen bezeichnen, die unterschiedlichen Kulturen angehören und untersuchen, welche Probleme dabei entstehen. Dies ist eine bewusste Einengung des Begriffes, da sich Menschen in interkulturellen Begegnungen nicht nur direkt etwas mitteilen, sondern auch indirekt über schriftliche und technische Kommunikation. Die nonverbale Reaktion auf verbale Mitteilungen gibt ihrerseits viele Informationen über die betroffenen Personen und ihre Beziehung zueinander. Und sie ist sehr kulturspezifisch, so dass uns kulturelle Unterschiede hier weit stärker auffallen. Hinzu kommt, dass es uns so erscheint, als sei das gesprochene oder geschriebene Wort das eigentlich Wichtige an der Kommunikation. Tatsächlich ist jedoch der Anteil nonverbaler Botschaften weitaus größer, man schätzt ihn auf bis zu 90 Prozent. Die Notwendigkeit, nonverbale Signale zu erkennen, ergibt sich auch daraus, dass ihre Beziehung zu verbalen Aussagen nicht immer eindeutig ist: Wir sehen, dass ein Mensch zu seinen Äußerungen eine begleitende und ergänzende Geste macht (z. B. bejahend mit dem Kopf nicken), aber Wort und Geste können sich auch widersprechen (Jemand kann eine negative Nachricht mit einem Lächeln begleiten oder der Ausdruck der Augen sagt etwas anderes als die freundlichen Worte!). Nonverbale Äußerungen sind zudem häufig unbewusst, so dass erst eine Überprüfung in der Kommunikationssituation ermöglicht, mehr über den Partner zu erfahren (z. B. ein Bewerbungskandidat ringt die Hände, wippt mit den Füßen, ihm bricht der Schweiß aus etc., so dass seine selbstsicher verbal vorgetragene Selbstdarstellung anders hinterfragt werden muss). Die nonverbalen Signale des Körpers sind nicht durch Willen beeinflussbar, z. B. Erröten.

Es gibt zahlreiche Beispiele dafür, dass eine zunächst positiv verlaufene interkulturelle Begegnung in einem Fiasko endete, weil ein Teilnehmer seine nonverbalen Botschaften nicht unter Kontrolle hatte. Bekannt sind Beispiele, in denen amerikanische Politiker oder Geschäftsleute ihre arabischen Partner schockierten, indem sie ihre Beine ausstreckten auf eine Weise, dass ihre Fußsohlen auf den Partner zeigten, eine extreme beleidigende Geste, so dass die Beziehungen sofort abgebrochen wurden.

Wenn wir die kulturabhängigen Einflüsse auf die Interkulturelle Kommunikation erkunden wollen, müssen wir die Situation und die Reaktionen als Ganzes sehen.

In der Kommunikationssituation liegen also zwei Hürden: Zum einen, eine gemeinsame Sprache zu finden, d. h. sprachliche Verständigungsprobleme weitgehend auszuklammern, evt. auf eine gemeinsame Drittsprache ausweichen zu können. Zum anderen in der Fähigkeit, nonverbale Botschaften zu entschlüsseln (Körperhaltung, Mimik, Gesten, Objekte). Dies setzt allerdings bereits Kenntnisse über die Kultur der Anderen voraus. Man muss wissen, was man zu wem wie sagt oder wann man lieber schweigt.

Die Kompliziertheit dieses Verständigungsprozesses besteht nun auch noch darin, dass auch der fremde Partner nichts oder wenig über die andere Kultur weiß, so dass beide Seiten das, was sie nicht verstehen, durch Interpretation und

Annahmen ersetzen. Manchmal ist es schwer, zu entscheiden, was man weiß und was man nur vermuten kann. In jeder Situation muss neu entschieden werden: Was wissen wir, was vermuten wir und was interpretieren wir.

Hinzu kommt die Unsicherheit darüber, wie man sich Worte und Verhalten des Partners erklären kann: Ist es kulturell verankert, entspricht es seiner sozialen Gruppe oder seiner aktuellen individuellen psychischen Verfassung?

Das Phänomen „Fremdverstehen" ist zentral. Durch die unterschiedlichen Codes entstehen Missverständnisse, die wir genauer analysieren wollen.

Die Besonderheit der Interkulturellen Kommunikation ist, dass sie zwischen zwei oder mehreren Personen stattfindet, die nicht der gleichen Kultur angehören. Dies muss aber nicht unbedingt bedeuten, dass sie verschiedene Sprachen sprechen. Personen können in der gleichen Sprache kommunizieren und gehören dennoch unterschiedlichen Kulturen an. So sprechen Briten und US-Amerikaner Englisch als gemeinsame Sprache oder Franco-Kanadier und Franzosen Französisch, dennoch ist Verstehen nicht a priori gegeben. Das gleiche Wort kann eine andere Bedeutung haben oder es gibt Worte, die es bei den jeweils Anderen nicht gibt. Selbst im deutschsprachigen Raum gibt es zwischen Deutschen, Schweizern und Österreichern sprachliche Unterschiede, die bis zu Missverständnissen führen können, und es gibt Verhaltensmuster, Regeln, Bräuche und Alltagspraktiken, die die jeweils Anderen nicht teilen. Offensichtlicher wird dies, wenn wir Portugiesen einerseits und Mosambikaner und Brasilianer andererseits betrachten, die durch geschichtliche Kontakte (Entdeckung, Kolonisierung) Portugiesisch als Landessprache haben, aber ohne Zweifel kulturell völlig verschieden sind.

Die Art und Weise der Kommunikation wird hier durch die jeweilige Kultur geprägt, so dass sich die Partner nicht automatisch verstehen, wenn sie nicht die kulturellen Hintergründe des anderen kennen. Der durch die Sozialisation in einer Kultur vermittelte und erlernte Kommunikations-Code ist allen Mitgliedern dieser Kultur bekannt, Angehörigen von Fremdkulturen jedoch in der Regel nicht. Für Fremde ist er jedoch erlernbar!

Erlebbare Unterschiede zeigen sich auf den verschiedenen Interaktionsstufen: Wahrnehmung, Interpretation (das Wahrgenommene wird entschlüsselt), Fühlen (das Gefühl, verstanden oder nicht verstanden worden zu sein). Die Wahrnehmung des Fremden erfolgt vor dem Hintergrund der eigenen Kultur. Bei der Verständigung greift jeder zunächst unbewusst auf bekannte und erlernte Verhaltensmuster zurück, sowohl in der Interpretation der Botschaften als auch in der Reaktion auf Nicht-Verstehen. Hinzu kommen Wahrnehmungsverzerrungen, da sich Wahrnehmung selektiv auf die eigenen Erfahrungen gründet. Kommt es in der eigenen Kultur zwischen Personen zu Unklarheiten, kann man sie durch Nachfragen und andere kulturelle Techniken korrigieren.

In einer interkulturellen Begegnung wird oftmals gar nicht bemerkt, dass die eigentliche Botschaft nicht wirklich verstanden wurde, sondern möglicherweise durch eine Annahme ersetzt wurde. Auch die bekannte Technik des Nachfragens wird in manchen Kulturen keinen Erfolg bringen, z. B. dort, wo es nicht üblich ist, zuzugeben, dass man etwas nicht verstanden hat. Bei einer Nachfrage „Haben Sie mich verstanden?" wird mit einem Lächeln oder einem „Ja" reagiert, so dass zunächst nicht weiter nachgefragt wird (Beispiel Vietnam).

Bei der Begegnung mit Menschen aus anderen Kulturen fließen Second-Hand-Erfahrungen in die Beurteilung des Fremden ein – über Medien gewonnenes Wissen, persönliche oder übermittelte Informationen – die eine sachliche Beurteilung dieses konkreten Kommunikationspartners erschweren.

Interkulturelle Kommunikation läuft unter anderen Voraussetzungen und Bedingungen ab als eine Kommunikation innerhalb der gleichen kulturellen Gruppe. Dazu gehören:

- **Das kulturelle Weltbild:**
  Die Mehrheit der Bevölkerung geht wahrscheinlich davon aus, dass die Regeln der eigenen Kultur überall in der Welt gelten. Diese Haltung ist Ausdruck des *Ethnozentrismus.* Bei Touristen kann man diese Haltung oft beobachten, wenn sie mit Personen des Gastlandes einfach Deutsch sprechen, sich wie zu Hause benehmen und erwarten, dass das Essen so schmeckt wie im Heimatland. ***Ethnozentrismus*** bezeichnet die Vorstellung, dass die Regeln und Normen der eigenen Kultur universelle Gültigkeit haben. Die eigene Kultur wird als Maßstab an andere Kulturen angelegt. In der Regel ist damit die Annahme verbunden, dass die eigene Kultur als „richtig" und die fremde Kultur als „falsch" betrachtet werden. Damit wird auch ausgesagt, dass sich die Angehörigen einer kulturellen Gemeinschaft gegenüber anderen als kulturell überlegen fühlen und dies in ihrem interkulturellen Verhalten zum Ausdruck bringen. Dieses Beziehen auf die eigene Kultur als universeller Maßstab für die Welt galt über lange Zeiträume für Europäer generell, gefördert durch Entdeckungen und Kolonisierung, und wurde als ***Eurozentrismus*** bezeichnet.
- Die allgemeine Grundhaltung gegenüber einer anderen Kultur, die in das Verhalten in der Interaktion einfließt. Sie kann geprägt sein durch Ablehnung der anderen Kultur oder durch Neugier und Interesse an ihr. Dies wirkt sich auf die Kommunikationsbereitschaft aus. Wird die fremde Kultur als unbekannt, unheimlich und gefährlich eingestuft, wird sich die Kommunikationsbereitschaft auf ein Minimum reduzieren, abgebrochen oder vermieden werden. Betrachtet man die andere Kultur als mögliche interessante Bereicherung, so wird aufgeschlossen kommuniziert. Es wird geduldig versucht, so viele Informationen wie möglich über den fremden Gesprächspartner zu erfahren.
- In die konkrete Verständigungssituation gehen Kommunikationserfahrungen ein, insbesondere Vor-Erfahrungen mit „Fremden" und beeinflussen das Verhalten. Hierbei spielt auch die Herkunft der Partner eine Rolle: Bewohner

einer Metropole oder einer Hafenstadt, an Fremde gewöhnt, reagieren anders als z. B. bisher isoliert lebende Gebirgsbauern.

- Von Bedeutung sind auch Beziehungsebenen zwischen den agierenden Partnern, d. h. ob sie gleichwertig oder hierarchisch sind. Nimmt ein Partner eine dominante Stellung ein, bestimmt er wesentlich Inhalt, Ziel und Verlauf der Kommunikation. Denken wir an Abhängigkeitsverhältnisse verschiedener Art: Im Tourismus sind unterschiedliche Personengruppen (Kellner, Reinigungspersonal, Händler etc.) vom Wohlwollen der Touristen abhängig. Das kann sich in einem servilen Verhalten widerspiegeln, dem Touristen wird nicht widersprochen. Eine ungleiche Interaktion können wir im Alltag unserer multikulturellen Gesellschaft vielfach beobachten, insbesondere dort, wo Ausländer, mit Sprache und kulturellen Regeln in Deutschland kaum vertraut, der Bürokratie gegenüberstehen. Besonders gravierend wird die Verständigung durch Dominanzverhalten dort geprägt, wo politische Macht oder militärische Präsenz einer Gruppe bereits a priori ein Überlegenheitsgefühl vermitteln, das sie in Begegnungen und Konflikten mit Mitgliedern der fremden kulturellen Gruppe auslebt. Beispiele dafür gibt es viele in Geschichte und Gegenwart.
- Wichtige Voraussetzungen interkultureller Verständigung sind ebenso die vorhandenen Kommunikationsfähigkeiten auf beiden Seiten. Das beschränkt sich nicht nur auf die Kenntnis der Sprache und wichtige Signale der Körpersprache, sondern auch auf die Fähigkeit, offen über Probleme und Missverständnisse zu sprechen. Hier fließt die kulturellspezifische Haltung zum Fremden ein, z. B. ob der Verhaltenskodex der eigenen Kultur gestattet, eine persönliche Meinung gegenüber Fremden zu äußern, ob Respekt der fremden Kultur zum Wertekanon gehört etc.

Das betrachtete Modell *Sender→Botschaft→Empfänger* funktioniert in der Interkulturellen Kommunikation nur bedingt, nämlich nur dann, wenn Absicht und Inhalt von Mitteilungen von beiden Seiten auf gleiche Weise verstanden werden und dies in den Reaktionen zum Ausdruck kommt. Eine erfolgreiche interkulturelle Kommunikation ist meist erst in einem Prozess zu erreichen.

Das besondere an interkultureller Verständigung ist, das sie nur funktionieren kann, wenn man sich auf die fremde Kultur einlässt, d. h. sie als fremd gegenüber der eigenen akzeptiert. Das bedeutet, sich Wissen anzueignen – Sprache, wichtige Symbole der Körpersprache, kulturelle Besonderheiten – und die Fähigkeit, geduldig nach Formen der Verständigung zu suchen. Bei Touristen kann man gut beobachten, wie sie, wenn die sprachliche Verständigung beim Einkaufen oder beim Bestellen von Essen nicht funktioniert, auf nonverbale Ausdrucksmittel zurückgreifen z. B. Gesten wie Handbewegungen, Fingerzählen, Kopfschütteln, Nicken etc. Dies zeigt die vorhandene Bereitschaft zur Kommunikation. Im bisherigen Text wurde der Begriff *interkulturell* wiederholt benutzt, ohne näher zu erklären, auf welchen kulturellen Bezugsrahmen sich das denn bezieht. Tatsächlich findet interkulturelle Kommunikation zwischen Mitgliedern ganz unterschiedlicher kultureller Gruppen statt. kann sich auf Beziehungen zwischen Angehörigen nationaler Kulturen, ethnischer Kulturen, regionaler Kulturen oder Subkulturen beziehen.

In jeder interkulturellen Begegnung treffen nicht nur Menschen aufeinander, sondern unterschiedliche Lebenswelten, die kulturell geprägt sind. Um diesen Prozess zu verstehen, müssen wir an dieser Stelle erklären, was Kultur ist und wie sie mit Kommunikation verwoben ist.

2. Kapitel:

Interkulturalität und Identität – Die Kommunikationspartner

2.1 Identität in der Interkulturellen Kommunikation

In einer interkulturellen Begegnung stehen sich (mindestens) zwei Personen gegenüber, die jeweils eine eigene Identität haben. Diese einmalige Identität wird durch die Merkmale der Person gebildet und ihrer Zugehörigkeit zu verschiedenen Wir-Gruppen. Stellen wir uns folgende Szenarien interkultureller Begegnungen vor:

- deutscher Rucksacktourist wohnt bei Bauern im thailändischen Norden;
- eine Gruppe chinesischer Geschäftsleute reist zu Verhandlungen mit französischer Firma;
- Deutsch-Amerikaner aus Texas besucht ein Museum der Sorben;
- ein Schüler aus Bayern trifft auf seine neue Klasse in Kanada;

Begegnungen dieser Art sind in unzähligen Varianten vorstellbar, betreffen unterschiedliche Menschen im In- und Ausland.

Wenn auch in der interkulturellen Begegnung der jeweilige *kulturelle Hintergrund* der Akteure eine wesentliche Rolle spielt, so kommen andere Faktoren hinzu, die die Verständigung erschweren. Es wurde schon darauf hingewiesen, dass die Wahrnehmung individuell verschieden ist wie auch die Reaktionen auf fremde Kommunikationspartner von den Erfahrungen der eigenen Biographie beeinflusst werden. Man kann sich diese Vielschichtigkeit von Personen am besten vorstellen, wenn man nach der Identität eines Menschen oder einer Gruppe fragt.

Was nehmen die Einzelnen von ihrem Partner wahr? Worauf gründet sich der „erste Eindruck"? Welche Gedanken und Gefühle entstehen, die die Kommunikation in ihrem weiteren Verlauf beeinflussen? Wo sind Grenzen der Kommunikation?

Wir können verallgemeinert feststellen, dass in jeder interkulturellen Begegnung die beteiligten Akteure die Identität des oder der anderen feststellen und daraus ihre Schlussfolgerungen ziehen. Diese Identität hat drei Ebenen: Die personale Identität, die soziale Identität und die kulturelle Identität. Ebenso könnte man Identität nach personaler und Gruppenidentität *(Wir-Gruppen)* zuordnen.

Die ***personale Identität*** ist zunächst mit dem Körperbild verbunden. Visuell wird der Fremde identifiziert nach Geschlecht, Alter, Größe, Hautfarbe, Haarfarbe und Haartracht, Gewicht und Körperumfang, Körperschmuck und Körperbemalung, Kleidung, generelles Auftreten (gepflegt, selbstsicher, dezent etc.). Auch mit anderen Sinnen wird der Andere wahrgenommen: Wir hören seine Stimme, Lautäußerungen, seine Sprache und riechen seine Kosmetik. Gleichzeitig wird aus seinem Verhalten auf Eigenschaften geschlossen: Ist er bescheiden oder großspurig, humorvoll oder trocken, lebhaft oder langweilig, neugierig oder uninteressiert, gesprächig oder schweigsam? Für den ersten Eindruck ist für eine mögliche Verständigung wichtig, ob wir überhaupt mit ihm kommunizieren können (er kann stumm, blind, taub sein oder stottern) und ob er sich gut verständlich machen kann (Sprache, Bildungsstand).

Soziale Identität (Gruppenidentität, Kollektive Identität) geht über personale Identität hinaus und bezieht sich auf Gruppen, denen der Einzelne angehört. Kollektive Identität ist wichtig als soziale Heimat. Sie bedeutet eine Übereinstimmung bzw. Identifizierung eines Menschen mit einer sozialen Gruppe. Er teilt deren Ziele, Wertvorstellungen, Symbole und Verhaltensweisen. Die Identifizierung mit einer bestimmten Gruppe beinhaltet die Übernahme bestimmter kultureller Muster, durch die der Einzelne seine Zugehörigkeit ausdrückt. Um die soziale Zugehörigkeit eines Menschen zu ermitteln, fragen wir in einer interkulturellen Begegnung in der Regel nach Familienstand, soziale Herkunft, soziale Schicht und Beruf. In manchen Kulturen gibt es allerdings für derartige Fragen bereits Tabus für Fremde, z. B. Frage nach der Ehefrau gilt in arabischen Ländern und in China als ungehörig, in Japan fragt man nie nach dem Alter. Erleichtert wird diese Zuordnung dort, wo Rang und Beruf bereits durch Kleidung oder Symbole vorgegeben ist, z. B. Arztkittel, Mönchskutte, Stöcke oder Zepter.

Jeder Mensch bewegt sich in verschiedenen Identitätskreisen entsprechend seiner Zugehörigkeit zu *WIR-Gruppen*:

- Familie
- Geschlechtergruppe
- Altersgruppe (Senioren, Jugendgruppen, Kindergruppen) (demographische Gruppe)
- Soziale Klasse, Schicht, Beruf (Arbeiter, Arzt, Bauer, Arbeitsloser...)
- Religionsgemeinschaft
- politische Partei, Vereinigung oder Bewegung
- Verein (Kleingartenverein, Tierschutzverein etc.), Freizeitgemeinschaft (Sport etc.)
- Lokale Gemeinschaft (Stadtteil, Kietz, Dorf etc.)
- ethnische Gruppe

- Regionale Gemeinschaft (Küstenbewohner, Bergbauern, Bundesländer)
- Nation (Zugehörigkeit und evt. Identifizierung mit einer Heimat-Nation)

Die soziale Identität des Einzelnen ist nicht statisch. Im Zuge von sozialer Mobilität kann jemand seine soziale Gruppe verlassen und in eine andere eintreten (z. B. im Zuge von Land-Stadt-Migration, Wechsel der Nationalität durch Emigration etc., Zugehörigkeit zu neuer Berufsgruppe, Beitritt zu einer Partei, einem Verein etc.).

Im Kontext von sozialer Zugehörigkeit wird vielfach der Begriff ***Habitus*** verwendet, der auf die Analyse der französischen Gesellschaft von Pierre Bourdieu zurückgeht. Er geht davon aus, dass eine soziale Gruppe, die einen gemeinsamen sozialen Raum (z. B. Stadt, Stadtteil u. a.) teilt, einen gemeinsamen Lebensstil ausbildet, dem ein Komplex unterschiedlicher Präferenzen zugrunde liegt, der sich in Mobiliar, Kleidung, Sprache und Körpersprache niederschlägt. (Vgl. Bourdieu 1989)

In der interkulturellen Begegnung stehen sich Individuen oder Gruppen gegenüber, die in der Regel mehrere dieser Identitätszuschreibungen teilen. So können sich Menschen verschiedener Nationen, aber gleicher sozialer Zugehörigkeit treffen. Sie können der gleichen sozialen Schicht angehören (Manager, Geschäftsleute, Künstler, Sportler), nur Frauen oder nur Männer, Alte oder Jugendliche können sich treffen. Sie können möglicherweise die Kommunikation miteinander suchen und Gemeinsamkeiten in ihrer Situation als soziale oder demographische Gruppe finden, was ihre Kommunikation erleichtert. So wird z. B. die Verständigung Jugendlicher in internationalen Projekten oder von Studenten oder Schüler im internationalen Austausch schon dadurch begünstigt, dass es gemeinsame Interessen (Musikpräferenz, Sportart) und eine gemeinsame Motivation zur Verständigung gibt. Andererseits können soziale Schranken (z. B. Manager; Arbeiter; Tourist; Beschäftigter im Tourismusbetrieb) eine interkulturelle Kommunikation erschweren oder behindern.

Der Bezug aufeinander wird also von verschiedenen Faktoren begleitet sein.

Hinzu kommt die personale Identität. Aussehen und persönliche Eigenschaften können einen Kommunikationspartner attraktiv oder abstoßend machen, was ebenfalls die Bereitschaft zur interkulturellen Kommunikation beeinflusst. Natürlich kann die soziale Situation auch die Kommunikationsfähigkeiten prägen, z. B. Fremdsprachenkenntnisse durch höheren Bildungserwerb oder Kenntnisse über die jeweils andere Kultur. Hinzu kommt die individuelle Erfahrung mit Fremden!

2.2 Worauf basiert *kulturelle Identität?*

In unserem Kontext interkultureller Begegnung ist natürlich die dritte Identitätsebene besonders interessant – die kulturelle Identität eines Menschen oder einer Gruppe.

Vorab muss auf die doppelte Bedeutung des Begriffes „Kultur“ hingewiesen werden. Zum einen beschreibt „Kultur“ qualitative Merkmale einer Gesellschaft (z. B. Werte und Normen, Grad der Kreativität – siehe Kapitel 3). Zugleich wird der Begriff „Kultur“ aber auch im Sinne von Gemeinschaften = Kulturen benutzt. So wie menschliche Gemeinschaften ganz unterschiedlicher Größe und Entwicklungsstufe existieren, so sprechen wir in diesem Sinne von „Stammeskulturen“, „Regionalkulturen“ oder „Nationalkulturen“ etc. Was ist kulturelle Identität?

Kulturelle Identität bezieht sich auf die Gemeinsamkeiten von Sprache, Normen des Zusammenlebens, weltanschauliche und religiöse Orientierungen, künstlerische und wissenschaftliche Traditionen, sportliche und handwerkliche Fertigkeiten, gemeinsame Ideale und Werte. Die Gemeinsamkeiten in der Lebensweise zeigen sich z. B. im Wohn- und Siedlungsverhalten, Essgewohnheiten, Mode, Umgangsformen, Symbole, Feste und Feiern.

Es zeigt sich, dass eine Gegenüberstellung unterschiedlicher Kulturen auf der Ebene „eigene Kultur“ und „fremde Kultur“ erfolgt (unsere Kultur und die der Anderen). Was aber ist eigentlich gemeint, wenn wir von inter*kultureller* Kommunikation sprechen? Im allgemeinen Alltagsverständnis wird diese Interkulturalität vorwiegend auf Nationalkulturen bezogen („die französische Kultur“, „die deutsche Kultur“, „die spanische Kultur“ etc.).

In vielen Untersuchungen zu kulturellen Unterschieden werden vor allem verallgemeinerte Eigenschaften und Verhaltensweisen nationaler Kulturen als Barrieren für Verständigung genannt (z. B. bei Hofstede, Thomas u. a.). Im Begriff „Kulturstandards“ erscheinen nationale kulturelle Charakteristika wie Sprache, Verhaltensnormen oder Mentalität langlebig. Um internationale Vergleiche zu ziehen, ist es allerdings unumgänglich, zunächst die nationalen Besonderheiten zu erforschen.

Nationalkulturen und ethnische Pluralität: Die Bedeutung nationaler Identität

Warum sind Nationalkulturen derartig verfestigte Gebilde? Die Ursache dafür ist in ihrer Entstehung zu suchen. Nationen und Nationalstaat stellen eine besondere historische Entwicklungsstufe von Gesellschaften in der Moderne dar. Das Bürgertum strebt nach größeren territorialen Einheiten zur gesellschaftlichen Entfaltung (wirtschaftlich und politisch) und sucht nach Wegen, alle dem entgegenstehenden Formen von Partikularismus zu überwinden.

Mit der Entstehung von Nationen gingen wirtschaftliche und politische Vereinheitlichungsprozesse einher. Es entstanden ein gemeinsamer Markt und der Nationalstaat als politische Organisationsform. Ein umfassendes Kommunikations- und Verkehrsnetz entstand, so dass sich gemeinsame Interessen entwickeln und die Lebensbedingungen angleichen können. Eine besondere Schwierigkeit besteht nun aber darin, die in dem neuen Wirtschaftsraum und Staat lebende Bevölkerung, die sich aus Teilbevölkerungen historisch unterschiedlich gewachsener Völker oder Stämme zusammensetzt, kulturell zu vereinheitlichen, damit sie sich mit der Nation identifizieren. Sie gehen als *ethnische Gruppen* in die nationale Bevölkerung ein.

> „Der Nationalstaat ist eine politische Organisationsform, in welcher der Anspruch einer Übereinstimmung politischer, staatsverbandlicher und ethnischer Zugehörigkeit gestellt wird; das Staatsgebiet eines Nationalstaats umfasst dabei häufig nicht nur die Wohngebiete eines Volkes, in ihrer Gesamtheit oder in Teilen, sondern auch die Wohngebiete weitere ethnischer Gruppen." (Heckmann 1992, S. 57)

Die neu entstandenen Nationalstaaten benötigen für den inneren Zusammenhalt und die mögliche Abgrenzung nach außen (z. B. im Fall von militärischen Auseinandersetzungen) in der Bevölkerung ein kollektives Bewusstsein einer gemeinsamen Identität.

Diese *nationale Identität* wird wesentlich kulturell geprägt. In Deutschland entstand im 18. Jahrhundert ein ethnischer Nationalismus als politische Ideologie, getragen von Intellektuellen wie Herder, deren Ziel die Propagierung einer Nationalkultur war. Wichtigster Schritt dazu war die Vereinheitlichung der Sprache, da es viele unterschiedliche Mundarten gab, die zudem in Schriftsprachen gebracht werden sollten. Alte Epen, Märchen und Sagen wurden als Indiz eines gemeinsamen kulturellen Erbes gesammelt.

Im 19. Jh. wurde der Nationalismus (d. h. die bürgerliche Forderung nach einer gemeinsamen Nation) zur politischen Ideologie: Es ging um die Übereinstimmung von ethnischen und staatlichen Grenzen. Der Idealfall ist *ein* ethnisch homogenes Volk als Träger des Nationalstaates. Dieser auf *eine* Ethnie – das deutsche Volk – gerichtete Weg der Nationenbildung ist nicht der einzig mögliche. Ebenso gibt es den ethnisch pluralen Nationalstaat als Föderation, wie die Schweiz, und die auf eine politische Idee gegründete Nationenbildung wie z. B. in Frankreich, wo das Bekenntnis zu den Menschenrechten die Staatsbürger eint, unabhängig von ihrer ethnischen Herkunft.

Bei der Gründung des Deutschen Reiches wurde die ethnische Abstammung zur Grundlage genommen und mit der Staatszugehörigkeit verknüpft. „Deutsch ist, wer deutschen Blutes ist" (Diese Zugehörigkeit besteht auch außerhalb der Grenzen des Staatsgebietes weiter. Menschen, die nicht zur Ethnie der Deutschen gehören, sind Minderheiten).

Es wurden in Europa *Nationalkulturen* konstruiert, um die Bürger der Nationen zu verbinden. Die proklamierten historischen Gemeinsamkeiten waren eine Konstruktion (Anderson und andere sprechen daher von einer „vorgestellten Nation"). Die nationale Identität umschloss reale Traditionen und fiktive

Geschichtskonstruktionen. In der Phase ihrer Nationengründung schufen sich die europäischen Völker ihre Mythen. (Vgl. Flacke 1998: Katalog der Ausstellung „Mythen der Nationen“)

War auch die einheitliche Sprache (Nationalsprache) das wichtigste Ziel, so gab es doch zugleich eine Reihe von gemeinsamen kulturellen Standards in allen Nationalkulturen:

> Fahne der Nation, Hymne des Staates, Symbole, Mythenbildung (Helden aus der Geschichte als Verkörperung nationaler Eigenschaften, historische Ereignisse und Orte als Elemente des kollektiven Gedächtnisses etc.), politische Rituale (wie Gedenktage, Vereidigungen), nationale Feste (Jahrestag der Staatsgründung, Siegesfeiern u. a.), Nationalliteratur, Nationaltheater (nationale Kunst) und die Zuschreibung einer nationalen Mentalität.

Durch Bildung und Erziehung, Presse, Literatur, Propaganda etc. wurden die besonderen Werte der eigenen Nation allgemein verbreitet und weitgehend angeeignet. Damit war zugleich die Abgrenzung von anderen Nationen vorgegeben und der Bezug Wir-Sie, d. h. Wir und die Fremden hergestellt, der sich allmählich verfestigte. Stereotype und Fremdbilder steuerten die Sicht auf die Nachbarnationen und auf ethnische Minderheiten. Diese Förderung einer gemeinsamen Nationalkultur war notwendig, weil es bei der Reichsgründung kein einheitliches deutsches Volk gab, kein „Wir-Gefühl“. Deutschland war zersplittert in einzelne Kleinstaaten. Mitte des 19. Jahrhunderts waren es 38 unabhängige deutsche Länder, die sich in Landschaft, Wirtschaft und Bevölkerung unterschieden. In die neue Nation waren verschiedene Völker, regionale oder ethnische Gemeinschaften integriert worden, die ihrerseits ein starkes inneres Gemeinschaftsgefühl und eigene kulturelle Ausdrucksformen ihrer Kultur und Lebensweise entwickelt hatten. Bei der Reichsgründung 1871 lebten auf dem Territorium die sog. Altstämme Bayern, Schwaben, Franken, Thüringer, Sachsen und Friesen und die sog. Neustämme Märker, Lausitzer, Mecklenburger, Obersachsen, Pommern, Schlesier und Ostpreußen.

Eine sehr lebhafte und eindrucksvolle Beschreibung der Gemeinsamkeiten und Unterschiede finden wir in Eduard Dullers „Das deutsche Volk in seinen Mundarten, Sitten, Bräuchen und Trachten“, das Mitte des 19. Jh. als erstes umfangreiches Buch der Volkskunde erschien. Duller geht zwar von einer Einheit des deutschen Volkes aus, jedoch von einer vielfältigen Bevölkerung, die durch die deutsche Sprache geeint wird. Duller beschreibt die kulturelle Vielfalt der deutschen Mundarten-Stämme und charakterisiert sie folgendermaßen:

> „Friesen, Sachsen, Franken, Thüringer, Bayern, Alemannen – das sind die kräftigen Stämme, die ihre Wurzeln und Stämme zum Ganzen eines deutschen Volkes ineinandergeschlungen haben; jeder einzelne Stamm stattlich an Wuchs, reich an

> Entfaltung, eigentümlich in der Art. Der Friese fest und spröd, kühn hinaus in die See und für Freiheit auf heimischem Boden; der Sachse ernst, ausdauernd und nachhaltig in Glauben und Arbeit, mächtig durch Gedanken und Treue, unerschütterlich, jeder solche geistige Errungenschaft zu bewahren; der Thüringer offen an Verstand und Gemüt, regsam zu allem wackeren Tun, treuherzig in Handel und Wandel, heiter in Sanges- und Sagenlust; der Franke rasch wallenden Bluts, voll Funken der Empfindsamkeit, klug und gewandt, hochstrebenden Sinns und tapfer, aber nicht immer auch vollkommen beständig und verlässlich; der Bayer handfest und derb, von gediegener Treue, lustig und behäbig im frischen Lebensgenuss; der Alemanne mehr nach innen gekehrt, tiefsinnig zum Dichten und Denken, ja selbst zur Versenkung in die geheimnisvolle Welt der Ahnung und Wunder, aber dabei nicht weniger mannhaft und streitbaranstellig und fleißig im Größten wie im Kleinsten – so geartet sind die deutschen Stämme, wie sie aus den verschiedennamigen Völkerschaften der Urzeit zusammengewachsen sind" (Duller o. A. J., S. 27 f.)

Duller geht von der Annahme eines deutschen Volkscharakters aus und zählt zu den Tugenden des Deutschen: Liebe zur Freiheit, Sittlichkeitsgefühl, religiöse Innigkeit des Gemüts und eine unaustilgbare Forschungsbegierde (die sich sowohl im Wandertrieb, wie auch im Sinnen des Geistes und schöpferischer Begabung zeigt). Dazu gesellen sich noch Mannhaftigkeit (in heldenhaftem Mut und Freiheitsliebe), Ausdauer und Lebensfreudigkeit, die in Volkswitz, Volkslied und Volksfest ihren Ausdruck findet. (Vgl. ebenda S. 30)

Worin sieht er die Unterschiede der einzelnen regionalen Gruppen? Das sind zum einen die über 40 Mundarten, für die er Beispiele aus Liedern, Gedichten und Redensarten anführt, und die Trachten als erkennbares äußeres Merkmal regionaler Identität. Kulturelle Unterschiede beschreibt er an der Art der Wohn- und Siedlungsweise, an den Essgewohnheiten (typische Speisen und Getränke, Festessen, Vorlieben (wie die des Bayern für Bier und des Rheinhessen für Wein), er bezeichnet die Feste als Identität der Regionen : Hochzeitsbräuche, Tauffeiern, Begräbnisriten, Weihnachtsbräuche, regionale Ostersitten, Erntefeste oder Traditionen wie Fastnachtsbräuche oder den Kölner Karneval, aber auch Festkultur von Berufsständen wie die der Halloren, der Bergleute, Fischer etc. Er beschreibt anschaulich Sitten und Gebräuche, z. B. das Oktoberfest in München. (Vgl. ebenda S. 377 ff.) Als Zeichen von Identifizierung mit einer bestimmten Landschaft verweist er auf Sagen (z. B. Sagengestalten wie Frau Holle, die Roggenmuhme, den Glauben an Nixen, Zwerge, Hexen etc.) und Formen des Aberglaubens.

Die Bevölkerung der einzelnen Landesteile wird einerseits sehr detailliert in ihrer eigenen Kultur beschrieben, aber auch in Abgrenzung voneinander.

Mein ausführlicher Verweis auf Dullers Beschreibungen der Bewohner einzelner Regionen mit ihren tief verwurzelten kulturellen Sitten und Bräuchen – und vor allem ihrer eigenen Mundart – soll hier als Beweis dafür stehen, dass *die* „deutsche Kultur“ oder „die Deutschen“ nie als identische Einheit existiert haben, sondern als Einheit in der Vielfalt.

Nach fast 140 Jahren gemeinsamer nationaler Geschichte (mit 40 Jahren Geschichte zweier deutscher Staaten) wäre es interessant, nach gewachsenen Gemeinsamkeiten zu fragen. Hat die *nationale Identität* heute für die Deutschen eine Bedeutung?

Die Erfahrungen der letzten Jahre im Kontext von sportlichen Großveranstaltungen wie Fußball Europa- und Weltmeisterschaft spricht dafür, wenn man an die Vielzahl deutscher Fahnen und selbst als Bemalung auf den Gesichtern der Fans denkt!

Abbildung Nationalfahnen an den Häusern zur Fußballweltmeisterschaft 2010

Die Identifikation mit der deutschen Kultur stellt sich für viele erst im Ausland her, während im Innern eher die regionalen Unterschiede wahrgenommen werden, z. B. in Speisen, Sitten, Trachten etc.. Regionale Besonderheiten werden auch heute gepflegt und stolz vorgeführt.

In Hinblick auf interkulturelle Kommunikation als Verständigungsprozess mit Menschen nicht-deutscher Kultur werden die regionalen und andere Unterschiede im Allgemeinen jedoch ausgeklammert. Tatsächlich können aber Mundarten und Dialekte eine Rolle spielen, wenn ausländische Besucher den Dialekt nicht verstehen und die Verständigung dadurch gestört ist. (Beispiele dafür sind z. B. Kommunikationsprobleme zwischen bayrischen und ausländischen Besuchern des Münchener Oktoberfestes).

Nationalkulturen sind also bereits seit ihrer Entstehung in sich differenziert, so dass neben die *nationale Identität* weitere kulturelle Bezugsrahmen entstanden. Sie erscheinen uns als stabile feste Gemeinschaften, die kulturell in sich geschlossen sind. Wie die Geschichte gezeigt hat, sind jedoch Nationalkulturen nicht unveränderlich, sondern kulturellen Veränderungsprozessen unterworfen. Auch ihre innere Differenzierung verändert sich (z. B. die Bedeutung ethnischer Zugehörigkeit, die Rolle von Klassenkulturen etc.). Vereinfacht lässt sich diese Gliederung wie folgt skizzieren:

Nationalkultur

ethnische Kulturen
regionale Kulturen
lokale Kulturen

soziale Kulturen:
Arbeiterkultur
bäuerliche Kultur
Berufs- und Unternehmenskultur
Jugendkulturen
Subkulturen (Punks u. a.)

Interkulturelle Kommunikation findet also nicht nur zwischen Angehörigen unterschiedlicher Nationalkulturen statt (z. B. zwischen Franzosen und Deutschen), sondern ebenso zwischen ethnischen Kulturen und Nationalkultur (z. B. Sorben und Deutschen), aber auch zwischen Mitgliedern sozialer Kulturen verschiedener Nationalkulturen (z. B. deutschen und französischen Punks).

Wenn wir jemanden fragen „Welcher Kultur gehörst du an?“, werden sich die Antworten auf ganz unterschiedliche Ebenen von Kulturen beziehen. Ein Franzose wird in der Regel antworten: „der französischen Kultur“, ein deutscher Jugendlicher „der deutschen Kultur“, aber möglicherweise auch darauf hinweisen, welcher Region oder ethnischen Gemeinschaft er angehört (z. B. Bretone bzw. Bayer). Europäer beziehen sich meist zuerst auf ihre Nationalkultur und nennen andere Zugehörigkeiten erst an zweiter Stelle. In Afrika hingegen, wo der Prozess der Entwicklung von Nationalkulturen in den jungen unabhängigen Staaten sehr viel jünger ist, fühlt sich der Einzelne noch viel stärker seiner ethnischen Heimatkultur zugehörig. Fragen Sie einen Afrikaner danach „was ist deine Kultur“, wird er zuerst „Massai“, „Ashanti“, oder „Yoruba“ sagen, erst danach seine Nationalität. Für ihn sind seine Sprache, seine Familientradition und seine Bräuche mit der ethnischen Gemeinschaft verbunden, in die er hineingeboren wurde. Diese Gruppe betrachtet er als sein „Volk“, dem er sich auch verpflichtet fühlt, wenn er im Ausland lebt.

Was ist „ethnische Identität“?

Vielfach wird in der Literatur und im Alltag synonym für Ethnie der Begriff „Volk“ oder „Volksgruppe“ verwendet.

Eine ***Ethnie*** ist eine Gemeinschaft, die auf der Grundlage einer gemeinsamen Abstammung und Geschichte ein Selbstbewusstsein ihrer Besonderheit und ihrer Abgrenzung zu anderen Gemeinschaften herausgebildet hat. Dieses ethnische Selbstbewusstsein gründet sich auf die Unterscheidung Wir-Sie und wird durch eine Selbstbezeichnung ausgedrückt. Diese muss nicht mit der Fremdwahrnehmung übereinstimmen (z. B. Sinti und Roma vs. „Zigeuner"). Eine ethnische Gruppe verfügt über lange tradierte stabile Gemeinsamkeiten in Kultur und Lebensweise, darunter der Sprache, Sitten und Gebräuche. Sie haben ein Zusammengehörigkeitsbewusstsein ausgebildet.

Mitglieder einer ethnischen Gemeinschaft betrachten sich als homogene Gemeinschaft mit kollektiver Identität. In vielen Fällen ist diese Gemeinsamkeit eine vorgestellte Identität, die von Eliten in politischen oder wirtschaftlichen Machtkämpfen zur Solidarisierung benutzt wird. Es können auch Geschichtsbilder konstruiert sein (z. B. die in der Rastafari-Bewegung weitergegebene Vorstellung eines gemeinsamen Ursprungslandes, Äthiopien, ist eine Konstruktion). Unterschiede zu anderen ethnischen Gruppen im gleichen geographischen Raum wurden und werden oftmals zugespitzt und zu Feindbildern stilisiert (denken wir an die „ethnischen Säuberungen" in Bosnien oder Ruanda!).

Mit der deutschen Nation historisch verbunden sind drei ethnische Gemeinschaften: Die Deutschen, die Sorben und die Dänen. Während die Deutschen das „Staatsvolk" repräsentieren, sind Sorben und Dänen anerkannte ethnische Minderheiten mit politischen Rechten. Nationale Minderheiten gemäß Rahmenabkommen des Europarates zum Schutz nationaler Minderheiten, dem Deutschland 1997 beigetreten ist, sind außerdem die Volksgruppe der Friesen und deutsche Sinti und Roma.

In der Regel prägt die Ethnie, die in einer Nation quantitativ am stärksten vertreten ist, die Mehrheitskultur, während die anderen ethnischen Kulturen Minderheitskulturen sind. Die Sprache der Mehrheitskultur wird damit zur Nationalsprache. In Deutschland bildet die deutsche Ethnie seit der Gründung des Deutschen Reiches 1871 die Mehrheitskultur. In Frankreich steht die Ethnie der Franzosen für Mehrheitskultur, während z. B. Bretonen eine ethnische Minderheit darstellen. Die ethnischen Gruppen streben in der Regel danach, dass ihre Kultur (und Sprache) offiziell anerkannt werden und durch das Bildungssystem weitergegeben werden. Wir können im Europa der Nachkriegszeit eine starke Renaissance des ethnischen Selbstbewusstseins beobachten (In Frankreich wurde Bretonisch wieder als Sprache zugelassen, in Deutschland Sorbisch als Sprache mit eigener Schrift, in Spanien Katalanisch etc.).

In den USA verwendet man die Begriffe „mainstram culture" vs. „subcultures" für die innere Differenzierung. In unserem Kontext sind die Begriffe „Monokultur" und „Multikultur" wichtig.

Monokultur bedeutet, dass in einer Nation/Staat *eine* ethnische Gruppe die Mehrheit bildet und ihre Kultur, insbesondere die Sprache und Werte, die vorherrschende ist. (Erinnert sei an die Diskussion um den Begriff „Leitkultur“)

Multikultur drückt aus, dass in einem Staat/einer Nation mehrere ethnische Kulturen zusammenleben und die gemeinsame Kultur gestalten. In der Geschichte gab es immer auch Beispiele von sog. „Vielvölkerstaaten“, für die dieses kulturelle Nebeneinander charakteristisch war. Für viele Staaten in Asien und Afrika ist es selbstverständlich, dass mehrere ethnische Kulturen mit ihren eigenen Sprachen, Werten und Bräuchen nebeneinander leben, oft auch unterschiedlichen Religionen angehören. Beispiel Afrika: Für fast alle ehemals kolonialen Länder gilt, dass sie mehrere Gemeinschaften umfassen – von zwei in Ruanda bis über neunzig (Mozambique).

Das Verhältnis von Mehrheitskultur und Minderheiten war in der Geschichte und ist auch in der Gegenwart brisant und wird zudem mit politischen Rechten wie Anerkennung der ethnischen kulturellen Identität verbunden.

In Deutschland gibt es sog. „alte Minderheiten“ (mit entsprechenden politischen Rechten), dies sind die Sorben und die Dänen. Die dänische Minderheit lebt als eigenständige ethnische Gruppe (ca. 50 000 Angehörige) in Schleswig-Holstein (Südschleswig). Sie hat eine eigene Vertretung im Landtag und erhält Zuschüsse für dänischsprachige Schulen. Sie unterhält Beziehungen zum „Mutter-Staat“ Dänemark, der die gleiche Sprache und Kultur pflegt

Abbildungen Ethnische Minderheit der Sorben: zweisprachige Straßenschilder (Brandenburg)

Die Sorben in der ostdeutschen Oberlausitz bzw. Niederlausitz (Bundesländer Sachsen und Brandenburg) bilden eine autochthone kulturelle Gemeinschaft mit ca. 60 000 Angehörigen. Ihre leitende Institution ist die Stiftung für das Sorbische Volk. Ihre beiden slawischen Schriftsprachen (Obersorbisch und Niedersorbisch) werden in den Schulen gelehrt, öffentliche Beschriftungen (Straßenschilder, Bahnhöfe) sind in sorbischer Sprache. Zur sorbischen Kultur gehört eine eigene Literatur und Kunst. Spezielle Traditionen (z. B. spezielle Trachten, die bekannten Osterbräuche) sind über die regionalen Grenzen hinweg bekannt und Anziehungspunkte für Touristen. Die Sorben hatten niemals einen eigenen Staat. Die ethnische Gruppe der Friesen lebt in Deutschland als nationale Minderheit vorwiegend in Schleswig-Holstein.

Nach dem II. Weltkrieg kamen durch Zuwanderungen die sog. *neuen Minderheiten* in eine Reihe von europäischen Staaten (so in Deutschland die Gastarbeiter aus der Türkei etc., in Frankreich Immigranten aus Nordafrika, nach Holland Einwanderer aus Surinam und Indonesien, nach Großbritannien Menschen aus der Karibik, Indien und Pakistan etc.). Außerhalb ihrer Ursprungsländer leben sie heute als ethnische Gemeinschaften in den europäischen Staaten. In Deutschland bilden die Türken die größte Zuwanderergruppe (mit 2,5 Millionen Menschen). Mit ihnen setzten damit Debatten darüber ein, ob diese Staaten nicht de facto multikulturell seien und auch darüber, ob man die Mehrheitskultur nicht vor Überfremdung retten müsse. In den vergangenen 50 Jahren ist die Anzahl ethnischer Gemeinschaften in Europa damit stark angewachsen.

Für den Kommunikationsprozess ist es wichtig, ob die Partner aus als gleichwertig anerkannten Kulturen kommen oder ob sich einer von ihnen beherrscht oder unterlegen fühlt, weil dies seine Bereitschaft zur Kommunikation und die Art der Kommunikation beeinflusst.

Die Differenzierung innerhalb von Nationalkulturen läuft aber nicht nur entlang ethnischer Grenzen. Ebenso gibt es unterschiedliche Kulturen auf lokaler oder regionaler Ebene.

Lokale und regionale Identität

Lokale Kulturen sind z. B. Stadtkulturen (Berlin, Hansestädte, Hafenstädte wie Hamburg). Sie können noch weiter in sich differenziert sein in Stadtteilkulturen (Kietzkulturen).

Regionale Kulturen sind in einem bestimmten geographischen Gebiet mit einer charakteristischen Landschaft und deren Bevölkerung entstanden, wie die bayrische Kultur oder der kulturelle Raum „Spreewald“. Heute werden auch die einzelnen Bundesländer Deutschlands als kulturelle Regionen betrachtet und vor allem im Tourismus vermarktet. Jede lokale oder regionale Kultur hat eigene sprachliche Besonderheiten (einen Dialekt), Speisepräferenzen, Bräuche, Verhaltensnormen, Lebensweise, Liedgut, möglicherweise traditionelle Bekleidungsformen wie Trachten, Lederhosen, Dirndel u. a. und eigene Festrituale (z. B. bei

Hochzeiten). Als regionale Kultur könnte man heute noch Traditionen ehemaliger DDR-Kultur im Osten Deutschlands finden. (vgl. Naguschewski, und Trabant 1997)

Eine weitere Unterscheidung von Kulturen sind soziale Kulturen, manchmal als Subkulturen bezeichnet.

Auch ***soziale Kulturen*** haben ihre kulturellen Ausdrucksformen. Sprachliche Besonderheiten bezeichnen wir als Soziolekte. Mit der Arbeiterkultur haben sich Traditionen wie die Feier zum 1. Mai als Kampftag der Werktätigen, Kampf- und Arbeitslieder, eigene Feste (Jugendweihe), Solidarität als kultureller Wert, Rote Nelke und Rote Fahne als Symbole, verbale Grußformeln (Glück auf! u. a.) entwickelt.

Bäuerliche Kulturen unterscheiden sich davon durch eigene Traditionen wie Erntekranz, Trachten, Dorffeste, künstlerische Ausdrucksformen (mundartliche Lieder, Schwänke). Sie sind stark durch regionale Besonderheiten geprägt und haben meist lange Traditionen.

Soziale Identität und Subkulturen

Als besondere ***Subkulturen*** haben sich verschiedene Jugendkulturen herausgebildet. Gemeinsam ist ihnen das Ziel, sich von Normen der herrschenden Kultur (z. B. Musik, Konsumkultur, Mode) abzugrenzen. Sie sind häufig über die nationalen Grenzen hinweg orientiert oder von internationalen Strömungen beeinflusst. Innerhalb der Jugendkultur haben sich zu bestimmten Zeiten vorherrschende Strömungen entwickelt, so z. B. die Halbstarken und die Beatnik-Bewegung nach Ende des Krieges; die Hippie-Bewegung der 60er Jahre, die Gegenkultur des Punk seit Anfang der 80er Jahre und die verschiedenen heute nebeneinander bestehenden Subkulturen New-Wave, Gruftis und Vampirkulte, Gothic, Techno-Szene, Rave, Rockabilly etc. Die jugendlichen Subkulturen unterscheiden sich durch den besonderen Musikstil, Kleidung, Symbole, Frisuren, Schmuck, Tattoos, Piercings oder Gesichtsbemalung und ein eigenes Gruppenverhalten, das ihre Werte und ihr Lebensgefühl ausdrückt (z. B. Verweigerungshaltungen, Protestformen). Oft bestehen feste Rollenbilder.

Als Ausdruck der Abgrenzung zu anderen Gruppen und der Zugehörigkeit zu einer bestimmten Gruppe haben sich auch Kommunikationsformen wie Grußverhalten, nonverbale Gesten, bevorzugte Wörter und Redewendungen entwickelt. Jugendkulturen sind vorwiegend Freizeitkulturen: Die Gruppenmitglieder treffen sich zu gemeinsamen Ritualen und Festen mit spezieller Musik (man denke an die Mittelaltermusik, Heavy Metal, Gothic Rock, Rock etc.).

Die innere Differenzierung in Subkulturen ist ein Prozess, der immer weiter fortschreitet und zu neuen kulturellen Formen führt. Berlin ist ein gutes Beispiel dafür, wie sich Subkulturen immer mehr verästeln (z. B. Rockabilly-Clubs, Vampir-Treffen).

Abbildung Subkulturen in Berlin: Veranstaltungswerbung

Die Zugehörigkeit zu einer ethnischen, regionalen, Klassenkultur oder Subkultur zeigt sich in der Kommunikation sowohl in verbalen als auch nonverbalen Ausdrucksformen: Spezielle Art der Begrüßung, Rangfolgen, Gesten (Fingergesten, auf die Schulter klopfen), im Körperbild (Tattoos und Piercing oder Fantasie-Kleidung in Jugendkulturen, Berufsbekleidung sozialer Gruppen) und Ritualen (Maifeier als Ausdruck der Arbeiterkultur, Erntedankfest als Teil der bäuerlichen Kultur etc.), künstlerische Ausdrucksformen (Musikkulturen in den Jugendkulturen).

Auch auf der Ebene von Freizeitkulturen unterscheiden sich Clubs durch Symbole (Vereinsfahnen, Lieder, Farben von Mannschaftskleidung von Sportvereinen). Auf die identitätsstiftende Rolle von Religionsgemeinschaften kommen wir später zurück.

Wenn wir uns den immer stärker werdenden Differenzierungsprozess vor Augen halten, der oft nur noch durch Angehörige der Szene genau zu erkennen ist, können wir erahnen, welche Schwierigkeiten und Komplikationen das alles in einer Interkulturellen Kommunikation auslösen muss. Es gibt allerdings einen Faktor, der die Zuordnung etwas erleichtert: Einzelne kulturelle Elemente haben sich als Symbole für eine bestimmte lokale oder regionale Kultur herausgebildet: Weiswurst, Lederhosen und Münchener Oktoberfest für Bayern, Saure Gurken und Kahnfahrten für den Spreewald etc. Allein die sprachlichen Eigenheiten durch Dialekte und Soziolekte, deren Verbindung zur Hochdeutschen Sprache vielfach nicht zu erkennen ist, machen es Angehörigen anderer Kulturen schwer, ein Gespräch zu verstehen oder sich selbst verständlich zu machen (was bei gebrochenen Kenntnissen der deutschen Sprache noch komplizierter wird).

Unterschiede selbst regionaler Art können selbst bei Einheimischen zu Missdeutungen führen, wie man es z. B. heute in Berlin durch die der innerdeutschen Zuwanderung beobachten kann. Dialekte werden nicht verstanden, Bekleidung und Symbole falsch gedeutet, Esswaren haben die gleiche Bezeichnung, bedeuten aber etwas anderes.

2.3 Gibt es eine übernationale kulturelle Identität? Was sind Kulturkreise?

„Das hier ist mein Kulturkreis". Was ist damit eigentlich gemeint? Bei genauerer Betrachtung handelt es sich fast immer um eine Bezeichnung für die eigene lokale oder regionale Kultur. Es gibt allerdings in Wissenschaft und Politik durchaus den Begriff *Kulturkreis,* dies aber in einem ganz anderen Sinn. Dort wird der Begriff dazu verwendet, auf eine über die Nationalkulturen hinausweisende, übernationale kulturelle Einheit zu verweisen.

Es wurde vielfach und zu verschiedenen Zeiten die These aufgestellt, dass es über nationale Grenzen hinweg in größeren geographischen Regionen kulturelle Gemeinsamkeiten gibt, die berechtigen, von einer einheitlichen Kultur zu sprechen. Dies hat oft politische oder kulturpraktische Aspekte. In der Regel wird dabei auch auf ein gemeinsames historisches Schicksal verwiesen (so z. B. in der These von *der* afrikanischen Kultur.)

Aktuell ist die ***These von der einheitlichen europäischen Kultur und Europäischen Identität.*** Auch hier liegen dem Begriff geographische Einheit und gemeinsames historisches Schicksal zugrunde. Die Notwendigkeit der Besinnung auf kulturelle Gemeinsamkeiten wurde aktuell durch die Entwicklung der Europäischen Union. Wenn hier auch offensichtlich wirtschaftliche Zusammenarbeit und politische Koordinierung im Mittelpunkt stehen, ist zu beobachten, wie – ähnlich dem Prozess der Nationengründung – ein kultureller Bezugsrahmen für alle EU-Bürger angestrebt wird. Die EU bekam eine eigene Fahne, eigene Hymne (Ode an die Freude), den „Europa-Tag" und die Diskussion um „Orte des Erinnerns" des kollektiven Gedächtnisses. Europas kulturelle Werte werden beschworen: Toleranz, Freiheit, Demokratie, Menschenwürde und Solidarität und die Entwicklung des Individualismus. Die EU-Diskussionen zeigten aber auch, dass Europa kein kultureller Schmelztiegel ist und das wohl auch nicht wird, weil zum gegenwärtigen Zeitpunkt die nationalstaatlichen Wurzeln und kulturellen Prägungen zu stark sind. Bemühungen der Betonung der kulturellen Werte Europas im wirtschaftlichen Wettlauf mit anderen Kontinenten (Asien) um die Zukunft zeigen, dass die Diskussion um die „Europäische Identität" noch lange nicht abgeschlossen ist.

Konzepte von „Kulturkreisen" in der wissenschaftlichen und politischen Debatte

In vielen nicht-deutschen Sprachen wurde und wird der Begriff „Zivilisation" mit „Kultur" gleichgesetzt. Im Deutschen gab es eine Trennung in „Zivilisation" als Technik und materielle Kultur und den Begriff „Kultur" als geistige Kultur, Kunst und Werte. Dieser Kulturbegriff wurde erst Mitte des 20. Jh. durch einen „weiten

Kulturbegriff" abgelöst. Erst im 19. Jh. begann man, von „Zivilisationen" (Plural) zu sprechen, weil man davon ausging, dass es mehrere Zivilisationen = Kulturkreise gibt.

Ein wichtiger Vertreter dieser These ist der Kulturphilosoph **Oswald Spengler,** dessen Hauptwerk „Der Untergang des Abendlandes. Umrisse der Morphologie der Weltgeschichte" 1918 erschien, 1922 der zweite Band. Neu war der Gedanke, dass sich Kulturen und Zivilisationen nicht kontinuierlich höher entwickeln, sondern einen Lebensprozess ähnlich dem von organischem Leben durchlaufen. Spengler definierte für die vergangenen 5.000 Jahre acht Kulturkreise, die gleichwertig nebeneinander stehen. Jeder Kulturkreis hat nach Spengler eine Lebensdauer von eintausend Jahren. In der letzten Phase, die er „Zivilisation" nennt, zeigen sich Verfallserscheinungen und die Kultur führt zum Untergang (daraus ergab sich für ihn logisch der *Untergang des Abendlandes*).

An Oswald Spengler knüpfte der britische Geschichtsphilosoph **Arnold Toynbee** (1889–1975) mit seinem 12bändigen Werk „A study of History – Der Gang der Weltgeschichte" an. Er analysierte Bedingungen für Entstehung, Aufstieg und Verfall von Kulturen. Er unterscheidet 32 Kulturkreise.

Die gegenwärtige Diskussion um „Kulturkreise" wird von **Samuel P. Huntington** bestimmt, einem amerikanischen Politikwissenschaftler, der 1995 die These vom „Clash of civilizations" („Kampf der Kulturen") aufstellte. Er geht davon aus, dass nach dem Wegfall des Ost-West-Machtgegensatzes die Auseinandersetzungen im 21. Jahrhundert in der Welt nicht politischer, wirtschaftlicher oder ideologischer Natur sein werden, sondern Konflikte zwischen Angehörigen unterschiedlicher Kulturkreise. Ursache dafür ist das Wiedererstarken des Islam und der Aufstieg Chinas. Er betont, dass nun die Menschen wieder ihre Identität in der Kultur suchen. Menschen grenzen sich von anderen ab und definieren ihre Identität darüber, wie sie *nicht* sind. Globalisierung führt zur Diskussion über „Anders sein". Ziel von selektiven Adaptionsprozessen ist die Stärkung der eigenen Kultur. Kulturkreis ist die größte kulturelle Einheit, auf die sich Individuen beziehen können.

Huntington definiert folgende **zeitgenössische „Kulturkreise"**:

- Sinischer Kulturkreis – seit mindestens 1500 v. u. Z. (ursprünglich „konfuzianisch") China und die chinesischen Gemeinschaften in Südostasien und außerhalb Chinas sowie die verwandten Kulturen Vietnams und Koreas.
- Japanischer Kulturkreis – zwischen 100 und 400 v. u. Z. aus der chinesischen Zivilisation herausentwickelt.
- Hinduistischer Kulturkreis – seit mindestens 1500 v. u. Z. auf dem indischen Subkontinent. Der Hinduismus ist mehr als eine Religion oder ein Gesellschaftssystem, er ist der Kern der indischen Zivilisation. Der Name der Kultur ist nicht identisch mit dem Kernstaat Indien.

- Islamischer Kulturkreis – breitete sich seit dem 7. Jahrhundert von der arabischen Halbinsel ausgehend über Nordafrika, die Iberische Halbinsel, sowie ostwärts nach Zentralasien, auf dem indischen Subkontinent und in Südostasien aus. Infolgedessen gibt es im Islam viele eigene Kulturen oder Subkulturen, so die türkische, die persische und die malaiische.
- Westlicher Kulturkreis – seit 700 bzw. 800 u. Z. Er hat drei Schwerpunkte: Europa, Nordamerika und andere von Europäern besiedelte Länder wie Australien und Neuseeland. Die Amerikaner definierten sich lange als Gegensatz zu Europa (Freiheit vs. Rückständigkeit, Unterdrückung). Das Amerika des 20. Jahrhunderts definiert sich als Bestandteil Europas und als Führer einer umfassenderen Einheit, des *Westens,* zu der auch Europa gehört. Der Terminus „Westen" wird heute zur Bezeichnung dessen benutzt, was früher als „christliches Abendland" bezeichnet wurde. Historisch gesehen ist die westliche Kultur europäische Kultur, heute ist sie euroamerikanische oder nordatlantische Kultur. Der Begriff „westlich" wird heute synonym mit Modernisierung gleichgesetzt.
- Lateinamerikanischer Kulturkreis – er ist zwar ein Spross europäischer Kultur, hat aber auch Elemente einheimischer amerikanischer Kulturen aufgenommen, die es in Europa und Nordamerika nicht gibt. Das Selbstverständnis der Lateinamerikaner ist gespalten, die einen sehen sich als ein Teil des Westens, die anderen als Vertreter einer eigenen, unverwechselbaren Kultur.
- Afrikanische Kultur bildet keinen eigenen Kulturkreis. Norden und Ostküste gehören zum islamischen Kulturkreis, Äthiopien entwickelte sich früh zur eigenen Kultur. in andere Gebiete flossen mit dem europäischen Imperialismus Elemente europäischer Kultur ein, so das Christentum südlich der Sahara. Doch sind in ganz Afrika Stammesidentitäten ausgeprägt (evt. in Zukunft eigene Kultur mit Kernstaat Südafrika). (Vgl. Huntington 1997, S. 57 ff.)

Huntington betont die Rolle der großen Weltreligionen als Grundlagen von Kulturkreisen. Christentum, Islam, Hinduismus, Konfuzianismus und Judentum; der Buddhismus jedoch spaltete sich früh auf und entwickelte sich in verschiedene Richtungen und wurde in seinem Entstehungsland Indien nicht zur Basis eines Kulturkreises. (Vgl. ebenda, S. 59 f.)

Huntington sieht Kulturkreise als größte kulturelle Einheit. Menschen besitzen mehrere Ebenen kultureller Identität, aber Kulturkreise sind das umfassendste „Wir". Zu dieser allgemeinen Identität gehören objektive Elemente wie Sprache, Geschichte, Religion, Sitten und Institutionen und die subjektive Identifikation mit ihr.

Identitäten und interkulturelle Verständigung

Wenn wir uns die Differenzierung von Kulturen betrachten, geht daraus schon hervor, dass der einzelne Mensch verschiedenen Kulturen angehören kann, je nach den geschichtlich bedingten Entwicklungen in seinem Land. Verschiedene Kulturen – das kann z. B. bedeuten: Zugehörigkeit zu einer Nationalkultur, zugleich einer regionalen oder lokalen Kultur, einer oder mehreren sozialen Kulturen.

> Drei fiktive Beispiele:
> Herr X. ist ein deutscher Bauer aus Niederbayern, spricht deutsch und einen bayrischen Dialekt, ist katholisch, Mitglied im Schützenverein.
>
> Fräulein Y. ist deutsch, zugezogen aus der Region Brandenburg nach Berlin, lebt im Kietz Prenzlauer Berg, arbeitet als Kellnerin, gehört der Rave-Szene (Techno) an, kann sich verbal verständlich machen, auch in lückenhaftem Englisch und Russisch .
>
> Frau Z. ist Deutsche, lebt in der Region Sachsen, Konditorin, Mitglied im lokalen Kirchenchor und aktives Mitglied des Tierschutzvereins. Sie hat in ihrer Konditorei gelernt, sich durch Gesten mit den Gästen zu verständigen, auch mit Touristen aus der Ferne.

In den Diskussionen heute hat sich die Meinung durchgesetzt, dass der einzelne Mensch nicht nur *einer* Kultur zugeordnet werden kann und sich auch selbst nicht nur mit *einer* Kultur identifiziert, sondern sich in verschiedenen Identitätskreisen bewegt, in die er entweder hineingeboren wurde oder die er selbst wählte. In der Zuspitzung wird dies häufig als „individuelle Kultur" bezeichnet (als „Patchwork-Identität"), die mit seiner individuellen Biographie zusammenhängt.

Im Kontext von kultureller Globalisierung wird andererseits auch diskutiert, dass sich alle festen kulturellen Bezugrahmen entgrenzen und ineinander fließen. Darauf wollen wir zum Schluss des Buches zurückkommen.

In Hinblick auf Interkulturelle Kommunikation ist jedoch noch eine weitere Ebene wichtig, der Zusammenhang von Sprache und Identität.

2.4 Sprache und Identität

In allen menschlichen Gemeinschaften sind Sprache und Körpersprache Ausdrucksmittel von Gedanken und Gefühlen. Eine Verständigung zwischen Angehörigen verschiedener Kulturen wäre ohne diese Mittel nicht möglich. Für die Individuen ist Sprache der Schlüssel zur Kultur, sowohl zu ihrer eigenen als auch zu einer fremden Kultur. Sie ist der Bezug zu der Gemeinschaft, in der sie leben und wesentlichster Teil ihrer kulturellen Identität. Der Klang der vertrauten Sprache der Gruppe oder Gemeinschaft, mit der sich jemand identifiziert, assoziiert Vertrautheit, Sicherheit, Zuhause-Sein, ob geographisch, ethnisch oder sozial. Menschen denken in der ihnen vertrauten Sprache, sie benutzen sie als Kommunikationsmittel mit anderen und sie benötigen sie, um über sich selbst nachzudenken, mit ihrem inneren Ich zu argumentieren und Handlungsentscheidungen zu treffen. Zu einer Sprachgemeinschaft zu gehören, schafft Zuordnung. Jeder Mensch wird in eine kulturelle Gemeinschaft hineingeboren, die eine einzigartige Sprache hat. Indem der Mensch diese Sprache durch Familie, lokales Umfeld, Bildungseinrichtungen und Medien verschiedener Art erlernt, gehört er objektiv zu denen, die diese Sprache sprechen. Er kann sich natürlich von dieser Sprache subjektiv abwenden (wenn aus seiner Biographie heraus die Sprachgemeinschaft für ihn negativ besetzt ist oder er sie als „Weltbürger" im Ausland nicht benutzen will.). Dennoch wird er in einem anderen kulturellen Raum in der Regel spontan positiv auf den Klang der „Muttersprache" reagieren. Die Sprache der Kultur, in die er hineingeboren wurde, ist die Sprache, in der träumt; die Lieder, Gedichte und Märchen der Kindheit assoziieren und Literatur ihren sprachlichen Ausdruck geben.

„Eine gemeinsame Sprache sprechen" wird als Synonym dafür verwendet, dass sich Menschen etwas zu sagen haben und einer Meinung sind. Nun ist aber auch klar, dass diese Sprachen mit verschiedenartigen und verschieden großen Gemeinschaften verbunden sein können. Die „Muttersprache" im wortwörtlichen Sinne muss nicht zwangsläufig die Nationalsprache sein, sondern kann auch ein Dialekt sein. Den verschiedenen Existenzformen von Kultur können wir auch die Sprachen zuordnen.

- Nation – Nationalkultur – Nationalsprache (Landessprache) (Beispiel Deutsch)
- ethnische Gemeinschaften, eigene Sprachen (Sorbisch, Bretonisch)
- regionale und lokale Gemeinschaften (Dialekte und Mundarten)
- Soziale Gruppen – Soziolekte (Jargon bestimmter Berufsgruppen, Sprachbesonderheiten von Jugendkulturen)

Sprachliche Grundlagen Interkultureller Kommunikation

Eine Landessprache ist nicht unbedingt identisch mit Nationalkultur, denn es gibt Sprachen, die in mehreren Ländern Landessprachen sind. Solche Sprachfamilien sind:

- Deutsch außerhalb Deutschlands in der Schweiz und in Österreich;
- Englisch in Großbritannien, den USA und Kanada;

- Spanisch in lateinamerikanischen, mittelamerikanischen Ländern und in Spanien etc.

Die jeweiligen Sprachen unterscheiden sich jedoch insofern voneinander, dass regionale und kulturelle Besonderheiten in die Landessprache eingegangen sind. Niemand käme auf die Idee, z. B. die spanische und die mexikanische Kultur gleichzusetzen. In Hinblick auf verbale Missverständnisse in der interkulturellen Kommunikation werden wir solchen Fällen noch begegnen.

Andererseits gibt es Staaten, die mehr als eine Nationalsprache haben, z. B. Finnland (Finnisch und Schwedisch) oder die Schweiz, in der aufgrund der föderativen Staatsstruktur Deutsch, Französisch, Italienisch und seit 1999 auch Rätoromanisch Nationalsprachen sind. Sprachliche Identität ist also nicht kulturelle Identität. Allerdings erleichtert die Zugehörigkeit zur gleichen Sprachfamilie die Kommunikation sehr. In der interkulturellen und internationalen Kommunikation sind Nationalsprachen (Landessprachen) sprachliche Grundlage. In verschiedenen Teilen der Welt haben sich zur Erleichterung der Beziehungen *Handels- und Verkehrssprachen* entwickelt, die über Ländergrenzen hinweg zur Verständigung in Handel, Wissenschaft, Administration und Politik dienten. So in Afrika das Suaheli. Die arabische Sprache hat sich in verschiedenen Teilen der Welt durch die islamische Religion verbreitet.

Heute bedient man sich in Internationalen Organisationen mehrerer Verkehrssprachen, in der UNO sind es Englisch, Französisch, Spanisch, Russisch, Arabisch und Chinesisch. In der Europäischen Union müssen alle Dokumente in 23 Amtssprachen übersetzt werden.

Als Weltverkehrssprache – *Lingua franca* – hat sich Englisch durchgesetzt.

Sprachliche Verständigung innerhalb einer Gesellschaft

Innerhalb eines Staates bestehen Sprachbarrieren in Form von ethnischen Sprachen und von Dialekten, die sich auf die Kommunikation auswirken. Nehmen wir das Beispiel Deutschland. Die ethnischen Gemeinschaften der Sorben, Dänen, Friesen und die in Deutschland bereits seit langer Zeit ansässigen Sinti sprechen zwar ihre eigene Sprache, erlernen aber von Kindheit an Deutsch, so dass durch diese Zweitsprachigkeit die Kommunikation mit anderen nicht behindert ist.

Schwieriger wird die Verständigung innerhalb Deutschlands durch die Vielzahl von Dialekten, die durch lange historische Traditionen in den einzelnen Regionen gesprochen und zum Teil geschrieben werden (z. B. Gedichte und Reime auf Plattdeutsch). Sie sind vor allem Teil der mündlichen Überlieferung und der regionalen Bräuche und im Bewusstsein der Einwohner dieser Gebiete seit Generationen fest verankert. Sie haben schon in der vornationalen Geschichte als

Abgrenzung zum anderssprachigen Nachbarn gedient und sind noch heute ein wichtiger Teil regionaler oder lokaler Identität. Da Dialekte nur in einem bestimmten Gebiet gesprochen werden, sind sie für deutsche Landsleute aus anderen Regionen schwer, kaum oder gar nicht verständlich! Zwar gibt es für einige Dialekte inzwischen Wörterbücher (z. B. Bayerisch-Deutsch, Berlinisch-Deutsch), die für mobile innerdeutsche Wanderbewegungen sehr hilfreich sind, aber in der Regel gilt noch immer die Regel „zuhören und nachsprechen".

Die Angaben über die Verteilung der Dialekte differieren, z. T. werden *Mundart* und *Dialekt* gleichgesetzt, auch *Soziolekt* und *Dialekt.*

Eduard Duller unterscheidet in seinem erwähnten volkskundlichen Überblick die Mundarten-Stämme im Deutschen Reich zunächst in das Niederdeutsche und das Hochdeutsche Sprachgebiet, die er weiter gliedert in insgesamt 12 Mundarten. Die Mundarten entsprechen den Stämmen, die aus der Geschichte in das deutsche Volk eingingen. Sie sind fest mit den Bräuchen, Festen, Sprichwörtern, Sagen und Liedern verbunden.

Diese Mundarten oder Dialekte haben sich bis heute in den regionalen Kulturen erhalten. In einer Sendung des Rundfunksenders Berlin-Brandenburg wurde eine Liste der 30 beliebtesten Dialekte in Deutschland aufgestellt, deren Ergebnis am 25. Mai 2010 im RBB-Fernsehkanal vorgestellt wurde (die Top-Drei waren hier Berlinerisch, Sächsisch und Plattdeutsch, während die Dialekte Allgäuerisch, Ruhrpott-Dialekt und Friesisch am Ende der Beliebtheitsskala standen).

Dialekte:

Allgäuerisch	Amtsdeutsch	Badisch	Bayerisch
Berlinerisch	Erzgebirgisch	Frankfurterisch	Friesisch
Hamburgisch	Hessisch	Hochdeutsch	Kölsch
Mannheimisch	Mecklenb. Platt	Fränkisch	Pfälzisch
Moselfränkisch	Niederrheinisch	Plattdeutsch	Ruhrpott
Saarländisch	Sächsisch	Schlesisch	Schwäbisch
Schwizerdütsch	Thüringisch	Westfälisch	Wienerisch

(RBB: Die dreißig beliebtesten Dialekte. Sendung vom 24.05.2010)

Zudem gibt es derzeit zwei Sprachvarianten: „Kanak-Sprak" und „Denglisch". „Kanak-Sprak" entstand durch das gleichnamige Buch von Feridun Zaimoglu 1995 als eine Mischsprache aus stark vereinfachtem Deutsch, Türkisch und Englisch. Die Bezeichnung wird heute vielfach für den Soziolekt oder Jargon junger Türken (Kinder und Enkel der Gastarbeiter) verwendet, den man in Großstädten wie Berlin oft hört. Inzwischen ist zu beobachten, dass bereits deutsche Schüler diese sehr rauen Umgangs-Redewendungen übernommen haben.

Ein zweites Beispiel für neu entstandene Sprachmischungen ist das „Denglisch“, ein durch die Computersprache ausgelöstes Phänomen, sich eingedeutschter englischer Sprachsymbole zu bedienen (z. B. ich habe gemailt, gegoogelt, gechattet, gesurft, geaddet etc.).

Umfragen ergaben, dass zwar immer weniger Menschen ihren Dialekt immer sprechen, aber ihn unter sich und bei entsprechenden Anlässen weiterhin. Einzelne oder Gruppen benutzen ihren Dialekt auch als Abgrenzung gegenüber anderen, was man im Raum Berlin und Brandenburg häufig hören kann. Gefördert wird der Gebrauch des Dialekts natürlich durch die Medien, z. B. Fernsehshows, Talk-runden (Plattdeutsch), Kriminalfilmen etc. Die Berliner Tageszeitung „BZ“ erschien am 8. April 2010 komplett auf Berliner Dialekt.

Da das Sprechen von Dialekten noch immer sehr verbreitet ist, insbesondere im ländlichen Raum, können daraus Situationen entstehen, in denen sich Ausländer von der Kommunikation ausgeschlossen fühlen.

In einer *interkulturellen* Kommunikationssituation führt der Gebrauch eines Dialekts oft zu Verwirrung und Unverständnis, wenn nicht beide Partner auf Hochdeutsch zurückgreifen.

3. Kapitel: Kultur in der Kommunikation

Wir halten es für selbstverständlich, dass wir uns mit unserer Familie, Gruppe, mit Bekannten und Freunden mühelos verständigen können, auch wenn wir nicht immer deren Meinungen teilen. Begegnen wir indes einem ausländischen Besucher, kommen wir irgendwann an einen Punkt, wo wir das Gefühl haben, ihn nicht zu verstehen oder zu begreifen, warum er sich verhält, wie er sich verhält.

Zwei Beispiele:

A) Bei einer Reise nach Finnland lernen Sie die Gastfreundschaft und Hilfsbereitschaft der finnischen Gastgeber kennen und unterhalten sich mit ihnen (in Englisch) über ihr Interesse an der Pflanzenwelt und ihre Hobbys zu Hause. Sie bemerken aber, dass der Gastgeber wenig redet und öfter in Schweigen verfällt und empfinden dies als Desinteresse und Zurückweisung.
In dieser Begegnung treffen zwei kulturelle Grundmuster aufeinander: Die deutsche Art, viel zu reden und keine Pausen aufkommen zu lassen und die finnische Art, Pausen als dem Reden gleichwertig zu betrachten, da Finnen auch gerne miteinander schweigen. Sie empfinden das pausenlose Reden des deutschen Besuchers als aufdringlich.

B) Bei einem Aufenthalt als Tourist in einem afrikanischen Land wollen Sie eine individuelle Besichtigungstour machen und haben ein Mietauto mit Fahrer gebucht. Sie verabreden, dass der Fahrer Sie um 10.00 Uhr vom Hotel abholt. Nachdem er nach einer halben Stunde nicht erschienen ist, machen Sie sich Sorgen (Unfall, Auto defekt?), aber nach einer weiteren halben Stunde erscheint er strahlend und winkt Ihre Bedenken ab „wir werden rechtzeitig zu der Zeremonie ankommen, denn sie beginnt sowieso nicht pünktlich!“ So ist es auch. Im Laufe der Zeit lernen Sie, dass Zeit relativ ist und nicht die Uhr ist wichtig, sondern das Ereignis (dass der Bus fährt, dass die Vorführung traditioneller Tänze stattfindet etc.).

Tatsächlich lebt es sich einfacher ohne den ständigen Stress eines Diktats der Zeit, aber für viele ausländische Besucher kostet es Nerven, bis sie erkennen, dass die Kultur des Gastlandes einfach „anders“ ist.

Zugleich wird in Kommunikationssituationen wie diesen erfahren, von welchem Standpunkt jeder den anderen in seinem kulturellen Verhalten bewertet (sei es die Rolle von Reden und Schweigen oder das Verhältnis zur Zeit): Von einer ethnozentristischen Sicht, d.h. der Annahme der Allgemeingültigkeit des Verhaltenskodex der eigenen Kultur. Es bedarf der Erfahrungen aus vielen interkulturellen Begegnungen, um eine annähernd objektive Sicht auf andere Kulturen zu entwickeln.

In einer Interaktion mit Angehörigen der eigenen Kultur (Geschäftsberatung, Familienfeier) ist allen bekannt, wie man sich zu verhalten hat; es gibt quasi „Rezepte“ für den Umgang mit Kollegen, Vorgesetzten, alten und jüngeren Familienmitgliedern etc. Das Verhalten wird weitgehend unbewusst gesteuert, weil diese Regeln bereits in der Sozialisation „von Kindheit an“ erlernt wurden.

Begegnen sich Menschen unterschiedlicher Kulturen, hat jeder von ihnen die Verhaltensregeln seiner eigenen Kultur im Kopf. Es gelten auch hier die allgemeinen Regeln von Kommunikation, quasi der Mechanismus des technischen Ablaufs, aber wirkliche Verständigung = erfolgreiche Kommunikation ist ohne Kenntnis der kulturellen Hintergründe eher zufällig, aber nicht die Regel.

Interkulturelle Kommunikation ist deshalb so schwierig, weil sich die jeweiligen kulturellen Muster mit den allgemeinen Regeln für den Ablauf von Kommunikation verschränken. Dieser Einfluss kultureller Muster ist nun nicht der *einer* Kultur, sondern so vieler Kulturen, wie es Herkunftskulturen der Teilnehmer an einer interkulturellen Begegnung gibt. Jede Kultur enthält ein spezifisches Muster für die Kommunikation mit anderen. Das betrifft das Verhalten in einer Kommunikation: Grußverhalten, Regeln für die Interaktion mit Mitgliedern unterschiedlicher Altersgruppen, Geschlechter oder sozialer Hierarchien, Gebrauch der Sprache in diesen Interaktionen und Gebrauch von nonverbalen Mitteilungen, zeitliche Dauer von Gesprächen oder Veranstaltungen, die Art, wie man miteinander redet. Man lernt in einer Kultur, wann man was zu wem sagen darf oder wann man schweigt.

Dies alles gehört zum Code, den eine Kultur für die Kommunikation vorgibt. Fremde können diesen Code a priori nicht beherrschen, da er innerhalb einer Kultur erlernt wird. Man kann sich ihm nähern durch Beobachtung von Verhalten der anderen, durch Nachfragen bei Missverstehen etc.

In der Interkulturellen Kommunikation wird nicht die Kultur des Anderen als Ganzes auf einen Blick erfasst, sondern zunächst Auffälligkeiten in der Wahrnehmung, wie z.B. Art der Begrüßung, wie man isst (mit der Hand, Stäbchen, Besteck), ob man lächelt, wie man eine Beziehung aufbaut etc. Der wirkliche Kern einer Kultur wird erst nach genauerer Prüfung sichtbar.

Wir wollen im Folgenden die verschiedenen Ebenen von Kultur, Gemeinsamkeiten und Unterschiede von Kulturen und ihre Bedeutung für die Kommunikation genauer betrachten, um herauszufinden, wo Ursachen für interkulturelle Missverständnisse oder schlechthin Unverständnis liegen.

3.1 Was ist überhaupt Kultur?

Der Begriff *Kultur* begegnet uns im Alltag in ganz verschiedenen Zusammenhängen. Es heißt *Kultur*dezernent, *Kultur*veranstaltung, *Kultur*beutel, *kultur*voll, *kultur*los etc. Erfragen wir, was einen *kulturvollen* von einem *kulturlosen* Menschen unterscheidet, so wird darauf verwiesen, dass sich *Kultur* in einem gepflegten Äußeren, geschmackvoller Kleidung, Interesse für Klassische Musik und Bildende Kunst und der Fähigkeit zeigt, an geistig anspruchvollen philosophischen Gesprächen über den Sinn des Lebens oder der Zukunft der Erde teilzunehmen. Kurz: *Kultur* = höhere geistige Werte, Kunst, Ethik und gebildeten Geschmack. Dies ist die traditionelle Kulturauffassung, die sich in Deutschland im Rahmen der Entwicklung des Bürgertums im 18. Jahrhundert herausgebildet hat und auf vielerlei Weise noch heute im Alltag anzutreffen ist oder sich in der staatlichen Verwaltungsstruktur ausdrückt. *Kultur haben* war an Voraussetzungen geknüpft wie Schriftsprache, Ethik, Kunst und Philosophie. Man unterschied zwischen *Kulturvölkern* und *Naturvölkern* (Das schlug sich auch in der wissenschaftlichen Beschäftigung mit Kultur nieder: Die Ethnologie war für die *Naturvölker* zuständig, die Geisteswissenschaften untersuchten einzelne Bereiche der *Kulturvölker*.). Dieser enge, auf geistige Werte verengte Begriff von Kultur, wurde im 20. Jahrhundert durch eine breite Debatte auf politischer und wissenschaftlicher Ebene abgelöst von einem weiten Kulturbegriff, der die Lebensweise im Alltag und alle Formen von Kreativität einschloss, die in den vielen Gemeinschaften in der Welt hervorgebracht werden. Neben die *Hochkultur* traten *Massenkultur, Alltagskultur, Medienkultur*, die sich auch auf Aktivitäten anderer sozialer Schichten bezogen. Nach dem Zusammenbruch des Kolonialsystems forderten Vertreter der jungen Staaten im Rahmen der UNESCO, dass „Kultur" ebenso die besonderen Leistungen ihrer Gesellschaften (wie z. B. das reiche Erbe der mündlichen Überlieferungen, ihr „intangible heritage/unsichtbares Erbe" in Form von traditionellen Werten, Bräuchen, Glaubenssätzen, Ritualen und Zeremonien, aber auch ihrer spezifischen Wohn- und Lebensweise) einschließen muss. Sie fanden sich in einer Kulturpolitik, die einerseits auf die Förderung des schriftlich überlieferten geistigen Erbes und andererseits auf die Betonung monumentaler Bauwerke, wie z. B. Pyramiden und Tempel als Kulturleistungen orientierte, nicht vertreten. Nach langen Debatten gelang es 1982 auf der Weltkonferenz Mondicult, eine gemeinsame Begriffsdefinition aller Mitgliedsländer zu verabschieden. Es heißt darin:

> „...die Konferenz ist dahingehend übereingekommen, dass die **Kultur** in ihrer umfassendsten Bedeutung heute als Gesamtheit der geistigen und materiellen, der verstandes- und gefühlsmäßig unterschiedlichen Merkmale, die eine Gesellschaft oder eine soziale Gruppe kennzeichnen, angesehen werden kann. Sie umfasst neben den

Künsten und der Literatur die Lebensweisen, die Grundrechte des Menschen, die Wertsysteme, die Traditionen und Überzeugungen." (Mondiacult, 1983, S. 54)

Die Erweiterung des Kulturbegriffs schuf einen anderen Blickwinkel auf die Vielfalt der Kulturen in der Welt und ermöglichte, durch Kulturvergleich auch übergreifende Strukturen besser erforschen zu können, wie z. B. die Abhängigkeit der Kommunikationsprozesse vom Charakter der jeweiligen Kulturen.

In den Wissenschaften hat sich trotz heftiger Debatten bis heute kein einheitlicher Kulturbegriff durchgesetzt (A. L. Kroeber und C. Kluckhohn identifizierten bereits 1952 über 160 verschiedene Definitionen, inzwischen schätzt man ihre Anzahl auf über 300!). Der Grund ist darin zu suchen, dass „Kultur" viele unterschiedliche Aspekte des menschlichen Lebens umfasst und der jeweilige Schwerpunkt von der fachlichen Orientierung des Betrachters abhängt.

In diesem Zusammenhang ist auf ein weiteres Definitionsproblem hinzuweisen, das noch heute besteht: der Unterschied zwischen *Kultur* und *Zivilisation.* In der deutschen Tradition bezeichnete der Begriff *Zivilisation* die materiellen Bedingungen einer Gesellschaft (Stand ihrer Technik etc.) im Gegensatz zu den geistigen Werten, die im Kulturbegriff zusammengefasst wurden. Wir finden diese Unterscheidung heute noch teilweise im Alltagsgebrauch und im Journalismus, aber dies ist ein rein deutsches Phänomen!

Im Englischen gibt es diese Unterscheidung nicht. Die Begriffe „culture" und „civilization" in der Singularform bezeichnen beide das, was Anthropologen heute als „Kultur" beschreiben. Die Pluralform „Civilisations" wird im Englischen hingegen synonym mit „Kulturkreisen" gebraucht (siehe Kap. 2). In der Anthropologie wird zwischen Kulturen und Zivilisationen dahingehend differenziert, dass Zivilisationen ein bestimmter Typ von Kulturen sind. Sie haben Städte ausgebildet, monumentale Architektur, zentrale Regierungen, eine Schriftsprache und eine effiziente Nahrungsmittelproduktion. Ein Beispiel wäre Mesopotamien 5.500 v. u. Z.

Wir verdanken es insbesondere den umfangreichen Forschungen der amerikanischen Anthropologie, dass wir heute über die besonderen Ausprägungen von Kultur in den unterschiedlichsten Gesellschaften und Gruppen in der Welt Kenntnis haben und sie in Hinblick auf verschiedene Aspekte vergleichen können.

Vielfach verwenden Sozialpsychologen und Sozialwissenschaftler hier den Begriff „cross-cultural studies", d. h. es wird ein bestimmter Aspekt von Kultur (z. B. Rollenverhalten, Herrschaftsstrukturen) im Kulturvergleich erforscht.

In der Kulturwissenschaft gibt es auch die Auffassung, zwischen *objektiver Kultur* und *subjektiver Kultur* zu unterscheiden, d. h. zwischen den materiellen Resultaten menschlicher kreativer Tätigkeit (wie sie sich z. B. in Gebäuden, Technologien, Bekleidungsformen etc. ausdrückt) und den subjektiven Fähigkeiten, Fertigkeiten und Handlungsmustern und dem subjektiven Vermögen, die ererbte Kultur weiter zu entwickeln.

In Hinblick auf die Beziehungen zwischen Kultur und Kommunikation gibt es allerdings auch divergierende Auffassungen. Zwei Beispiele für die verschiedenen Pole: So geht Bronislaw Malinowski *(Funktionalismus)* davon aus, dass in allen Kulturen die Grundbedürfnisse des Menschen befriedigt werden müssen, wodurch ähnliche Institutionen und Verhaltensmuster entstehen, selbst bei entfernten Kulturen. Daraus kann man folgern, dass es auch Ähnlichen in den Kommunikationsstrukturen geben kann. Einen anderen Blickwinkel hat Franz Boas auf die Vielfalt der Kulturen. In seinem *Kulturrelativismus* ist jede Kultur einmalig und hat bestimmte Wahrnehmungsmuster, Denkformen und Gefühlseinstellungen hervorgebracht, die in einer anderen Kultur fremd erscheinen können. Er schließt daraus, dass die Kultur nur von den Mitgliedern einer bestimmten Kultur verstanden werden kann, aber nie von Außenstehenden. (Vgl. Schiewe 2006, S. 52 ff.) Damit wäre auch eine interkulturelle Verständigung nicht möglich.

Gegenwärtig wird in der Anthropologie allgemein die Auffassung vertreten, dass jede Kultur zwar ihren eigenen Kommunikationscode hat, der an alle Angehörigen weitergegeben wird, dass er aber auch von Fremden erlernt werden kann.

Wichtige Untersuchungen zu der Beziehung zwischen Kultur und Kommunikation wurden insbesondere von amerikanischen Anthropologen wie Edward T. Hall, Gary Ferraro, Larry A. Samovar und Richard E. Porter, von William B. Gudykunst, Young Yun Kim, Stella Ting-Toomey und anderen in den letzten Jahrzehnten vorgelegt.

Gary Ferraro definiert Kultur als „everything that people have, think und do as members of a society", d. h. es gibt drei Hauptkomponenten von Kultur:

- *materielle Objekte*
- *Ideen (Wissen), Werte, Haltungen*
- *Verhaltensmuster*

Ferraro betont die enge Verflechtung der verschiedenen Komponenten am Beispiel „Schreiben": Materielle Grundlage sind Computer, Stifte, Papier u. a.:

> „...das erforderliche Wissen ist die Sprache mit Grammatik und Syntax, die Art der Schriftsprache, die Richtung des Schreibens und Verhaltensmuster: wann und wo ist Schreiben üblich, wie benimmt man sich in einer Öffentlichen Bibliothek etc." (Ferraro 2006,S. 28)

Übereinstimmend betonen die verschiedenen Autoren das Besondere, das den Menschen vom Tier unterscheidet: Den Gebrauch von Symbolen, d. h. ein Symbol steht für etwas anderes. Durch Symbole sind Menschen in der Lage, Erfahrungen aus der Vergangenheit weiter zu geben.

Samovar zählt dazu das gesprochene Wort, das geschriebene Wort, nonverbale Aktionen (wie Hände-Schütteln), religiöse Symbole wie Kreuz und Halbmond, Symbole des Reichtums (Autos, Juwelen). Die Symbole kann man bei sich tragen, behalten oder weitergeben, sie im Gedächtnis speichern oder in Form von Büchern, Bildern, Filmen, Videos etc. aufbewahren, weil uns etwas wichtig erscheint. (Vgl. Samovar 2001, S. 42)

3.2 Haben nicht alle Menschen eine gemeinsame Kultur?

In Diskussionen wird oft gefragt, warum wir so viel über kulturelle Unterschiede sprechen, denn schließlich gehören alle Menschen der gleichen biologischen Spezies des homo sapiens an und Kultur insgesamt unterscheide uns doch von allen anderen Lebensformen.

Richtig ist tatsächlich, dass der Mensch eine besondere Spezies im Tierreich ist, der für sein Überleben eigene Lösungsformen gefunden hat. Im weitesten Sinne kann man Kultur als den Anpassungsprozess an die vorgefundene natürliche Umwelt des Menschen bezeichnen. Die verschiedenen menschlichen Gemeinschaften mussten von Beginn ihrer Geschichte an lernen, in und mit ihrer konkreten Umwelt zu leben. Diese Herausforderungen waren gleich, wo immer Gruppen des homo sapiens lebten. Wissenschaftler bezeichnen sie als „cultural universals", also die gemeinsam zu bewältigenden Aufgaben, wollte die Gruppe überleben.

In diesem Kontext ist es sinnvoll, auf die Herkunft des Wortes „Kultur" zurück zu gehen, auf das lateinische Wort *cultura* = bebauen, bestellen, pflegen.

Im allgemeinsten Sinne ist *Kultur* der Gegenpol zu *Natur.* Alles, was der Mensch in seiner Auseinandersetzung mit der Natur geschaffen hat – Werkzeuge, um Dinge zu produzieren; Feuerstellen, um Nahrung zuzubereiten; Hütten oder Häuser, um sich vor den Unbilden des Wetters zu schützen – kurz: seine materielle Kultur. In diesem Prozess hat der Mensch sich selbst entwickelt, sein Wissen, seine Wahrnehmungsfähigkeiten und seine Fertigkeiten immer mehr spezialisiert. Menschen schlossen sich zu sozialen Gemeinschaften zusammen. Um ihre Tätigkeiten koordinieren zu können, entwickelten sie ihre Fähigkeiten, sich miteinander zu verständigen, bis schließlich mit der Herausbildung von Sprache eine wesentliche Grundlage für die Kommunikation untereinander vorhanden war. Viele Forscher halten dies für den entscheidenden Unterschied zu den anderen Arten im Tierreich, auch wenn diese andere, spezifische Formen der Verständigung besaßen.

Kultur ist von ihrem Ursprung her also alles, was der Mensch in diesen Adaptionsprozess mit der Umwelt eingebracht hat, also nicht sein genetischer Code! Der Mensch teilt allerdings in der Evolution mit anderen Lebewesen die Notwendigkeit, sich an die Umwelt anzupassen, damit er seine Grundbedürfnisse befriedigen kann. Der amerikanische Anthropologe Edward T. Hall hat in seinen Forschungen zur

Kultur den Zusammenhang menschlicher Aktivitäten zur biologischen Vergangenheit des Menschen betont. Er formulierte zehn Grundmuster, die für Tier und Menschen gelten, die er ***Primary Message System (PMS)*** nennt:

> Interaction, association, subsistence, bisexuality, territorality, learning, play, defence, exploitation (use of materials) (Vgl. Hall 1959, S. 62)

Wie Hall ausführt, besteht das „kulturelle" der menschlichen Gemeinschaften darin, die biologisch determinierten Anforderungen durch kulturelle Weiterentwicklung spezifisch menschlich gestaltet zu haben. So ist die Notwendigkeit der Interaktion als Überlebensaufgabe beim Menschen mit der Herausbildung neuer Kommunikationsformen verbunden, die in einer eigenen Sprache ihren Ausdruck fanden.

So unterschiedlich die umgebende Natur der verschiedenen menschlichen Gruppen auch war, mussten diese Lösungen finden, um ihre Grundbedürfnisse zu befriedigen. Die Lösungen, die sie dabei entwickelten, waren abhängig von dem Charakter dieser vorgefundenen natürlichen Umwelt, so dass sie sich in ihrer konkreten Form unterschieden.

Diese *Grundbedürfnisse* sind überall in der Welt gleich (Ich verweise auf die Untersuchung Gary Ferraros zu den *cultural universals*, siehe Ferraro 2002, S. 24 ff.). Diese Bedürfnisse ziehen sich durch die menschliche Geschichte bis heute.

- Die grundlegendsten Bedürfnisse sind die nach Nahrung (Kalorien und Trinkwasser) und Schutz vor den Elementen durch Bekleidung und Unterkunft. Wo die natürlichen Ressourcen begrenzt sind, müssen die Menschen Wege finden, notwendige Dinge zu produzieren, zu verteilen und zu konsumieren, d. h. sie bauen eine Ökonomie auf (die Art der Verteilung lebensnotwendiger Güter kann auf verschiedene Weise erfolgen, z. B. Verteilen der Jagdbeute nach dem Prinzip der Gleichheit oder nach sozialer Stellung. Nahrung und Bekleidung werden zunächst über Tauschhandel, später durch Ware-Geld-Beziehungen erworben).
- Um das Überleben einer Gruppe oder Gemeinschaft zu sichern, müssen Nachkommen gezeugt werden. Um dies zu regeln, entwickeln sich die verschiedenen Heiratssysteme. Da der neugeborene Mensch über einen (im Vergleich zu anderen Säugetieren) langen Zeitraum hinweg von der Fürsorge erwachsener Gruppenmitglieder abhängt, werden Aufgaben im Familiensystem festgelegt.
- Jedes Kind muss die Lebensweise seiner Gemeinschaft erlernen. Es entwickeln sich Formen der Wissensvermittlung und der Erziehung.
- Damit die Gruppe in ihren Überlebensstrategien zusammenhalten kann, werden soziale Regeln und Gebote aufgestellt, deren Übertretung Strafen nach sich zieht.

- In ihrer Auseinandersetzung mit der natürlichen Umwelt haben die Menschen ihr Wissen erweitert, aber andererseits auch Grenzen ihres Wissens erfahren, wenn sie für Phänomene keine Erklärung fanden (z. B. Krankheit, Unwetter, Naturkatastrophen). Sie entwickelten Glaubenssysteme, um mit dem Unerklärbaren umzugehen und auf magische Weise die Umwelt zu beherrschen (denken wir an die unterschiedlichen Zeremonien und Kulte in lokalen Kulturen, um Dürre, Trockenheit und Epidemien bei Mensch und Tier zu beeinflussen). Die Menschen suchten Erklärungen für das Unerklärbare in der Welt in Religionen, Magie, Zauberei, Aberglaube, Prophezeiungen und Astrologie.
- und – last not least – haben Menschen zur Verständigung untereinander, zum Austausch ihrer Gedanken und Gefühle und zur Abstimmung ihrer Tätigkeiten ,Medien der Kommunikation entwickelt: Sprache, Ausdrucksformen der Körpersprache, materielle Symbole etc.

Wie unterschiedlich die Lösungsvarianten zu den einzelnen Grundaufgaben der Anpassung sein können, mögen einige Beispiele verdeutlichen:

Die Art und Weise, wie Nahrung für die Gemeinschaft beschafft wird, ist je nach Umwelt verschieden. Die Menschen waren Jäger und Sammler, sesshafte Ackerbauern oder nomadisierende Viehzüchter. Die geographischen Bedingungen (Ozeane, Seen, Gebirge, Wüste, Flüsse) bestimmten das Nahrungsangebot, die klimatischen Bedingungen waren entscheidend dafür, welche Pflanzen in einer bestimmten Gegend angebaut werden konnten, Menschen hängen von verfügbarem Trinkwasser ab. Die Behausungen werden dem Klima und der Lebensweise angepasst, z. B. Lehmhütten, Bambushütten, transportable Zelte der Nomaden, Pfahlbauten in Gewässern, Steinhäuser etc.

Die Familienverbände bildeten sich je nach Wirtschaftsform verschieden aus (Großfamilien in agrarischen Gemeinschaften, Jagdgemeinschaften, Sippenverbände der Nomaden etc.), auch die Rollenverteilung der Geschlechter richtete sich nach den Aufgaben. Die Bildung der jungen Generation wird erst durch Nachahmung, später durch eigene Bildungseinrichtungen ermöglicht. Regeln und Normen der Gemeinschaften werden entsprechend den Hierarchien entwickelt (z. B. Respekt vor der Weisheit der Alten).

Nehmen wir das Beispiel der Entwicklung sozialer Normen. Natürlich unterscheidet sich unser hochspezialisiertes Rechtssystem mit der Vielzahl der Paragraphen für diverse Vergehen und den entsprechenden Strafen beim Übertreten sozialer Normen als Ausdruck der komplexen Gesellschaft vom Ordnungssystem einer kleinen lokalen Kultur wie die der Mbuti-Pygmäen im tropischen Regenwald. Beim Übertreten der geltenden Regeln (z. B. Nahrungsdiebstahl, Inzest) wird der „Täter“ damit bestraft, dass er nicht mehr an den Feiern und Ritualen der Gruppe teilnehmen darf oder, im schlimmsten Fall, wird er aus der Gemeinschaft verstoßen (was oft den Tod bedeutet). Gleich ist beiden sozialen Systemen das Aufstellen strikter Regeln bei Androhung von Strafe, um die Gemeinschaft zu schützen.

Natürlich wurde mit der Entwicklung von Handel und Industrie ein Austauschprozess für nahezu alle Produkte, Technologien und Erkenntnisse möglich und wird in unserem globalen Zeitalter zudem durch verbesserte Transport- und Reisemöglichkeiten und Informationstechnologien erleichtert. Die Möglichkeiten der Begegnungen zwischen Menschen höchst unterschiedlicher Kulturen steigen ständig. Reist heute z. B. ein Tourist nach Ostafrika und trifft auf eine Massai-Gesellschaft (beliebtes Film-Klischee), so wird er von der Lebensweise einer Massaifamilie angezogen oder abgeschreckt, aber kann in jedem Fall die Grundkategorie „Familie" identifizieren und mit der eigenen Kultur vergleichen. Die Kenntnis über Grundkategorien erleichtert die Zuordnung kultureller Muster.

Hilft uns die Suche nach kulturellen Gemeinsamkeiten bei unserer Beschäftigung mit Interkultureller Kommunikation weiter?

Fünf Aspekte sind zu nennen:

1. Bei aller Betonung des Kulturellen in der menschlichen Entwicklung dürfen wir nicht leugnen, dass Menschen eine biologische Seite haben. Wir teilen die Skala der Emotionen mit anderen Lebewesen, Kämpfe um soziale Positionen erinnern an Revierkämpfe und Hackordnungen tierischer Rudel und Verbände. Oft werden biologische Bedürfnisse durch kulturelle Verhaltensweisen überformt. Ferraro nennt dies „biocultural". Er bringt ein Beispiel des Anthropologen Clayde Kluckhohn, der in den 40er Jahren Forschungen im Südwesten der USA durchführte: eine Gastgeberin in Arizona servierte Lunch-Sandwichs mit einer besonders leichten Füllung. Als sie verriet, dass es Fleisch einer Klapperschlange war, haben sich wiederholt Gäste übergeben. Der biologische Prozess des Essens wurde durch die kulturell geformte Abneigung gegen Schlangen überformt. Dies kann in einer interkulturellen Begegnung überall auftreten. Man muss daher lernen, zu akzeptieren, wenn jemand etwas nicht essen oder trinken will und ihn nicht mit rationalen Argumenten zu überzeugen versuchen. Hinter der Ablehnung kann auch ein kulturelles Tabu stehen! Zu den biokulturellen Aspekten gehören auch alle kulturell üblichen Verzierungen des Körpers.
   In zahlreichen nonverbalen Gesten und Gebärden lassen sich die Vorbilder im Tierreich finden. Gerade der Bereich Körpersprache ist dafür ein gutes Beispiel (Ich verweise auf die interessanten Forschungen von Desmond Morris zu den Körpersignalen!).
2. Wenn wir akzeptieren, dass Kultur den Anpassungsprozess an die natürliche Umwelt darstellt, kann es keine Gemeinschaft geben, die *keine* Kultur hat. Die Kulturen unterscheiden sich je nach den konkreten Ausgangsbedingungen. Wir können davon ausgehen, dass jede dieser vielen Kulturen ein ihnen ange-

passtes Kommunikationssystem hervorgebracht hat und müssen nach dessen Spezifik suchen (z. B. haben afrikanische Gemeinschaften, die auf mehrere Dörfer verteilt siedeln, möglicherweise eine Trommelsprache entwickelt, mit der wichtige Nachrichten über die Entfernungen hinweg übermittelt werden).

3. Da es tatsächlich gemeinsame Lebensbereiche des Menschen, gibt, die er bewältigen muss, wo immer er lebt, kann man dies als die allgemeinste Ebene kultureller Gemeinsamkeiten definieren. Daher gibt es auch im Zusammenhang mit Interkultureller Kommunikation in manchen Konzepten des praktischen Umgangs den Rat, bei weitgehend fremden Partnern, bei denen nicht klar ist, ob man überhaupt Gemeinsamkeiten hat, auf diese kulturelle Einheit als Menschen zu verweisen (dies macht aus meiner Sicht aber nur Sinn, wenn man Menschen in Bezug zu transzendenten oder außerirdischen Wesen setzt).
4. Wenn wir Angehörige anderer Kulturen in einer anderen Umwelt kennen lernen, macht es wenig Sinn, ihre Art zu essen, sich zu kleiden, zu wohnen etc. mit den uns bekannten Formen in unserer eigenen Kultur zu vergleichen und evt. sogar verbal zu bewerten („das ist bei uns viel besser“ etc.). Wir werden z. B. wechselseitig Nahrungsmittel entdecken, die wir ekelhaft finden (Muslime die fette Schweinshaxe der Deutschen, diese wiederum fette Larven oder geröstete Termiten bei den Aborigines!). Wir sollten kulturelle Gemeinschaften daran messen, wie sie in ihrer spezifischen Umwelt optimale Wege des Lebens und Überlebens gefunden haben.
5. Diese gemeinsamen Anforderungen an menschliche Gemeinschaften realisieren sich real unter den Bedingungen unterschiedlicher Umwelt, vom tropischen Regenwald bis zum arktischen Eis, so dass sich die konkreten Lösungsvarianten teilweise gravierend unterscheiden. Es ist von daher ein logischer Schluss, auch die Art, zu kommunizieren als eine Vielzahl von Optionen zu betrachten. Wer diese kulturelle Vielfalt als normal und zwangsläufig erkennt, wird auf divergierende Kommunikationsarten aufgeschlossen reagieren und davon ausgehen, dass es in der Kultur des Fremden eben einen anderen Code gibt und sich dem zu nähern versuchen.

Wir sollten den Zusammenhang von Wahrnehmung, Denken und Handeln in der Kommunikation im Auge behalten. Bereits die Wahrnehmung der umgebenden Natur ist kulturell sehr verschieden. Denken wir an die Buschmänner, deren Augen die kleinsten Spuren ihrer Jagdtiere sehen, an die Wüstensöhne, die die Farben und Bewegungen der Sanddünen erkennen und deuten können oder an die Inuit, die durch ihr Leben in Schnee jede Nuance wahrnehmen, was sich in ihren vielen unterschiedlichen Bezeichnungen für „Schnee“ niederschlägt. Wir hätten keine Übersetzung dafür!

Ein Angehöriger unserer Kultur könnte die Unterschiede nicht sehen, hören oder spüren. Bei einem Aufenthalt in einer fremden Umgebung wäre z. B. ein

Tourist auf die Deutung durch Einwohner angewiesen. Für die Früherkennung kommender Katastrophen wie Tornados, Tsunamis oder Vulkanausbrüche wurde er nicht sozialisiert, weil sie in seiner Umwelt in der Regel nicht zu erwarten sind. Interkulturelle Verständigung erfordert also Vertrauen!

3.3 Welche Charakteristika von Kultur sind für den Kommunikationsprozess wichtig?

Jeder teilt seine Kultur mit anderen

Werte und Normen einer Kultur sind nie die eines Einzelnen, sondern die einer Gruppe oder größeren Gemeinschaft. Die Symbole einer Kultur werden damit auch zu einem Muster für die Identifikation mit einer Kultur. Da ein umfangreicher Teil jeder Kultur als selbstverständlich genommen wird, kann der Gebrauch symbolischer Verhaltensweisen schnell in der Begegnung mit Fremden zu Missverständnissen führen (z. B. wenn eine Person aus unserer Kultur einem entgegen kommenden Fremden spontan die Hand zur Begrüßung entgegenstreckt und dieser nicht weiß, was das bedeuten soll, ob das evt. eine Bedrohung darstellt) oder ihn in die Arme schließt, was ebenfalls zu Irritationen verschiedener Art führen kann. Andererseits werden Angehörige der gleichen Kultur durch diese Symbole im Ausland sofort als Gruppenmitglieder erkannt und man bringt ihnen Vertrauen entgegen, z. B. erkennen sich deutsche Touristen im Ausland nicht nur an der Sprache, sondern auch an einer bestimmten Art der Bekleidung (Shorts, Taschenweste, Anglerhut, Digitalkamera u. a.).

Kultur wird erlernt

Was alles zur Kultur einer Gemeinschaft gehört, wird in einem längeren Entwicklungsprozess ausgebildet (z. B. Verhaltensorientierungen, soziale Hierarchien, Rollenbilder, Werte und Normen) und durch die enge Kommunikation der Mitglieder einer Kultur untereinander verfestigt. Ein großer Teil davon wird unbewusst angeeignet und praktiziert, ein anderer Teil durch Unterweisung übermittelt. Jeder Mensch wird in eine bereits bestehende Kultur hineingeboren. Der Lernprozess beginnt bereits früh. Selbst wenn wir davon ausgehen, dass ein Säugling ein genetisches Programm mitbringt, nach dem er Nahrung saugt, beginnt er bald kulturelle Erfahrungen zu sammeln: Wer ist für die Nahrung zuständig, gibt es noch andere Menschen im Raum und wie behandeln sie ihn, woher kommen unbekannte Geräusche und gibt es wiederkehrende Laute/Worte, die eine Bedeutung für ihn haben?

Im Kindesalter wird der überwiegende Teil der Kultur an die nächste Generation weitergegeben. Was das konkret ist, variiert von Kultur zu Kultur. Das zeigt schon ein Vergleich eines Tages eines Kindes in Deutschland und eines Kindes in Japan oder Afrika. Sehr früh lernt das Kind, dass es eine eigene Identität hat: Man nennt seinen Namen, bezeichnet es als Junge oder als Mädchen, nennt seine Familie, sein Dorf oder die Stadt, in der er wohnt. Vieles erlernt das Kind unbewusst. Es beobachtet das Verhalten der Erwachsenen und ahmt es nach, formt die Worte, die man ihm zur Bezeichnung der Dinge nennt.

Dieser kulturelle Lernprozess findet in allen Kulturen statt, auch wenn sich das, was das Kind lernen soll, unterscheidet. Lernen durch Nachahmung ist in vielen Kulturen genau vorgegeben: Der Sohn begleitet den Vater bei seinen Arbeiten, die Tochter die Mutter. Forscher schätzen, dass Kinder im Alter von 7 bis 10 Jahren alle grundlegenden Werte, Normen und Verhaltensregeln ihrer Kultur erlernt haben. Man bezeichnet diesen Prozess des Hineinwachsens in eine Kultur als *Sozialisation*, im englischen als *Enculturation.*

Man könnte diesen Prozess in drei Phasen unterteilen:

1. In die Zeit des unbewussten Lernens (durch Beobachtung und Nachahmung); hier ist die Familie wichtigste Institution bei der Erziehung und Verhaltensbildung. Das Kind ahmt die Erwachsenen nach. Es erfasst langsam, was die Worte bedeuten. Es lernt „danke“ und bitte“ zu sagen, andere zu begrüßen und seine Bedürfnisse verbal zu äußern. Auch Sauberkeit und Pünktlichkeit müssen erlernt werden.
2. Lernen durch Interaktion und die Vermittlung von Ratschlägen und Anleitungen. Dem Kind werden über Alltagskultur Verhaltensnormen beigebracht (Sprichwörter, Sagen, Märchen). Lernen erfolgt auch über die Bekanntschaft mit Kunst und über die Massenmedien. Im späteren Leben treten andere Personen neben diese traditionellen Überlieferungen. Wir lernen von denen, die vor uns gelebt haben. Sie haben ihr Wissen, ihre Erfahrungen und ihre Träume weitergegeben, erzählen ihre Lebensgeschichte, schreiben Memoiren, verfassen wissenschaftliche Bücher, drehen Filme u. a.
3. In der dritten Phase ist der Lernprozess institutionalisiert über die Bildungseinrichtungen von Staat und Kirche bzw. Religionsgemeinschaft.

Die Integration in die bestehende Kultur der Gemeinschaft ist verbunden mit dem Erlernen des spezifischen Kommunikationscodes. Das für das Zusammenleben in der Gemeinschaft, für Aktivitäten und die Entwicklung von Beziehungen notwendige kommunikative Rüstzeug wird auf diese Weise weitergegeben: Die Sprache, der Vorrat an nonverbalen Zeichen, Verhaltensmuster (wie begrüßt man sich etc.) und Wertorientierungen wie respektvolles Verhalten den Alten gegenüber, kurz:

wie verhält man sich wann wem gegenüber, wann darf man mit wem sprechen und worüber, welche Tabus gibt es.

Hinter den Normen und Regeln stehen kulturelle Werte. Wenn z. B. Arbeit ein hoher kultureller Wert ist, wird Fleiß belobigt und Arbeitsbummelei verachtet oder bestraft. In jeder Gesellschaft gibt es Normen, die für alle gelten (Strafrecht, Verkehrsregeln) und Normen für bestimmte Gruppen (z. B. Ehrenkodex für bestimmte Berufe). Werden diese Normen und Regeln nicht eingehalten, erfolgen Sanktionen je nach Art der Norm: Ist es ein Brauch, eine Sitte, ein Gesetz. Einem kulturellen Brauch *kann* man entsprechen (z. B. einen Weihnachtsbaum aufstellen), eine Sitte *sollte* man befolgen, weil sonst soziale Ächtung oder Ausgrenzung zu erwarten sind (z. B. Missachtung von Kleiderordnungen oder Tischsitten), Rechtsnormen *muss* man befolgen, weil deren Nichteinhaltung bestraft wird. (Vgl. Bellebaum 1983, S. 47 ff.)

Das Individuum übernimmt den kulturellen Code der Gruppe, in der es lebt und mit dessen Mitgliedern es oft und regelmäßig kommuniziert. Das heranwachsende Kind hält diesen Code für den überall gültigen und erfährt erst durch spätere interkulturelle Begegnungen, dass damit überhaupt noch nicht eine allgemeine Verständigung überall möglich ist.

Besonders interessant erscheint mir jener Teil der überlieferten Regeln für Verhalten und Umgang, der über Volksweisheiten, Sprichwörter und Märchen vermittelt wird.

Beispiele für Sprichwörter in der deutschen Sprache:
Arbeitsverhalten:
- Der frühe Vogel fängt den Wurm.
- Morgenstund hat Gold im Mund.
- Früh krümmt sich, was ein Häkchen werden will.
- Ohne Fleiß kein Preis.

Rechtsempfinden:
- Wer anderen eine Grube gräbt, fällt selbst hinein!

Verhaltensweisen:
- Hochmut kommt vor den Fall.

Beispiele afrikanischer Sprichwörter im Vergleich:
- Vom zu vielen Schlafen hat die Schlange ihre Füße verloren. (Wanguru)
- Tanze nicht, wenn du einen Korb mit Eiern trägst. (Ambede, Kongo)
- Grünes Holz biegt sich, trockenes nicht. (Ful, Kamerun)
- Man knetet den Ton, wenn er noch feucht ist. (Peul)
- Mit beiden Händen halte einen wahren Freund fest. (Senegal)
- Sei nicht hochfahrend gegen deine Nachbarn! (Madagaskar)

Kulturelle Unterschiede werden sichtbar im deutschen Sprichwort: „Neue Besen kehren gut!“ zum afrikanischen Sprichwort „Alte Besen kehren gut“ (Rolle der Alten). Beispiele für Wertbildung durch Märchen und Sagen gibt es in fast allen Kulturen. Durchgängiges Motiv ist das Erlernen des Unterschieds zwischen Gut und Böse und die Gewissheit, dass das Gute siegt (z. B. „Frau Holle“: Goldmarie und Pechmarie. Belohnt wird der Fleiß, bestraft die Faulheit).
Erstaunlicherweise haben sich die lange tradierten Gestalten der Sagen- und Märchenwelt wie Teufel, Hexen, Kobolde, Trolle, Elfen und Feen bis heute erhalten und es sind durch Film und Fernsehen weltweit neue Sagen- und Heldengestalten, oft als Fantasy-Figuren hinzugekommen (Beispiel „Herr der Ringe“), die aber ebenso den Bezug zum Umgang mit „gut“ und „böse“ und „Gerechtigkeit“ herstellen.

Das Hineinwachsen in eine Kultur mit der Hilfe anderer Mitglieder einer Kultur geschieht zum großen Teil unbewusst. Kommunikatives Verhalten wird dadurch oft quasi automatisch gesteuert. Das erschwert für jemanden aus einer anderen Kultur das Verstehen, warum der andere sich so verhält, äußert, bewegt etc. Unverständnis und Missverständnisse scheinen unvermeidlich. Positiv betrachtet können wir aber andererseits davon ausgehen, dass jede Kultur erlernt wurde und also erlernbar ist!

Ein sehr anschauliches Bild hat der Anthropologe Edward T. Hall dafür gefunden, wie man sich den Lernprozess von Kultur vorstellen kann.

> „Man kann sich Kultur wie einen riesigen Computer vorstellen ... In ihm ist das menschliche Handeln und Verhalten programmiert, das vom Einzelnen erlernt werden muss.“ (Hall 1985, S. 18)

Kulturwandel und Kommunikation

Gesellschaften bleiben nicht über lange Zeiträume hinweg unveränderlich. Ihre Kultur, mag sie noch so erstarrt erscheinen, wird irgendwann von innen heraus oder durch äußere Ereignisse aufgebrochen und beginnt sich zu verändern. Auslöser können Entdeckungen und Neuerungen in der Gesellschaft sein (denken wir an die Erfindung des Buchdrucks) oder neu entstandene soziale Gruppen oder Bewegungen mit neuen Zielen, wie mit der Entwicklung des Bürgertums in Europa. Es können aber auch Ideen oder Objekte von außen hereinkommen, die bekannten Strukturen aufweichen. So kann z. B. der Kontakt mit einer anderen Kultur im Rahmen von Eroberungen oder Handel neue, bisher unbekannte Produkte mit sich bringen, die Gewohnheiten verändern (denken wir an Produkte wie die Tomate, Kartoffeln, Kaffee oder Kakao, die auf lange Sicht großen Einfluss auf die Essgewohnheiten hatten).

Abbildung Himbafrau im Supermarkt, Namibia

Je enger und regelmäßiger Gemeinschaften miteinander in Kontakt kommen, desto schneller können sich Veränderungen verfestigen. Betrachtet man diese Prozesse genauer, so stellt sich aber heraus, dass nicht alle Elemente einer Kultur sich gleich schnell verändern. Zunächst sind es Erscheinungen an der Oberfläche – wie Mode, Essgewohnheiten, Musikformen, Tänze, die Art zu Wohnen, Transportmittel u. a. – während die im Innern liegenden Werte einen längeren Zeitraum unverändert überstehen können. Dazu gehören z. B. Moralvorstellungen, Geschlechterrollen und religiöse Rituale.

In traditionellen Kulturen in Afrika werden die Neuheiten häufig umfunktionalisiert. So werden Coca Cola oder Büchsenbier zu Attributen des sozialen Prestiges, in den traditionellen Brautpreis werden – neben Vieh oder Geld – auch Waren des „modernen“ Lebens integriert, wie z. B. Rundfunk- oder Fernsehgeräte.

In der Geschichte ebenso wie in der Gegenwart läuft der Prozess kultureller Veränderung stets nach dem selben Muster ab: Eine Entdeckung bringt neue Vorstellungen und Bedürfnisse in eine Gemeinschaft, die sich verbreiten und zu einer allmählichen Übernahme neuer Kulturelemente führen.

Begünstigt wird diese Entwicklung durch zwei Faktoren: zum einen dadurch, wie ähnlich sich die betreffenden Kulturen sind (z. B. Sprache) und zum anderen davon, über welches Medium die Information verbreitet wird. Seit Mitte des 20. Jahrhunderts waren es vor allem die Massenmedien, die ähnliche Bedürfnisse in vielen Teilen der Welt weckten. Bekannt ist die Wirkung des Transistorradios auf traditionelle afrikanische Gemeinschaften. (Vgl. Broszinsky-Schwabe 1988)

Heute ist vor allem das Fernsehen *das* Medium, das Werbebotschaften westlicher Industrie in alle Teile der Welt transportiert. Die Filmindustrie liefert neue Helden. In vielen Ländern Afrikas und anderswo wirken die überwiegend amerikanischen Filme allerdings gar nicht über die Sprache (oft ohne Untertitel), sondern über die Bilder und suggerieren, dass die fiktive Welt die reale sei.

Kennzeichnend für unsere Zeit ist das Nebeneinander-Bestehen von unterschiedlichen Kulturen, vorwiegend Industriekulturen und traditionellen Agrarkulturen. Durch die Werbung für Produkte internationaler Unternehmen dringen neue Bedürfnisse in alle Teile der Welt.

Lange Zeit wurde in der Wissenschaft der Veränderungsprozess der Kulturen als „one-way" zwischen Industrieländern und den Ländern der Dritten Welt beschrieben – die Übernahme von westlichen Kulturmustern über Werbung, Filmindustrie etc. Ich denke, dass mit der Globalisierung des Marktes dieser Transportweg nach wie vor funktioniert, aber nicht der einzige ist. Globalisierung heißt auch, dass immer mehr Menschen aus den Industrieländern in alle Teile der Welt reisen (ob beruflich oder als Tourist) und dort „Souvenirs" erwerben, z. B. Masken, Schmuck, Kleidung („airport-art"), neue Gewürze und Rezepte mitbringen, aber auch Interesse an alternativen Naturheilmethoden, Sicht auf die Umwelt oder an traditionellen Umgangsformen entwickeln. Vieles mag falsch interpretiert werden, aber manches wird in die Heimatkultur hineingenommen. Denken wir an das rasche Ausbreiten asiatischer Sportarten, Meditation, Qi Gong und Tai Chi oder Ayurveda. Diese Erfahrungen sind auch eine Bereicherung. Auch die Begegnung mit fernöstlichen Religionen wie Buddhismus und Konfuzianismus verändert das christlich-abendländische Weltbild. Interkulturelle Begegnungen und Kommunikation bringen neue Möglichkeiten der wechselseitigen Bereicherung mit, über die Produktorientierung hinaus.

Mit diesen (historisch) neuen Informationstechnologien werden auch Informationen und Bilder weitergeleitet, die das Kommunikationsverhalten betreffen. Sie können das sehr gut in unserer eigenen Kultur beobachten: Freunde und Bekannte begrüßen sich nun mit „hi" oder „Hello" und der üblichen Anzahl von Wangenküsschen, deutsche Jugendliche benutzen Handgesten, die sie von jungen Türken gesehen haben oder imitieren ihre Filmhelden etc. An die Stelle personaler Gespräche treten E-Mail und SMS.

Im Kontext von Veränderungen der Kulturen sollte nicht der Tatbestand unerwähnt bleiben, dass Kulturen sehr anpassungsfähig sein können. Es gibt genügend Beispiele von Kulturen, die sich trotz einer wechselvollen Geschichte mit Diskriminierung, Unterdrückung, Verfolgung und Krieg als Gemeinschaft erhalten und ihre Kultur bewahrt haben. Das Überleben der jüdischen Kultur ist sicher das beste Beispiel dafür. Aber auch kleinere Gemeinschaften haben ihre Kultur den jeweils anderen Lebensbedingungen angepasst. Ein Beispiel sind die Mennoniten, eine christliche Religionsgemeinschaft, die im Zuge ihrer Verfolgung in Europa im 17. Jahrhundert in viele Teile der Welt emigrierten. In den USA leben sie heute vorwiegend in Illinois und Pennsylvania in Amish-Gemeinden, in mehreren Ländern Lateinamerikas als Mennoniten, über die Auswanderung nach Russland (nach Verfolgungen während der Stalin-Zeit) werden sie heute als Russland-Deutsche in deutsche Mennoniten-Gemeinden integriert. Die Amish-Gemeinden in den USA haben nicht nur die äußeren Zeichen ihrer traditionellen Kultur bis heute bewahrt (Pferdegespanne statt Autos, Bekleidungsformen der Frauen mit traditionellen Hauben und die Männer in schwarzen Anzügen etc.), sondern auch ihre Kommunikationsgewohnheiten in Form der Versammlungen und die weitgehende Ablehnung moderner Technik einschließlich Telefon und Computer.

Es gibt viele weitere Beispiele in Geschichte und Gegenwart davon, wie Menschen ihre Kultur trotz Verfolgung oder Auswanderung erhalten haben. Dies gilt heute natürlich insbesondere für die Gruppen, die durch Immigration in vorhandene größere Kulturen in Europa eingewandert sind und in einem Adaptionsprozess Formen dieser „Gastkultur" annehmen, aber trotzdem oft einen Kern ihrer Herkunftskultur bewahren (z. B. die Gruppe türkischer Zuwanderer in Deutschland, auf die wir noch später zurückkommen).

3.4 Kann man Kulturen unterscheiden?

Bisher ging es in der Betrachtung zu Kultur zunächst um Gemeinsamkeiten durch vorgegebene Strukturen. Wenn wir aber den Einfluss von Kultur auf Kommunikation fassen wollen, müssen wir uns mehr den Unterschieden zuwenden.

Durch die unterschiedlichen Lebensräume der Kulturen der Welt gibt es eine unendliche Vielzahl von Möglichkeiten, worin sich Kulturen unterscheiden. Unterschiede in Haus- und Siedlungsformen, Einrichtungen, Esskultur, Bekleidung, Freizeitformen, Festen etc. sind Gegenstand verschiedener Wissenschaftsdisziplinen wie Architektur, Ethnologie u. a.

Die Schwierigkeiten der Erforschung relevanter Differenzierung von Kultur ergeben sich schon daraus, dass Kultur sehr vielschichtig ist und wir einige Elemente nicht sofort erkennen können. Larry Samovar drückte dies sehr bezeichnend mit dem Bild aus:

> „... what you call culture is ... like the moon: You observe the front, which appears flat and one-dimensional, but there are other dimensions that we cannot see." (Samovar 2001, S. 45)

Es gibt aber eine Reihe von Forschungsergebnissen, die sich auf ähnliche Orientierungen innerhalb von Kulturen beziehen. Ich möchte hier jene hervorheben, die als „Klassiker" auf diesem Gebiet bekannt geworden sind: Edward T. Hall, Geert Hofstede, Kluckhohns und Strodtbecks, Frans Trompenaars und Alexander Thomas.

Der amerikanische Anthropologe **Edward T. Hall** gilt als der Stammvater des Begriffes „Interkulturelle Kommunikation". Er begann im II. Weltkrieg das Verhalten von Bewohnern pazifischer Inseln und später von Japanern zu untersuchen. Er erkannte, dass offensichtlich neben der Sprache kulturspezifische Bereiche eine wichtige Rolle spielen, die zunächst nicht bewusst wahrgenommen werden. Er nannte sie „die verborgenen Signale" (The Silent Language, 1959). Dies war ein entscheidender Schritt zum Verständnis interkultureller Begegnungen. Er begründete die Fachdisziplin „Intercultural Communication". In den Jahren nach dem Krieg erweiterte er seine Forschungen auf ein Thema, das sich aus den Erfahrungen der Wirtschaft zwangsläufig ergab: Heraus zu finden, warum Amerikaner im Ausland mit ihrem Verhalten häufig auf Unverständnis oder Ablehnung stießen und dadurch wichtige Projekte gefährdet waren.

Edward T. Hall zog aus seinen Untersuchungen den Schluss, dass Kultur = Kommunikation ist. Er beschreibt ein einleuchtendes Beispiel für die hinter einem Verhalten verborgenen Signale: Ein Mann kommt nach der Arbeit nach Hause. An der Art, wie er „hi" sagt und seinen Mantel fallen lässt, erkennt seine Frau schon, wie sein Tag im Büro verlaufen ist und was sie zu erwarten hat. (Vgl. Hall 1959, S. 120) Kommunikation ist hier nicht nur Aktion und Reaktion, sondern Kultur als System setzt Informationen frei und löst kulturell programmierte Handlungen aus.

Hall betont die Instrumente der Kommunikation neben der Sprache: Gegenstände, die der Mensch besitzt, die Einteilung und Nutzung von Raum und Zeit und ebenso Verhaltensweisen, die Bedeutungsinhalte vermitteln (wie das Verhalten des Mannes im o. g. Beispiel). Er teilt die Welt der Kommunikation in drei Bereiche:

Sprache – materieller Besitz – Verhalten

Die Sprache bedeutet Eindeutigkeit der Information und ist ein zentrales Verständigungsmittel, materieller Besitz bedeutet Macht und gesellschaftlicher Status; Verhaltensweisen geben Aufschluss über Gefühle, Denkzusammenhänge und die Möglichkeiten, Konflikte zu vermeiden. (Vgl. Hall 1985, S. 20)
Kultur ist Kommunikation in dem Sinne, das alles, was Menschen tun, produzieren und besitzen, eine Bedeutung für andere hat, ihnen etwas mitteilt (denken wir daran, wie ein Mensch durch seine Kleidung, sein Auto, sein Auftreten u. a. bereits einen Rahmen vorgibt, in den wir Informationen von ihm einordnen).

In jeder Kultur gibt es neben der Ebene des Bewussten auch eine Ebene des Unbewussten, d. h. Bereiche, die Menschen normalerweise nicht wahrnehmen, die man aber über eine andere Kultur wissen sollte. Anschaulich dafür ist Halls Beispiel der japanischen Esskultur als Kommunikation:

> „Zunächst ist jedes Mahl ein Kunstwerk. ... Besonders wichtig ist die soziale Funktion als Gelegenheit, andere Menschen in einer angenehmen und entspannten Atmosphäre kennenzulernen und ihre Gesellschaft zu genießen. Essen ist eine Botschaft an den Gast. Man teilt ihm auf diese Weise mit, wie wichtig einem der Anlass ist. Und schließlich stellt das Essen ein Zeremoniell dar. Es ist deshalb wichtig, die beim Essen üblichen Sitten und Gebräuche sorgfältig zu beachten." (Hall 1985, S. 20)

Bereits unsere Wahrnehmung ist kulturabhängig. Was wir wahrnehmen und was nicht, wird durch unsere kulturellen Normen bestimmt. Zwischen uns und der Umwelt gibt es Filter, die auswählen, was wir bewusst aufnehmen. Die Wahrnehmung ist abhängig von Tätigkeit, Status, konkreter Situation und früheren Erfahrungen, die wir in unserer Kultur gemacht haben.

Hall führt zahlreiche Beispiele dafür an, wie kulturell unterschiedlich wahrgenommen wird und die gleichen Dinge in den Kulturen unterschiedlich bewertet werden. Hall gibt das Beispiel des Wertes von Metallen an, die jeweils einen anderen Rang haben können (z. B. Gold, Silber, Kupfer). Ähnlich verhält es sich mit der Bedeutung von Farben. Auch Gesten werden unterschiedlich wahrgenommen. Hall führt das Beispiel des Lachens an: Wenn wir eine Person lachen sehen, deuten wir das so, dass sie sich wohlfühlt. Das gilt jedoch nicht für einen Japaner, da Lachen auch Ausdruck von Verlegenheit sein kann. Hall beweist anhand konkreter Untersuchungen, dass Gruppen von Menschen gemeinsame kulturelle Muster (*pattern*) ausgebildet haben. (Vgl. Hall 1959, S. 57)

Hall hat mehrere Grundmuster von Verhaltensweisen in der Kommunikation herausgefiltert, die kulturelle Gruppen unterscheiden. Wichtig sind zunächst:

Die ***Dichte des Informationsnetzes*** *(„Low context – high context")*

Wenn Menschen sich verständigen, benötigen sie Informationen von den anderen, um einen bestimmten Sachverhalt zu verstehen. In manchen Gruppen brauchen die Beteiligten viele zusätzliche Informationen, weil sie wenig informelle Netzwerke haben und dadurch schlecht informiert sind. Sie haben einen „schwachen Kontext" *(low context)*. In anderen Gruppen sind immer alle gut informiert, weil es starke informelle Netzwerke gibt. Sie haben einen „starken Kontext" *(high context)*. Diese informellen Netzwerke können durch Freunde, Kollegen, Familienmitglieder, Nachbarn oder durch die Zugehörigkeit zu einer verbindenden Gruppe (z. B. Sportverein) gebildet werden. Der einzelne ist durch diese Zusatzinformationen ständig „auf dem Laufenden". In solchen High-context-Gruppen signalisieren z. B. offene Türen im Arbeitsbereich die ständige Bereitschaft des Vorgesetzten, gerne neue Informationen zu erhalten.

Die Dichte des Informationsnetzes ist kulturell unterschiedlich. Es besteht auch eine Beziehung zum Charakter der Gesellschaft in Hinblick auf Individualität oder Gruppensolidarität. Zu den Völkern mit dichten Informationsnetzen gehören Franzosen, Spanier, Italiener, Japaner und die Völker im Nahen Osten. Deutschland gehört zu den Gesellschaften mit weniger dichten Informationsnetzen, d. h. weniger gespeicherten Informationen. Im eigenen Land weiß man in der Regel, wie viele Informationen weitergegeben werden müssen, damit eine Botschaft richtig ankommt. Bei einer Kommunikation zwischen Personen aus verschiedenen Ländern kann es zu Kommunikationsproblemen kommen, wenn entweder der andere Partner zu viele Informationen voraussetzt und daher nicht alles mitteilt oder es entstehen Unstimmigkeiten dadurch, dass sich ein Partner unvollständig informiert sieht, weil er von den informell erhaltenen Informationen des Partners nichts weiß. Eine solche Situation wäre vorstellbar zwischen Deutschen und Italienern, da Italiener meist in Netzwerke eingebunden sind, wo sie informelle Informationen erhalten, von denen natürlich der deutsche Partner nichts weiß.

Ein zweites Problem ist das ***Kommunikationstempo***.
In jeder Kultur gibt es in der Kommunikation (Gespräche etc.) ein Tempo, bei dem sich Menschen wohlfühlen. Das ist aber kulturspezifisch. Für Menschen, die an langsame Botschaften gewohnt sind, führt ein höheres Tempo dazu, dass sie nur einen Teil der Botschaft verstehen.

Aktionsketten
In einer Kommunikation folgen bestimmte Vorgänge aufeinander und bilden quasi eine Aktionskette. Personen steuern auf ein bestimmtes Ziel hin. Laufen zu viele Vorgänge gleichzeitig ab, führt das zu einem Bruch der Aktionskette. Wenn das Informationsnetz dicht ist, ist es stabiler und gegenüber solchen Störungen nicht so anfällig. Aktionsketten können auch zu Meinungsverschiedenheiten führen.

Im eigenen Kultursystem gibt es Sicherungen, die verhindern, dass daraus ein Streit entsteht. In interkulturellen Situationen ist dies nicht abgesichert. (Vgl. Hall 1985, S. 37–46)

Bekannt wurde Hall besonders dadurch, dass er im Ergebnis seiner Forschungen den Rahmen im Hintergrund von Interaktionen analysierte: Das Verständnis von Zeit und die Einstellung zum Raum. Er charakterisiert sie als Schlüsselelemente. Es gelang ihm, gemeinsame übergreifende Einstellungen in Gruppen von Kulturen zu definieren.(Vgl. Kapitel 6)

Bekannt wurde das Konzept der Kulturdimensionen von **Geert Hofstede,** einem niederländischen Kulturwissenschaftler (Professor für Organisationsanthropologie und Internationales Management), der gemeinsame kulturelle Orientierungsmuster für eine Reihe von Nationen ermittelte.

Hofstede definierte *Kultur* als die kollektive Programmierung des Geistes, die die Mitglieder einer Gruppe oder Kategorie von Menschen von einer anderen unterscheidet. Diese mentalen Programme sind „Denk-, Fühl- und Handlungsmuster", die im sozialen Umfeld entstanden und im Laufe der Sozialisation durch Familie, Nachbarschaft, Schule, Arbeitsplatz u. a. weitergegeben werden.

Er untersuchte die Unterschiede zwischen Kulturen und veranschaulichte die wichtigsten Aspekte in seinem bekannt gewordenen „Zwiebelmodell". Von außen nach innen sind die „Häute":

> *Symbole – Helden – Rituale,* die als kulturelle Praktiken sichtbar sind.
>
> - *Symbole* können Worte, Gesten oder Objekte mit einer bestimmten Bedeutung sein (wie z. B. Kleidung, Haartracht, Statussymbole, Flaggen). Sie werden nur von Mitgliedern der gleichen Kultur identifiziert.
> - *Helden* sind lebende, tote oder fiktive Personen, die Eigenschaften besitzen, die in einer Kultur hoch angesehen sind und daher als Vorbilder dienen.
> - *Rituale* sind kollektive Tätigkeiten, die für das Erreichen der angestrebten Ziele eigentlich überflüssig sind, innerhalb einer Kultur aber als notwendig gelten. (Hofstede 2006, S. 8)

Zu diesen „äußeren Häuten der Zwiebel" gehören soziale und religiöse Zeremonien, Formen des Grüßens und der Ehrerbietung u. a. Für Außenstehende (Mitglieder einer anderen sozialen Gruppe, Nation oder eines anderen Unternehmens) sind diese Bereiche der kulturellen Praktiken zwar sichtbar, aber ihre Bedeutung muss erst noch verstanden werden.

Im Inneren der „Zwiebel" ist das kulturelle Wertsystem. Die kulturellen Werte werden in der Sozialisation in den ersten 10 Lebensjahren erworben. Sie sind mit gegensätzlichen Emotionen besetzt (wie z. B. böse – gut, schmutzig – sauber, verboten – erlaubt, gefährlich – sicher, schön – hässlich etc.). Dieser Kern der Kultur ist für Fremde nicht sichtbar. Da hinter jedem Verhalten jedoch bewusst oder unbewusst Werte stehen, entstehen gerade hier Schwierigkeiten im interkulturellen Verständigungsprozess.

Hofstede weist darauf hin, dass sich kulturelle Praktiken durchaus verändern können, ohne dass die Werte davon berührt werden.

3.5 Kann man kulturelle Unterschiede messen?

Hofstede hat im Ergebnis von empirischen Untersuchungen in den 70er Jahren – er sammelte Daten von IBM-Mitarbeitern aus über 50 Ländern – vier Dimensionen von Kulturen ermittelt. (Es gab sechs Wiederholungsstudien als Ergänzung, vgl. Hofstede 2006).

Diese Unterschiede in den mentalen Programmen von Nationen sind:

1. Machtdistanz *(Power distance)*
2. Individualistische vs. kollektivistische Gesellschaften *(Individualism)*
3. Maskulinität vs. Feminität *(Masculinity)*
4. Unsicherheitsvermeidung *(Uncertainty Avoidance)*

Was bedeuten diese verschiedenen Kulturdimensionen?

Machtdistanz *(Power distance)*
Es wird erfragt, inwieweit in einer Gesellschaft akzeptiert ist, dass Macht in Beziehungen und Institutionen ungleich verteilt ist. Es treten offensichtliche Unterschiede zwischen Ländern hervor. Menschen in Gesellschaften mit großer Machtdistanz (wie z. B. Indien, Mexiko, Brasilien) glauben, dass Macht und Autorität zum Leben gehören und dass nicht alle Menschen gleich sind, sondern ihren richtigen Platz in der Welt haben, der durch vertikale Hierarchien markiert ist. Die große Machtdistanz zeigt sich in allen Bereichen. In der Familie sind Eltern Autoritätspersonen. Respekt vor Eltern und Erwachsenen gilt als wichtige Tugend, Fürsorge gegenüber Kindern ist wichtig, aber sie werden bevormundet. In der Schule ist dem Lehrer mit Respekt zu begegnen. Am Arbeitsplatz gibt es starke Hierarchien mit Privilegien, der Vorgesetzte ist Vaterfigur. In den Organisationen wird auf Status großen Wert gelegt, ein strenges Wertsystem bestimmt den Wert jeder Tätigkeit, Untergebene werden in Entscheidungsfindungen nicht einbezogen.

In Ländern mit einer geringen Machtdistanz gehen die Menschen davon aus, dass Ungleichheit minimiert werden sollte. Kinder gelten als gleichberechtigt, das Kind soll selbständig werden. Am Arbeitsplatz betrachten sich Vorgesetzte und Mitarbeiter als von Natur aus gleichberechtigt.

Die Studie ergab hohe Machtdistanzwerte bei den meisten asiatischen Ländern, bei Russland, bei lateinamerikanischen Ländern, arabischen und afrikanischen Ländern. Zu den Ländern mit geringer Machtdistanz gehören die deutschsprachigen und die nordischen Länder, die USA, Großbritannien und die Niederlande (vollständige Tabelle mit Indexwerten: Hofstede 2006, S. 56)

Individualismus *(Individualism)*
Menschen gehören entweder zu kollektivistischen oder zu individualistischen Gesellschaften. Diese Zugehörigkeit prägt die Orientierung nahezu aller Lebensbereiche.

In Kulturen, die zu Individualismus tendieren, ist das Individuum die bedeutendste Einheit in allen sozialen Belangen. Individueller Erfolg, Unabhängigkeit, persönliche Ziele haben Priorität gegenüber Gruppeninteressen (wie Familie).

Wettbewerb steht über Kooperation. Individuen nehmen sich das Recht, Gruppen zu wechseln (z. B. Kirchenzugehörigkeit).

In individualistischen Gesellschaften lernt das Kind in der Kleinfamilie, seine Identität zu entwickeln. Man erwartet von jedem Erwachsenen, dass er für sich selber sorgt. Man erwartet Gleichbehandlung. Die berufliche Mobilität ist größer.

Kollektivismus

In kollektivistischen Gesellschaften ist der Mensch stark in Wir-Gruppen eingebunden, die ihn ein Leben lang schützen, aber dafür unbedingte Loyalität erwarten (z. B. in Großfamilien). Das Gruppeninteresse hat immer höhere Priorität gegenüber dem Interesse des Individuums.

In diesen Gesellschaften lernt das Kind in der Sozialisation, sich als Teil der Gruppe zu begreifen, es ist selten allein. In der sozialen Umgebung ist es wichtig, Harmonie zu bewahren. Die Meinung der Gruppe ist entscheidend, eine persönliche Meinung ist zweitrangig, wird bei einem Kind als Zeichen des schlechten Charakters angesehen. Der Einzelne ist gegenüber der Gruppe zu Loyalität verpflichtet, was die Teilnahme an Feiern einschließt. Die Tugend „Gesicht wahren" steht an erster Stelle. Es gibt geringe berufliche Mobilität. Söhne ergreifen häufig den Beruf des Vaters. Stellenbesetzung in Unternehmungen erfolgen meist nach den Wir-Beziehungen. Das Wir-Bewusstsein ist vorherrschend.

Soziale Normen und Pflichten werden als wichtiger angesehenen als das eigene Vergnügen. Zu den individualistischen Ländern gehören die USA, Großbritannien, Australien und Kanada, zu den stark kollektivistischen Ländern Guatemala, Ecuador, Panama, Venezuela, Peru, Panama und Kolumbien in Lateinamerika, in Asien Südkorea, Vietnam, China sowie ost- und westafrikanische Staaten. (Vgl. Hofstede 2006, S. 105)

Triandis geht davon aus, dass 70 % der Weltbevölkerung in kollektivistischen Gesellschaften leben.

Maskulinität vs. Feminität *(Masculinity)*

Die beiden Werte beziehen sich nicht auf Männer und Frauen, sondern darauf, in wie weit eine Gesellschaft durch männliche oder weibliche Charakterzüge geprägt ist.

Maskulinität meint, bis zu welchem Grad die vorherrschenden Werte einer Gesellschaft männlich-orientiert sind, wie Zielstrebigkeit, Erfolg, Leistung, das Anhäufen von Geld und Zeichen von Männlichkeit. Zu den Ländern, die zu einer männlichen Weltsicht tendieren, zählen Japan, Italien, Mexiko, Venezuela, Griechenland, die Philippinen u. a.

In ***femininen*** Kulturen ist ein Fürsorge- und Pflegeverhalten vorherrschend. Man ist auf Ausgleich und Pflege des sozial-emotionalen Klimas bedacht.

Zu den ***feminin-orientierten*** Ländern gehören die nordeuropäischen Länder und die Niederlande. (Vgl. Hofstede 2006, S. 166)

Je nach Dominanz der einen oder der anderen Dimension unterscheiden sich Geschlechterrollen in der Familie, der Sozialisation, Bewertung von Sexualität, Erziehungsnormen und Bildung, Konfliktlösungsformen am Arbeitsplatz (Kompromiss oder „der Beste soll gewinnen"). Die Unterschiede gehen bis in das Konsumverhalten (z. B. wer entscheidet über den Kauf eines Autos etc.).

Unsicherheitsvermeidung *(Uncertainty avoidance)*
Im Zentrum dieser mentalen Dimension liegt die Wahrheit, dass die Zukunft unvorhersehbar ist. Menschen, die sich durch unklare und unvorhersehbare Situationen bedroht fühlen, suchen Mechanismen, um sich sicher zu fühlen. Das ist unterschiedlich in den einzelnen Kulturen. Als Reaktion versuchen sie, mit Hilfe von Normen, geschriebenen und ungeschriebenen Regeln und mit Gesetzen diese Unsicherheit zu reduzieren. In Ländern mit schwachem Index wie die nordeuropäischen Länder, die USA und die Niederlande akzeptieren die Menschen, dass es auch Unsicherheit im Leben gibt und fühlen sich nicht davon bedroht. Sie sind risikofreudiger, wollen so wenig Regeln wie möglich und verlassen sich mehr auf ihren allgemeinen Menschenverstand.

In Ländern mit einem starken Index (wie Japan, Peru, Griechenland, Portugal) versucht man Unsicherheit mit strengen Regeln, schriftlich fixierten Normen und Planung zu begegnen, durch feste Rituale und Zeremonien Strukturen und Stabilität in das Leben zu bringen. In diesen Ländern ist das Angstniveau hoch, es gilt „Was anders ist, ist gefährlich" (was Fremdenfeindlichkeit begünstigt). (Vgl. Hofstede 2006, S. 234)

Was bedeuten diese unterschiedlichen kulturellen Orientierungen für die Interkulturelle Kommunikation?

Hofstede wies darauf hin, dass interkulturelle Probleme mit Einwanderern häufig daher rühren, dass sie aus kollektivistischen Gesellschaften kommen, während die Gastländer in der Regel individualistische Gesellschaften sind (z. B. Türkei/Deutschland, Afrika/Frankreich). Es treffen unterschiedliche Werte aufeinander, so dass es zu Missstimmungen kommen kann. So vermissen z. B. ältere Türken in Deutschland den großen Respekt vor dem Alter, der in ihrer Gesellschaft Norm ist.

Die vier kulturellen Dimensionen, die Hofstede als erster definiert hat, wurden vielfach von anderen Autoren übernommen oder hinterfragt.

Gary Ferraro verwendet dafür teilweise andere Begriffe. So bezeichnet er die Unterscheidung in „maskuline" und „feminine" Gesellschaften als „harte bzw. weiche Gesellschaften". Den Gegensatz veranschaulicht er in folgendem Bild: In *harten* Gesellschaften gibt es für viele Berufe Zulassungsbeschränkungen, z. B.

Truck-Fahrer sind Männer, den Haushalt besorgen die Frauen. In *weiblichen* Gesellschaften wäre es nicht ungewöhnlich, wenn eine Frau den Truck fahren würde und der Mann als Hausmann in der Familie tätig ist. Während *harte* Gesellschaften viel Wert auf äußere Anerkennung legen, ist es für *weiche* Gesellschaften wichtiger, gute Beziehungen und eine hohe Lebensqualität zu sichern. (Vgl. Ferraro 2002, S. 108)

Kritiker betrachten die „Vier-Dimensionen-Studie" als nur bedingt relevant, weil Hofstede nur Angehörige einer bestimmten sozialen Schicht (IBM-Manager) befragt hat und auch in der Länderauswahl Asien und Afrika zu wenig vertreten sind. Zu hinterfragen wären auch die Charakterisierungen von *maskulin vs. feminin.*

Es gibt Studien, die Kulturen nach wichtigen Verhaltensfeldern der Menschen differenzieren.

Frans Trompenaars unterscheidet Kulturen danach, welche Antworten sie auf die folgenden drei Kernfragen geben:

1. Wie sind die Beziehungen der Menschen untereinander?
2. Wie sind die Beziehungen zur Umwelt?
3. Welchen Bezug hat die Kultur zur Zeit? (Vgl. Trompenaars/Hamden/Turner 1997)

Kluckhohn und Strodtbeck unterscheiden ebenfalls Kulturen danach, wie sie Grundfragen der Beziehungen der Menschen beantworten. Sie fragen:

- Was ist der Charakter der menschlichen Natur?
- Wie ist die Beziehung der Menschheit zur Natur?
- Wie ist die Orientierung gegenüber „Zeit"?
- Welchen Wert hat Aktivität?

Samovar hat die Unterscheidungsmerkmale von Kluckhohn und Strodtbeck in einem Schema wie folgt zusammengefasst:

Orientation (Orientierung)		*Values and Behaviors* (Werte und Verhalten)	
Human Nature	Basically Evil	Mixture of Good and Evil	Basically Good
Human Kind and Nature	People Subject to Nature	People in Harmony with Nature	Prople the Master of Nature
Sense of Time	Past Oriented	Present Oriented	Future Oriented
Activity	Being	Being in Becoming	Doing
Social Relationships	Authoritarian	Group Oriented	Individualistic

(Kluckhohn and Strodtbeck. In: Samovar 2001, S. 74)

Warum sind diese unterschiedlichen Orientierungen in den Kulturen für Kommunikation wichtig?

1. Die Frage nach der Natur des Menschen, danach, ob er in seinem Wesen gut oder böse ist, hat die Menschen seit Jahrhunderten beschäftigt. Jeder Mensch hat seine persönliche Meinung dazu, aber zugleich gibt es in den Kulturen Antworten darauf, warum Menschen handeln wie sie es tun.
Vorwiegend von den Religionen geprägt ist die Vorstellung, dass der Mensch von Natur aus böse ist und man ihm nicht vertrauen kann. Man muss ihn durch religiöse oder politische Institutionen kontrollieren (im Islam gibt es Vorstellungen, wie die „Sünder" gerettet werden können, im Christentum ist der Mensch durch die Erbsünde belastet, kann aber durch seinen freien Willen gut werden). In vielen Kulturen überwiegt die Vorstellung, dass der Mensch *gut und böse* zugleich ist, sich aber durch Lernen verändern kann. Hingegen wird vor allem in asiatischen Religionen – Buddhismus und Konfuzianismus – auf das Gute im Menschen vertraut. Der entscheidende Unterschied bei der Bewertung der menschlichen Natur liegt darin, ob in der kulturellen Vorstellung der Mensch von mystischen oder äußeren Kräften abhängt, die sein Handeln bestimmen oder ob er nach seinem freien Willen handeln kann.
2. Die Haltung des Menschen zu seiner Umwelt ist abhängig davon, wie er selbst seine Beziehung zur Natur sieht. An dem einen Ende der Skala steht die Annahme, dass die mächtigsten Kräfte, die dass Leben bestimmen, außerhalb von ihm sind und nicht kontrolliert werden können. (In der Philosophie des Hinduismus ist der Mensch Teil einer größeren Einheit). In einer Vorstellung, die auf einer Zusammenarbeit mit der Natur orientiert (wie sie in Ostasien weit verbreitet ist), ist die Natur Teil des Lebens und der Mensch muss alles tun, um in Harmonie mit ihr zu leben. Diese Beziehung zur natürlichen Umwelt finden wir in den Kulturen der Indianer stark ausgeprägt. Für sie ist der Mensch Teil der Natur und nicht gegen sie gerichtet. Ihrer Auffassung, die Umwelt vor tiefgehenden Schäden zu schützen, steht das westliche Konzept der Kontrolle der Natur entgegen. Hier sieht sich der Mensch legitimiert, sich „die Erde untertan zu machen" und sie für seine Zwecke auszubeuten und zu verändern (Genmanipulation etc.). Nicht das Gleichgewicht mit der Natur ist wichtig, sondern allein die Interessen der Menschen, welcher Art auch immer. Haben diese Einstellungen Folgen für das Miteinander und die Verständigung zwischen Menschen verschiedener Kulturen? Ich meine, dass gerade die Einstellung zur Natur ganz wesentlich zu Meinungsverschiedenheiten führen kann, nicht nur innerhalb einer Kultur (denken wir an die Entwicklung des Umweltschutzes in unserem Land), sondern auch im Verständnis von Menschen zwischen den Kulturen. Wenn in Australien die Aboriginals den Erhalt ihrer „heiligen Plätze" fordern (z. B. die Sperrung des Ayars Rock für

die Touristen) oder in Nordamerika Indianerstämme gegen den Raubbau an Bodenschätzen protestieren, der die Natur als totes Brachland zurücklässt, so geschieht dies in der Kommunikation mit Institutionen und Unternehmen, die einer westlichen Kultur angehören, in der die Natur als ein Objekt betrachtet wird, das beherrscht werden muss.

3. Offensichtlicher mit Interaktion und Kommunikation verbunden ist die von Kluckhohn und Strodtbeck als kulturelle Trennlinie definierte ***Activity Orientation***. Gemeint ist, welchen Wert eine Kultur der Aktivität beimisst.
   being orientation bezieht sich auf spontane Aktivität als allgemein tolerierter Wert (wie z. B. lange Gespräche mit Freunden aus Freude am Leben, wie es in Kulturen Lateinamerikas und Afrikas weit verbreitet ist).
   being in becoming bezieht sich auf Kulturen, die ein spirituelles Leben höher bewerten als materielle Werte, wie z. B. im Buddhismus und Hinduismus, wo Menschen dieser Religionen einen Teil ihres Lebens mit spirituellen Aktivitäten (Meditation, Pilgerwanderungen u. a.) verbringen, die für ihr künftiges Dasein wichtig sind.
   doing orientation verweist auf Handlungen, die außerhalb der handelnden Person bewertet werden. Diese Orientierung ist typisch für die amerikanische Kultur, aber sicher auch für Westeuropa. Wichtig ist Handlungsvorbereitung durch Zeitpläne.
   Wie Aktivität kulturell bewertet wird, zeigt sich auch darin, wie hoch jene Menschen bewertet werden, die schnell entschlossen sind (was typisch für die amerikanische Kultur ist), während z. B. es in Asien (Taoismus) wichtiger ist, die Ruhe zu bewahren und abzuwarten, was passiert. Man kann sich leicht vorstellen, dass in einer interkulturellen Situation (gemeinsames Lernen oder geschäftliche Verhandlungen) die Verständigung höchst verstörend für beide Seiten verläuft.

Ein weiterer Aspekt der Unterscheidung von Kulturen ist bei Kluckhohn und Strodtbeck die Orientierung für soziale Beziehungen. Es wird danach gefragt, wie Menschen die Beziehungen zu anderen wahrnehmen. Sie unterscheiden nach der vorherrschenden Art: autoritär, kollektivistisch oder individualistisch. Kennzeichen der autoritären Kulturen ist, dass die Autorität der Führung als normal akzeptiert wird (die Dimensionen *kollektivistisch vs. individualistisch* entsprechen den Kategorien bei Hofstede). Eine wichtige Grundorientierung ist außerdem die Beziehung zur Zeit.

Ein anderes methodisches Herangehen an die Besonderheiten von Kulturen sollte an dieser Stelle erwähnt werden: Die Einführung des Begriffes ***Kulturstandard*** durch den Kulturpsychologen Alexander Thomas. Er definiert ihn mit den Worten:

> „So wie ein Standard angibt, wie ein Gegenstand normalerweise beschaffen zu sein hat, wie ein häufig vorkommendes Ereignis normalerweise abläuft, so legt ein Kulturstandard den Maßstab dafür fest, wie Mitglieder einer bestimmten Kultur sich zu verhalten haben, wie man Objekte, Personen und Ereignisse zu sehen, zu bewerten, zu behandeln hat." (Thomas 1991, S. 5)

Auf dieser Grundlage hat A. Thomas mit seinem Team eine Reihe von Untersuchungen zum Kulturstandard in einzelnen Ländern vorgelegt (z. B. zu China).

Susanne Müller befragte Führungskräfte in 25 Staaten der EU auf der Grundlage der genannten Kulturstandards von Hall, Hofstede und Trompenaar (vgl. Müller 2005) .

In den genannten Modellen der Differenzierung von Kulturen werden kulturelle Werte verschiedenster Ebene zugrunde gelegt, von sozialen Werten bis zu philosophischen und religiösen Grundfragen. Sicher könnte man weitere Unterscheidungen benennen (z. B. welchen Wert in einer Gesellschaft Leben hat, sowohl menschliches als auch das anderer Lebewesen), aber die hier angeführten Unterschiede geben bereits eine Vorstellung davon, wie mannigfaltig Verhaltensmuster ausgeprägt sind.

In einem nächsten Schritt soll analysiert werden, wie sich diese kulturellen Differenzierungen auf die Interkulturelle Kommunikation auswirken.

4. Kapitel: Kommunikationsunterschiede und Interkulturelle Missverständnisse

4.1 Kulturmuster in der Kommunikation

Die erwähnten Muster gesellschaftlicher Orientierung von Hofstede und anderen sind keine abstrakten theoretischen Modelle. Es gab seither zahlreiche Studien in verschiedenen Teilen der Welt, die die Relevanz für praktische Interkulturelle Kommunikation gezeigt haben.

Erwähnen möchte ich eine Untersuchung von Asker Kartari, der 1994 in einem Münchener Industriebetrieb 10.777 Mitarbeiter auf der Grundlage der Dimensionen von Hofstede befragte. Da die Mehrheit der ausländischen Mitarbeiter türkischer Herkunft war, verglich er die Muster der deutschen und der türkischen Kultur. Beide Länder weisen große Unterschiede auf. Die türkische Kultur hat eine größere Machtdistanz als die deutsche und ist kollektivistischer. Türkische Kinder wachsen in den Familien mit großer Machtdistanz und hierarchischen Strukturen auf, so dass sie gewohnt sind, Autorität zu begegnen. Es zeigte sich, dass die türkischen Mitarbeiter im Betrieb von ihrem Vorgesetzten Autorität erwarten und akzeptieren. Wenn dieser seine Macht nicht zeigt, verlieren sie ihr Vertrauen zu ihm, weil er keine Macht hat. In der Türkei wird der Vorgesetzte im Betrieb wie ein „Vater" verstanden und hat seinen Mitarbeitern gegenüber Pflichten (z. B. sich nach Problemen der Familie zu erkundigen etc.). In der Regel wissen deutsche Vorgesetzte nicht, was ihre türkischen Mitarbeiter von ihnen erwarten und es kommt zu Konflikten. (Vgl. Kartari 1996, S. 199 ff.)

Unterschiede gab es auch in der Gegenüberstellung zur *maskulinen Kultur* der Deutschen, für die das Motto gilt „Der Beste wird gewinnen". Die türkische Kultur ist eine *feminine Kultur,* ihre Angehörigen sind untereinander hilfsbereit und kompromissfähig. Es zeigt sich, dass türkische Mitarbeiter versuchen „durchschnittlich" zu sein; das Bemühen der Deutschen, immer der Erste zu sein, finden sie lächerlich. Sie vermeiden harte Diskussionen, was von den deutschen Kollegen als „Diskussionsunfähigkeit" betrachtet wird (ebenda, S. 201). Da sie aus einer kollektivistischen Gesellschaft mit starken Wir-Gruppen kommen, ist es nicht üblich, eine individuelle Meinung zu vertreten, sondern man ordnet sich der Gruppe unter. Den deutschen Kollegen, aufgewachsen in einer individualistischen Gesellschaft („Jeder ist sich selbst der Nächste") fiel es hingegen schwer, sich mit ihrer individuellen Meinung einem Gruppenkonsens anzuschließen. (ebenda, S. 202)

Auch in Bezug auf die Unterscheidung der Gesellschaften bei Hall in *high context* und *low context* wurden unterschiedliche Verhaltensmuster zum Erwerb von Informationen sichtbar. In einer kollektivistischen Gesellschaft – wie der türkischen – verfügt der Einzelne ständig über ein dichtes Netz von Kollegen, Freunden und Verwandten, durch die er informell informiert ist. In der Studie von Hartari gaben 41 % der türkischen Mitarbeiter an, ihre Informationen „inoffiziell" von Arbeitskollegen erhalten zu haben, während sich die deutschen Mitarbeiter über die offiziellen Informationskanäle des Betriebes (Aushänge, Betriebszeitung etc.) informieren.

Es zeigt sich hier, dass die von Hall bzw. Hofstede herausgearbeiteten kulturellen Unterschiede in der interkulturellen Zusammenarbeit zu Problemen führen, die nur zu lösen sind, wenn man die Ursachen erkennt.

Gegensätze zwischen individualistischen und kollektivistischen Gesellschaften können wir auch vor allem mit osteuropäischen Partnern beobachten. Die ehemals sozialistischen Länder waren alle stark kollektiv orientiert. Der Übergang zu Marktwirtschaft und individualistischen Machtstrukturen ist noch vielfach ungewohnt oder konfliktreich.

In einer Untersuchung von Olga Rösch zur interkulturellen Kommunikation in Russland im Rahmen von deutsch-russischen Jointventures wurde dies sehr sichtbar: Russland hat eine hohe Machtdistanz, die russische Kultur bevorzugt einen autoritären Führungsstil (autokratisch, bürokratisch, patriarchalisch) mit persönlicher Autorität und Integrität. In Hinblick auf die Dimensionen *maskulin* vs. *feminin* ist Russland eher eine Mischform. In *femininen* Kulturen ist es üblich, dass sich Bewerber unter ihrem Wert anbieten, was dem russischen Wert „Bescheidenheit" als höchste Tugend entspricht.

Russland weist viele Merkmale einer kollektivistischen Gesellschaft auf. Dies zeigt sich z. B. in der Stellenbesetzung, in der Bekannte aus Wir-Gruppen bevorzugt werden. Der größte Unterschied zwischen deutschen und russischen Unternehmen besteht im Bereich „Unsicherheitsvermeidung". In deutschen Unternehmen sind zur Vermeidung von Unsicherheit und Uneindeutigkeiten Rituale und Gepflogenheiten wie z. B. Planungssystemen, Memos, Protokolle etc. allgemein üblich, während in Russland eine solche schriftliche Erfassungskultur nicht ausgeprägt ist. In russischen Betrieben besteht ein dichtes inoffizielles Informationsnetz, sodass Informationen mündlich weitergegeben werden. (Vgl. Baumgart/Jänicke in: Rösch 1999, S. 44 ff.)

Auch die DDR war ein kollektivistischer Staat mit den genannten Verhaltensmustern. Die Betonung der Individualität galt als suspekt. Das Alltagsleben lief zu einem großen Teil kollektiv ab (Schülerkollektive, Arbeitsbrigaden, Freizeitzirkel). Der Familien- und Freundeskreis stellte einen Wert dar, daher wurden

Verpflichtungen vorrangig behandelt. Die Einbindung in stabile Wir-Gruppen gab Sicherheit und Solidarität im oft schwierig zu meisternden Alltag. Wichtige Informationen waren meist nur durch informelle Netzwerke zu erhalten. Der Übergang in die individualistische Kultur der BRD war für viele ein komplizierter Prozess: Sie kannten kaum Mobilität im Arbeitsleben, sie hatten nicht gelernt, sich in Bewerbungssituationen in Szene zu setzen (sie gingen davon aus, dass man ihre Qualitäten schon bemerken würde), sie mussten lernen, dass es oft um sie herum kein Netzwerk mehr gab und die soziale Kompetenz stark abgenommen hatte – als Preis für ein Ausleben von Individualität.

Es zeigt sich in zahlreichen Untersuchungen, dass die Unterscheidung in individuelle und kollektivistische Kulturen die grundlegendste ist, die in die verschiedensten Bereich des Lebens hineinreicht, selbst in Weltbilder.

Samovar/Porter, die zahlreiche amerikanische Studien zum Thema ausgewertet haben, verweisen auf eine Reihe von Aspekten, von denen mir drei relevant erscheinen:

- Menschen in *high-context Gesellschaften,* die über ausreichende Zusatzinformationen verfügen, verständigen sich stärker nonverbal, beziehen ihre Umgebung mit ein, halten Kontakt zu anderen Mitgliedern (z.B. gibt es in Korea das Wort *nunchi*, das die Fähigkeit ausdrückt, mit den Augen zu kommunizieren und sich so mit anderen abzustimmen). In *low-context-Gesellschaften* hingegen läuft ein viel größerer Teil der Kommunikation verbal ab, da die Partner viele Hintergrundinformationen erst erfragen müssen.
- Für die Interkulturelle Kommunikation ist es von Bedeutung, ob jemand aus einer Gesellschaft kommt, die wenig Wert auf Formalität legt (wie die USA: einfacher Dresscode, Anrede selbst wenig bekannter Personen mit dem Vornamen, vor allem bequeme Sitzhaltungen etc.) oder aus einer „formellen" Gesellschaft, in der es Formen einzuhalten gilt, wie z.B. vorgegebene Kleidung zu bestimmten Anlässen, Benutzen von Titeln bei der Anrede, um die soziale Position anzuzeigen, Regeln für das Verhalten zwischen Studenten und Professoren etc. Zu diesen Gesellschaften wird allgemein Deutschland gezählt.
- Ähnlich der Unterscheidung von kollektivistischen und individualistischen Gesellschaften finden wir hier auch die Gegenüberstellung von Gesellschaften, deren Mitglieder in der Kommunikation sehr bestimmt auftreten (assertivness) und jenen, die interpersonale Harmonie anstreben. So geht mit der starken Betonung der Individualität in den USA ein aggressives Verhalten (Betonung von Wettbewerb, Nonkonformität, lautes Sprechen, Möglichkeit der offenen Konfrontation mit anderen) einher.

In kollektivistischen Kulturen wie Thailand, Philippinen, Japan, China und anderen versuchen die Kommunikationspartner, offene Konfrontationen mit anderen zu vermeiden; ihr Kommunikationsstil ist zurückhaltend, legt Wert auf Ruhe und Harmonie, der sich der Einzelne unterordnet. Dahinter steht die altüberlieferte Grundhaltung, den anderen nicht zu verletzen (Konfuzius: „Verletzende Worte schmerzen wie ein scharfes Schwert"). Auch Mexikaner sind dafür bekannt, dass sie auf jeden Fall eine offene Konfrontation vermeiden wollen, auch wenn sie dafür „die Wahrheit etwas einfärben" müssen. (Vgl. Samovar/Porter 2001, S. 80 ff.)

Wenn auch der enge Zusammenhang zwischen der Orientierung einer Gesellschaft und den Normen des allgemeinen Verhaltens des Einzelnen offenkundig ist, erscheint es mir zugleich wichtig, vor einer mechanischen Anwendung eines „Rasters" zu warnen. Wir sollten immer bedenken, dass Kulturen nie strikt vollkommen der einen oder der anderen Gruppe zuzuordnen sind, sondern häufig auch Teile der gegensätzlichen Zuordnung in sich tragen. Zugleich gibt es Veränderungen und Übergänge in den Verhaltensorientierungen im Zuge von Kulturwandel (wie z. B. im innerdeutschen Entwicklungsprozess nach 1990).

Wichtig erscheint mir auch die Tatsache, dass der Einzelne nie vollkommen mit seiner Kultur identisch sein muss, diese Identität vielleicht sogar ablehnt (z. B. Aussteiger aus der Gesellschaft, die im Ausland in einer anderen Kultur oder in einer eigenen Gruppe nach den von ihnen erstrebten Normen leben). Der Einzelne bewegt sich in mehreren Identitätskreisen, von denen Kultur einer ist. Wenn es im Folgenden um Elemente in der Interkulturellen Kommunikation geht, sollten wir aber zunächst von Gruppen ausgehen, die in einer gemeinsamen Kultur sozialisiert wurden und in interkulturellen Begegnungen auf Menschen treffen, die andere Verhaltensmuster erlernt haben. Unser Augenmerk wollen wir dabei auf jenen Bereich der Kommunikation richten, den man als missglückt bezeichnen kann.

4.2 Ebenen interkultureller Kommunikation und Interkulturelle Missverständnisse

Interkulturelle Missverständnisse sind oft schwer zu fassen. Viele denken, dass Missverständnisse vor allem die verbale Ebene der Verständigung betreffen und dass Erlernen der richtigen Vokabel davor schützt. Aber Missverständnisse setzen viel früher an und sie betreffen die verschiedenen Ebenen der Kommunikation: Wahrnehmung – Denken – Sprache oder Körpersprache – Handeln (Interaktion). Im Folgenden werden wir diese Bereiche etwas genauer betrachten.

Wahrnehmung

Wir nehmen unsere Umwelt auf verschiedene Weise wahr. Zunächst über unsere Sinnesorgane, die Licht, Töne und andere physikalische Impulse empfangen (wir sehen, hören oder nehmen andere Umweltreize wahr). Wir können ein Geräusch einstufen: laut, leise, angenehm, störend etc. Hinzu kommt aber auf einer zweiten Ebene die kulturelle Interpretation unserer Umwelteindrücke: Obwohl die Trommel laut ist, übermittelt sie eine bestimmte Botschaft; ein bunt bedrucktes Stück Tuch erhält seine Bedeutung durch die kulturelle Zuordnung, dass es sich dabei um eine Fahne handelt; wir nehmen die Bewegung vieler Menschen wahr, bis wir kulturell erkennen, dass sie tanzen und dass diese Tätigkeit für sie eine bestimmte Bedeutung hat. Ähnlich läuft es in einer interkulturellen Begegnung ab: Wir sehen, hören, riechen, fühlen etc. einen anderen Menschen und ordnen ihn in uns bekannte Muster ein, z. B. ob der Mensch alt oder jung, schön oder hässlich ist etc. Unsere Wahrnehmung ist selektiv auf der Grundlage unserer Erfahrungen und sie verleiht dem Wahrgenommenen Bedeutungen auf der Grundlage unserer Kultur.

Die kulturelle Erfahrung wiederum bezieht sich auf die natürliche Umwelt der Kultur. So werden z. B. in wenig besiedelten, trockenen Gebieten Äthiopiens von den Bewohnern der Dörfer täglich große Entfernungen zu den Wasserlöchern und Brunnen zurückgelegt, so dass diese Entfernung als normales Maß gilt. Fremde aus anderen Kulturen (z. B. Europa) nehmen die Umwelt völlig anders wahr! Dies ist keine Frage der richtigen Wortwahl *nah* bzw. *weit,* sondern der Wahrnehmung, die unterschiedlich ist.

Dies betrifft nicht nur die Wahrnehmung der natürlichen Umwelt, sondern auch die kulturelle. Wenn Sie zu einem Familienfest in Afrika eingeladen werden, ist es sehr wahrscheinlich, dass Sie Musik, lebhaftes Reden, lautstarkes Argumentieren und Artikulationen gegenüber einem deutschen Kollegen als „laut“ bezeichnen, denn Sie nehmen es als „ laut“ wahr. Keiner der anwesenden Afrikaner würde ihnen zustimmen, denn dies alles wird als „normales Miteinander“ wahrgenommen. Diese atmosphärischen Unterschiede können aber eine interkulturelle Verständigung belasten.

Wir können auch eine Wahrnehmung gleich bewerten und doch unterschiedliche Schlüsse für Verhalten ziehen. Wenn z. B. zwei Personen verschiedener Kulturen einen sehr alten Menschen treffen, nehmen ihn beide als „alt“ wahr, aber der eine (z. B. ein Deutscher) denkt: „der ist schon alt, auf den muss ich nicht so viel Rücksicht nehmen“, während der andere (z. B. aus Ägypten) denkt „vor diesem alten Menschen habe ich Respekt wegen seines Alters, was Erfahrung und Weisheit voraussetzt. Ich werde ihn um seinen Rat bitten.“

Menschen aus unterschiedlichen Kulturen nehmen also nicht nur die Umwelt, sondern auch die Personen in der Kommunikation auf verschiedene Weise wahr.

Denken

Auch wenn wir annehmen, dass Denkprozesse überall in der Welt auf gleiche Weise ablaufen, so ist dies tatsächlich nicht der Fall. William B. Gudykunst hat in seinem Buch „Communicating with Strangers" (2003) Unterschiede auf der Grundlage von individualistischen bzw. kollektivistischen Kulturen zusammengefasst.

Er betont hier vorhandene Unterschiede in der Logik des Denkens. Menschen in individualistische Kulturen wie die USA neigen dazu, in Gegensätzen zu denken: gut – böse, richtig – falsch etc. Während bei Europäern Ideen und Theorien an erster Stelle stehen, sind für Amerikaner empirische Fakten, Statistiken und Pragmatismus wichtiger. Europäer verallgemeinern auf der Basis von Theorien, während in den USA Methoden der empirischen Beobachtung und Messung von Daten als zuverlässig gelten. Beide Gruppen verbindet jedoch das gleiche logische Denkmuster: linear und analytisch zu denken.

Kollektive Kulturen hingegen gelten in ihrer Denkweise als intuitiv, integrativ und ganzheitlich. Asiaten denken weniger auf der Basis von Analyse und Logik, sondern im Zentrum steht intuitives Wissen und meditative Betrachtung. Sie betonen die Einheit von äußeren und inneren Bedingungen. Wenn sie ein Gesprächsthema analysieren wollen, brechen sie es in kleinere Einheiten auf, um die innere Bedeutung zu erfühlen. Diese intuitive Denkart ermöglicht, einer anderen Person eine harmonische Unterstützung zu geben. Auf diese Weise sind kollektive Kulturen in der Lage, in Konfliktsituationen sensibel zu reagieren, ohne die Situation logisch zu analysieren. Sie unterstützen den Kommunikationsprozess mit Intuition und doppelsinnigen Bemerkungen (natürlich bedeutet das nicht, dass individualistische Kulturen nur logisch denken und kollektive Kulturen nur intuitiv, beide Varianten sind jedoch als Muster verbreitet und eine überwiegt).

Eine andere Unterscheidung ist die nach der Art, Schlüsse zu ziehen. Das ist einerseits das jeweils stärkere Vorherrschen von Abstraktion bzw. Assoziation in der Kommunikation. Das assoziative Muster existiert vor allem in Kulturen, die mündliche face-to-face Kommunikation gegenüber schriftlicher Information (die mit Abstraktion verbunden ist) bevorzugen.

Eine letzte Unterscheidung sei hier noch genannt: Die in Partikularismus und Universalismus. Wie die Begriffe bereits andeuten, geht der Partikularismus von einzelnen Beobachtungen aus und zieht dann allgemeine Schlüsse, während ein universalistisches Denken die konkreten Beobachtungen in vorhandene Kategorien einordnet. Man könnte dies auch mit den Begriffen „induktiv" und „deduktiv" beschreiben.

Die Bedeutung der Denkmuster im Ablauf einer interkulturellen Kommunikationssituation ist offensichtlich: Beide Partner argumentieren auf verschiedene Weise ohne dass der andere überzeugt werden kann und die andere Art zu denken in übergeordnete Zusammenhänge einordnen kann (z. B. in die generelle Art und Weise des Umgangs miteinander). In Verhandlungen oder auf Konferenzen erscheinen diese Unterschiede in den Mustern als „an einander vorbei reden“ oder Unverständnis.

In interkulturellen Begegnungen gibt es noch eine weitere Art zu denken, die beachtet werden muss: das *magische Denken.* In vielen Kulturen gehen Menschen davon aus, dass ihr Schicksal von unsichtbaren Kräften bestimmt wird. Sie haben Zeremonien entwickelt, um diese Kräfte für sich zu gewinnen, damit sie das Geschick zum Guten wenden mögen. Bereits vor langer Zeit entstand der Glaube an Zauberer, Hexen und Geister, die dem Menschen schaden können, wenn man sie nicht durch Opfergaben gnädig stimmt. Der „Beruf“ des Zauberers existiert in verschiedenen Teilen der Welt. Er bietet seine Dienste zur Vermittlung an. In Afrika ist der Glaube an Hexen weit verbreitet, die entweder boshaft sind oder im guten Sinne als Heilerinnen helfen. Der in Haiti verbreitete Voudou-Kult enthält Praktiken, um eigene Wünsche zu verwirklichen (Liebeszauber, Feinden schaden).

Zauberer und Schamanen (Asien, Indianervölker) gelten als Personen, die mit den unsichtbaren Kräften in Verbindung stehen und daher über besondere Kräfte verfügen. Die andere Seite ist die Form des Aberglaubens, indem man durch Beschwörungen, Vermeidungstaktiken und Rituale das Böse abzuwenden versucht. Aberglaube ist in vielen Kulturen anzutreffen, auch in Europa, z. B. die Furcht vor dem „Bösen Blick“ in Italien, abergläubische Alltagspraktiken in Frankreich (nicht stolpern, nicht unter der Leiter durchgehen etc.), die Gebiete der Feen in Island bei Bauvorhaben berücksichtigen etc. Die Annahme, dass es Zahlen gibt, die Unheil bringen, finden wir vielerorts. Auch der Glaube an die Vorhersage von astrologischen Horoskopen ist weit verbreitet (z. B. Asien). In interkulturellen Begegnungen muss man unbedingt landesübliche Vorstellungen im Zusammenhang mit unsichtbaren Kräften tolerieren!

Nach den Denkmustern wollen wir im Weiteren inhaltliche Unterschiede betrachten, die in der verbalen und nonverbalen Kommunikation auftreten. Wenn wir den Prozess der Verständigung in einer interkulturellen Situation betrachten, so gibt es drei Bereiche, die ineinander greifen: Verbale Kommunikation → Nonverbale Kommunikation → Verhaltensmuster in der Interaktion. Auf allen drei Ebenen gibt es die Möglichkeit, dass sich die Partner aus unterschiedlichen Kulturen nicht verstehen oder missverstehen.

4.3 Verbale Kommunikation

Die Bedeutung der Sprache

Keine menschliche Gemeinschaft kann ohne Sprache existieren. Sie ist Grundlage des Denkens, der Verständigung und Selbstreflexion. Die Sprache einer Kultur wird erlernt. Sie reflektiert zugleich die Kultur. Durch Sprache wird Identität ausgedrückt. Sprache bewahrt die Geschichte einer Gemeinschaft (Agar schlug deshalb den Begriff „languaculture“ vor, da man Sprache und Kultur nicht getrennt voneinander betrachten kann. Kultur gibt der Sprache ihre Bedeutung: „You can master grammar and the dictionary, but without culture you won't communicate“. (Ajar 1994, S. 23)

Die sprachlichen Äußerungen werden von ***paraverbalen Signalen*** begleitet, d. h. einer bestimmten Art *wie* gesprochen wird: Stimmlage, Tonhöhe, Lautstärke, Intonation, Akzent, Betonung, Intensität des Sprechens, einem Rhythmus, zu dem das Tempo des Redens und die Pausen gehören, aber auch Lautäußerungen wie Lachen, Seufzen, Weinen, Brummen, Gähnen, Pfeifen, Gähnen oder Ausdruckslaute wie „Ah“ oder „Oh“!

Mit der Stimme können Emotionen ausgedrückt werden (denken Sie an die Wirkung einer strengen Stimme oder einer ängstlichen Stimme). Auch sog. Fehlleistungen beim Sprechen wie Stottern, Versprecher oder Abbruch des Gespräches teilen etwas über den Gemütszustand des anderen mit.

Die Sprache bildet die Grundlage für mündliche und schriftliche Kommunikation. Für die mündliche Kommunikation gelten für alle Sprachen gemeinsame Regeln:

- phonetisch (Töne werden zu Wörtern kombiniert)
- grammatisch (Ordnung der Wörter im Satz)
- semantisch (Beziehung zwischen Worten und Dingen) sowie Regeln, wie man Äußerungen interpretiert.

Gruppen bilden Sprachgemeinschaften, die drei Funktionen haben:

- informativ, d. h. andere mit Wissensinformationen zu versorgen
- expressiv, d. h. anderen unsere Emotionen und Gefühle mitzuteilen
- anweisende Funktion, d. h. Aktion auslösen oder verhindern. (Vgl. Gudykunst 2003, S. 211)

Unter den interkulturellen Missverständnissen nehmen sprachliche eine wichtige Rolle ein. Der Grund dafür liegt bereits im Charakter der Sprache selbst.

Menschliche Sprachen basieren auf symbolischen Zeichen, die eine Bedeutung haben, die erlernt werden muss. Die Zuordnung einer Bedeutung zu einem bestimmten Zeichen in einer Sprache wurde willkürlich festgelegt, so dass ein Gegenstand in verschiedenen Sprachen unterschiedlich benannt werden kann.

In der Regel gibt es zwischen dem Zeichen und dem Objekt keine sichtbare Ähnlichkeit. So kann es für „Katze“ viele mögliche Bezeichnungen geben, die ohne Kenntnis der anderen Sprache nicht zugeordnet werden können.

Beispiel: das Wort für „Katze"
englisch: cat; französisch: chat; spanisch: el gato; italienisch: il gato; russisch: koschka; suaheli: paka (dume); holländisch: Katjes; hebräisch: chakul(a); Latein: felise.

Da Sprache künstlich ist, können sich die Zeichen auch auf Objekte beziehen, die nicht anwesend sind (andere Zeit, anderer Raum, Sciencefiction).

Ohne Kenntnis einer Sprache kann man die Zeichen nicht zuordnen (denken Sie an den komplizierten Prozess der Entschlüsselung der Hieroglyphen). Da sich in einer interkulturellen Begegnung Menschen gegenüberstehen, die nicht die gleiche Sprache als Muttersprache sprechen, kann diese Zuordnung nur durch Erlernen einer anderen Sprache erfolgen.

Man schätzt, dass vor 100.000 Jahren die Entwicklung von Sprachen begann. Heute gibt es ca. 6.500 bis 7.000 Sprachen auf der Welt, die jedoch von unterschiedlich großen Gruppen gesprochen werden (manche von Millionen vom Menschen, andere von nur noch wenigen). In Europa werden ca. 150 Sprachen verwendet. Man schätzt, dass 100 Sprachen von 95 Prozent der Weltbevölkerung gesprochen werden. Mehr als die Hälfte aller Menschen spricht Chinesisch, Englisch, Spanisch, Russisch und Hindi. Am meisten verbreitet ist das chinesische Mandarin.

Die 12 Weltsprachen, die heute sowohl als Muttersprache als auch als Fremdsprache am meisten benutzt werden, gibt folgende Rangliste wieder:

Weltsprache	Muttersprachler	Sprecher insgesamt
Englisch	375 Mio.	1500 Mio.
Chinesisch	982 Mio.	1100 Mio.
Hindi	460 Mio.	650 Mio.
Spanisch	330 Mio.	420 Mio.
Französisch	79 Mio.	370 Mio.
Arabisch	206 Mio.	300 Mio.
Russisch	165 Mio.	275 Mio.
Portugiesisch	216 Mio.	235 Mio.
Bengalisch	215 Mio.	233 Mio.
Deutsch	105 Mio.	185 Mio.
Japanisch	127 Mio.	128 Mio.
Koreanisch	78 Mio.	78 Mio.

(Quelle: http://www.weltsprachen.net; Zugriff 07.05.2010)

Zu dieser Sprachenvielfalt kommen noch ca. 12.000 Dialekte und zahlreiche Soziolekte. Sie sind Ausdruck von regionaler und sozialer Identität. Es gibt oft bereits innerhalb einer Kultur sprachliche Verständigungsschwierigkeiten, wie kompliziert ist Verstehen erst im interkulturellen Kontext.

Woher kommt die sprachliche Vielfalt?

Wenn auch Sprachen im Verlaufe der Evolution in vielen Gemeinschaften in der Welt entstanden, so bildete sich deren spezifische Prägung, zusammen mit der Kultur, durch die jeweils konkrete Umwelt. Es erfolgte eine sprachliche Differenzierung entsprechend der Bedeutung, die ein Objekt für die Menschen dieser Gemeinschaft hatte. Die Beziehung zur Umwelt spiegelt sich bereits im Vokabular einer Sprache wieder (Worte zur Bezeichnung von Landschaft, Vegetation, Tiere, Werkzeuge etc.). Mit der Veränderung der Kultur und der gesellschaftlichen Entwicklung entstehen neue Begriffe, um sich zu verständigen. Denken wir nur daran, welche große Anzahl an Bezeichnungen es in unseren modernen Industrieländern für technische Produkte, Technologien und damit entstandene neue Berufe es gibt (z. B. Online-Redakteur, Webdesigner), aber auch für politische und wirtschaftliche Prozesse (z. B. Integrationsbeauftragte, Abwrackprämie, Finanzmarkttransaktionssteuer). Für einen Angehörigen einer lokalen Kultur mit einem niedrigeren technischen Niveau in einem anderen Teil der Welt wären diese Begriffe nicht linear übersetzbar, sondern müssten wortreich erklärt werden!

In vorindustriellen Gesellschaften gab es vor allem viele Vokabeln für alles, was für das Leben und Überleben dieser Gemeinschaft wichtig war. So gibt es z. B. im klassischen Arabisch ca. 6 000 Worte im Kontext von „Kamel“, in asiatischen Sprachen gibt es eine Vielzahl unterschiedlicher Worte für „Reis“ in seinen verschiedenen Reifephasen. Sprache spiegelt die Wahrnehmung der Umwelt wider, wie die vielen Bezeichnungen für „Schnee“ bei den Inuit, da Schnee den Lebensrhythmus der Gemeinschaft prägte. Unterschiede in der Wahrnehmung der Umwelt spiegeln sich auch in den Bezeichnungen von Farben wider. So gibt es in mehreren Sprachen von Südseebewohnern eine breite Palette von Worten der Farb-Palette „grün“ und „blau“, die in europäische Sprachen nicht adäquat übersetzt werden können. In einer interkulturellen Begegnung entstünde hier eine Lücke!

Über den Zusammenhang von Sprache und Kultur gibt es eine Reihe von Untersuchungen. Bekannt wurde die *Sapir-Whorf-Theorie*. Whorf argumentierte auf der Basis von Sapir 1956, dass Sprachen nicht nur Ideen ausdrücken, sondern Gestalter von Ideen sind, da sie eine wichtige Rolle bei der Gestaltung der wahrgenommenen Welt der Menschen, die sie benutzen, spielen. Whorfs Theorie besagt, dass Sprache Kategorien des Bewusstseins ausbildet, mit denen Dinge unterschieden werden können.

Ausgangspunkt für die Untersuchungen von Whorf war ein Sprachvergleich zwischen der Sprache der Hopi-Indianer (New Mexiko, USA) und Englisch, besonders in Hinblick auf Begriffe für „Zeit".

Es wurde viel darüber diskutiert, ob in den Sprachen von Gemeinschaften mit niedrigem technischen Wissen abstrakte Ideen ausgedrückt werden können. Ferraro erwähnt eine Untersuchung der Sprache der Navajo, die zeigte, dass teilweise mehr Informationen in einem Wort enthalten sind als es in einem Satz in Englisch zum Ausdruck gebracht werden könnte. In der Verbform der Navajo-Übersetzung des englischen „I am going" ist bereits enthalten, ob die Person zu Fuß, zu Pferd oder mit dem Auto unterwegs ist. Zusätzlich wird mit der Verbform mitgeteilt, ob man sich vorbereitet zu gehen – preparing to go –, gerade geht – going now – oder bereits vor dem Ziel ist. (Vgl. Ferraro 2002, S. 52)

Für die verbale interkulturelle Kommunikation bedeutet das: Sprachlich verschiedene Menschen denken anders und nehmen die Welt auf andere Weise wahr. Es gibt keine Skala der Sprachen (von *unterentwickelt* bis *modern*), sondern Sprachen sind unterschiedlich!

Ein enger Zusammenhang besteht auch zwischen der Sprache und den kulturellen Werten einer Gemeinschaft. In individualistischen Gesellschaften wird in der Sprache das „Ich" betont, in kollektiven Gesellschaften das „Wir", womit die soziale Priorität ausgedrückt wird. Ferraro weist auf die Wiederspiegelung der Betonung des Individuums in den USA im amerikanischen Englisch hin. Dort gibt es ca. 150 Worte im Zusammenhang mit „self" (selbst), wie self-centered, self-confident, self-reliant, self-appointed etc. (ebenda, S. 56)

Wir müssen aber auch berücksichtigen, dass sich Sprachen entwickeln. Im Zuge der gesellschaftlichen Veränderung von Ländern werden neue Begriffe benötigt. Ein Beispiel dafür sind einige Sprachen in Afrika. In Tansania, mit Suaheli als Landessprache nach der Erringung der Unabhängigkeit, wurden im nationalen Sprachforschungsinstitut neue Bezeichnungen gesucht und verbindlich festgelegt, die mit der Entwicklung zu einem modernen Staat einhergehen. Im technischen Bereich wurden weitgehend Anglizismen gebildet, in manchen Fällen erfolgte eine Begriffserweiterung. So bezeichnet das Wort „ndege" traditionell „Vogel", ist aber heute zugleich die Bezeichnung für „Flugzeug", das Wort „kibaru" für Nashorn bezeichnet heute zugleich „Panzer" (ein Ausländer muss die Bedeutung dem jeweiligen Kontext entnehmen).

Sprache im sozialen Kontext

In der Sprache, besonders in Anredeformen, wird häufig auf die soziale Beziehung zwischen den Kommunikationspartnern Bezug genommen. In europäischen Sprachen ist dies weniger der Fall, kommt aber noch in den deutschen Sprachformen „du“ und „Sie“ oder im Französischen „tu“ und „vous“ oder in der Nennung von Titeln zum Ausdruck. In vielen asiatischen Sprachen sind soziale Hierarchien in einem komplizierten sprachlichen Ausdruckssystems fest verankert. In sog. *Honorativformen* wird im Japanischen oder Koreanischen die soziale Position des Sprechers in Bezug auf die Person, die angeredet wird, bereits in Sprachformen ausgedrückt. Suffixe und Präfixe deuten den sozialen Rang bereits an. Bestimmte Verbformen dürfen nur im Gespräch mit einem ranghöheren Partner benutzt werden, bestimmte Worte werden gegenüber Personen mit gleichem sozialen Status benutzt, eine dritte Sprachform wird nur gegenüber Rangniederen verwendet.

Besonders in Asien gibt es eine Reihe strikter Regeln in der Sprache und der Interaktion.

Sprache in der schriftlichen Kommunikation

Sprache ist nicht nur Grundlage mündlicher face-to-face Kommunikation, sondern auch schriftlich übermittelter Informationen. Natürlich müssen auch hier Regeln beachtet werden: die der Orthographie, Interpunktion und Grammatik (mit der Verkürzung schriftlicher Botschaften in E-Mails, SMS oder Internetportalen ist die noch im vorigen Jahrhundert verbreitete Schriftkunst in Form von persönlichen Briefen sehr zurückgegangen). Was aber in der Internationalen Kommunikation erschwerend hinzu kommt, ist die Tatsache, dass es ca. 100 verschiedene Alphabete in der Welt gibt und zusätzlich Sprachen, die noch nicht transkribiert sind! Es gibt, vereinfacht gesagt, Buchstaben- oder Silbenschriften (hinzu kommt die Blindenschrift, wie die Braille-Schrift auf die ich hier nicht eingehen kann). Wenn es auch zahlreiche Länder gibt, deren Sprache das uns bekannte lateinische Alphabet zur Grundlage haben, so sehen wir mit einem Blick auf die Liste der 12 Weltsprachen, dass Arabisch, Chinesisch, Hindi, Bengalisch, Japanisch und Koreanisch mit einem uns fremden Schriftsystem verbunden sind. Zwar hat die zunehmende internationale Verflechtung der Welt dazu geführt, dass in vielen Ländern neben der eigenen Schrift Informationen in lateinischer Schrift hinzugefügt wurden (z. B. auf Flughäfen, in Restaurants), aber es gibt unzählige interkulturelle Situationen, die ohne eine schriftliche Übersetzung keine Verständigungsbasis hätten (z. B. Geschäftsverhandlungen, Film-Untertitel u. a.).

Die Kommunikation über Schriftform hat allerdings eine Hürde dort, wo Menschen nicht oder unzureichend lesen und schreiben können, also Analphabeten sind. Nicht nur in zahlreichen Ländern Afrikas und Asiens gibt es Analphabeten (2003 gab es weltweit 862 Millionen Analphabeten), sondern auch in Europa. Man schätzt, dass die Zahl der *funktionellen Analphabeten* sogar zunimmt, das bezeichnet Menschen, die zwar rudimentär lesen und schreiben können, aber nicht in der Lage sind, mit Behörden und deren Papiermengen (Fragebögen, Anträge,

Bescheide etc.) so umzugehen, dass sie sozial kompetent sind. Es ist ersichtlich, dass die Vielzahl der Sprachen und Alphabete in der Welt die Kommunikation zwischen Angehörigen verschiedener Kulturen erschwert. Es ist sicher möglich, in Vorbereitung oder während eines beruflichen Auslandsaufenthaltes die Sprache des Gastlandes zu erlernen, aber dazu kommt dann noch die Frage, ob das verwendete Wort die Bedeutung hat, die wir vermitteln wollen. Ohne Kenntnis der Kultur ist das schwer. Natürlich gibt es polyglotte Sprachgenies, die mehrsprachig durch die Welt reisen, aber das wird wohl auch in der Zukunft nur eine Minderheit sein. Verständigung wird daher mehr als bisher über Zweitsprachenerwerb erfolgen. Wenn wir auf der Liste der 12 Weltsprachen sehen, das Englisch von 375 Mill. Menschen als Muttersprache gesprochen wird, aber von 1500 Millionen Menschen insgesamt als *lingua franca* benutzt wird, lässt sich diese Entwicklung weltweit vorhersehen.

4.4 Missverständnisse in der verbalen Kommunikation

Missverständnisse in interkulturellen Gesprächen zeigen allgemein an, dass in der Verständigung zwischen zwei Personen etwas falsch gelaufen ist. Das kann bedeuten, dass sich ein Partner nicht ernsthaft auf die Kommunikation einlässt (gar nicht reagiert oder die Kommunikation abbricht) oder dass einer der beiden etwas nur unvollständig oder gar nicht verstanden hat oder missverstanden hat. Häufig erkennen die Personen Missverständnisse gar nicht oder einem von den Beteiligten wird erst im Nachhinein bewusst, das irgendetwas falsch verstanden oder interpretiert wurde. Er kann nun das Problem ignorieren oder nach der Ursache suchen. Ob man über ein Missverständnis spricht oder es ignoriert, hängt vom Charakter der Beziehungen der Personen ab. Die schwierigste Situation besteht dann, wenn beide Partner überzeugt sind, die Botschaft des anderen richtig verstanden zu haben, während die Interpretation tatsächlich falsch ist. Oft wird einem der Partner erst nach einiger Zeit klar, dass man sich wechselseitig falsch verstanden hat.

Die Ursachen sprachlicher Missverständnisse können sowohl in der Unkenntnis oder mangelhaften Kenntnis der fremden Sprache bestehen als auch im Nicht-Verstehen des Inhalts einer Botschaft. Selbst paraverbale Zeichen können sehr irritierend wirken, z. B. wenn am Ende des Satzes die Stimme nicht gehoben bzw. gesenkt wird. Auch ungewohnte Lautstärke und hitzige Debatten sind in manchen Kulturen normale Kommunikationsarten. In mehreren asiatischen Kulturen ist es üblich, die Teilnahme an einem Gespräch durch bestätigende Laute zu signalisieren.

Missverständnisse gibt es auch innerhalb der gleichen Sprache (die sog. *cultural blends),* wenn der Sinn eines Wortes unklar ist oder unterschiedliche Bedeutungen haben kann. Hier sind jedoch Korrekturen leicht möglich. Im interkulturellen

Bereich sind die Möglichkeiten, etwas nicht so zu verstehen, wie es gemeint war, wesentlich größer.

Wo können Ursachen für Nicht-Verstehen oder Falsch-Verstehen liegen? Einige Beispiele:

1. Ein Wort kann nicht wörtlich in eine andere Sprache übersetzt werden, es muss umschrieben werden. Dazu gehören die „linguistic blancs", die nicht wörtlich übersetzt werden können, wie z. B. „fair play" im Englischen, dass keine semantische Äquivalenz im Deutschen hat. Auf das Problem komplizierter sprachlicher Neuschöpfungen im Deutschen wurde bereits hingewiesen („Finanzmarkttransaktionssteuer" u. a.). Hier muss ein ganzer Sachverhalt in einer anderen Sprache erklärt werden, was nicht immer gelingt! Es gibt Wörter, die für einen Fremden unerklärbar bleiben, weil selbst Einheimische sie nicht erklären können. Ajar nennt sie „rich points", wie z. B. das „Schmäh" in Österreich.
2. Missverständnisse können zudem dadurch entstehen, dass Worte falsch ausgesprochen werden. Bei interkulturellen Begegnungen mit asiatischen Partnern kann die Schwierigkeit der Aussprache der Buchstaben „r" und „l" zu Irritationen führen, wie folgendes Beispiel zeigt: „15 japanische Touristen mussten eine Nacht in einer israelischen Siedlung im Westjordanland verbringen, weil sie den Buchstaben „l" nicht aussprechen konnten. Die israelische Zeitung „Maàriv" berichtete, die Reisegruppe habe einen Ausflug in die nordisraelische Stadt Afula vorgehabt, Weil sie das „l" jedoch wie ein „r" artikulierten, erhielten sie versehentlich Karten für die Siedlung Ofra im nördlichen Westjordanland. Als die Touristen am späten Abend in der streng bewachten Siedlung eintrafen, habe der verdutzte Wärter erklärt, dass es kein „nahes Hotel" gebe. Die Japaner mussten in der Siedlung übernachten, die als eine der radikalen Hochburgen in den Palästinensergebieten gilt." (Die Welt, 15.05.2007)

   Die Folgen von unterschiedlichem Sprachvermögen müssen nicht dramatisch sein, aber bereits eine Speise zu erhalten, die man nicht wollte und glaubt, nicht bestellt zu haben, führt zur Verstimmung!
3. Worte können in der gleichen Sprache unterschiedliche Bedeutung haben. Das zeigt sich in Unterschieden im Englischen in den USA und in England (z. B. wird das britische Kompliment gegenüber einem amerikanischen Gast, dass seine Frau „homely" sei (warm und freundlich) von diesem als unhöflich empfunden, weil das Wort im amerikanischen Englisch „einfach, hässlich" bedeutet. Für das gleiche Symbol werden jeweils andere Worte benutzt, wie z. B. „lift" und „elevator". Es kann aber auch sein, dass ein englisches Wort in einer anderen Sprache eine andere oder zusätzliche Bedeutung erhält (So

z. B. „grass“ als grüner Rasen und als Haschzigarette, das Wort „date“ nicht nur Datum bedeutet, sondern auch „Verabredung“).

4. Übersetzungsfehler oder die Wahl eines falschen Wortes in der Fremdsprache sind eine häufige Ursache von Fehlinterpretationen. Besonders bei Sprachen aus unterschiedlichen Kulturen ist es schwierig, das adäquate Wort zu treffen, weil der jeweilige Erfahrungshintergrund ein anderer ist, z. B. Übersetzungen aus afrikanischen Sprachen wie Amharisch, Zulu, Bantu u. a. Es genügt nicht, Wort für Wort zu übersetzen, sondern der dahinter stehende kulturelle Zusammenhang muss in eine andere Sprache umgesetzt werden. Es ist oft schwer, Worte, die an tiefliegende Werte gebunden sind, in einer fremden Sprache auszudrücken, wenn man deren Bedeutung in der Geschichte einer Gemeinschaft nicht kennt, wie das Wort „Gerechtigkeit“. Ein Beispiel ist das Suaheli-Wort „Ujamaa“, das „Dorfgemeinschaft“ im Sinne einer solidarischen Gruppe bedeutet und in Ostafrika nach der Unabhängigkeit als Begriff für „Sozialismus“ übernommen wurde.
Das richtige Wort zu treffen, ist besonders in religiösen Kontexten wichtig. Hier liegt die Kunst des Übersetzens darin, ein Bild mit gleichem Inhalt zu vermitteln (z. B. wurde in der Bibelübersetzung für die Eskimos aus dem „Schaf Gottes“ der „Seehund Gottes“). Interkulturelle Begegnungen hängen oft von der Qualität des Dolmetschers ab, d. h. inwieweit er in der Lage ist, Inhalte zwischen den beiden Kulturen, zwischen denen er vermittelt, in einen neuen Kontext zu übertragen.
Besonders aktuell ist die Frage einer Übersetzung dort, wo davon wirtschaftlicher Erfolg abhängt: In der Produktwerbung: Jahrzehntelang wurden Werbekampagnen universell konzipiert, d. h. ohne den spezifischen kulturellen Hintergrund eines Landes zu kennen. Erst nach vielen Misserfolgen ist heute auch kulturspezifische Werbung daneben getreten. Trotzdem gibt es weiter akute Missverständnisse (z. B. durch Verwendung der falschen Symbole wie Farben), insbesondere durch Übersetzung.
Ferraro gibt ein Beispiel eines amerikanischen Tinten-Herstellers, der in Mexiko seine Kunden mit einem Schild warb: Sie können „embarrassment“ (Peinlichkeit) vermeiden, wenn Sie unsere Tinte benutzen („keine Flecken, kein Durchsickern“). Das spanische Wort, das für die Werbebotschaft ausgewählt wurde, war „embarazar“, das „schwanger werden“ bedeutet. Viele Kunden gingen deshalb davon aus, dass die Firma für Kontrakonzeptiva warb. (Vgl. Ferraro 2002, S. 48)

5. Manche Worte einer Sprache werden von Mitgliedern anderer Sprachgemeinschaften einfach nicht verstanden, weil sich ihnen der Sinn nicht erschießt. Dies geschieht häufig mit Kurzformen oder Abkürzungen im Deutschen, wie z. B. die Verwendung des Wortes „Handy“ für Mobiltelefon, das für Aus-

länder unverständlich ist, zumal ein „Palm“ in der Größe einer Hand etwas technisch anderes ist.
Stellen Sie sich vor, wie viele Erklärungen nötig sind, um einem Ausländer Worte wie „Bundesarbeitsagentur“, GEZ oder Kulturdezernent verständlich zu erklären!

6. In den meisten Fällen als ungeeignet für Übersetzungen haben sich idiomatische Redewendungen erwiesen, die aus einem bestimmten festen historischen Bezug kommen, oder Slang-Ausdrücke. Samovar gibt ein Beispiel für eine Wort-für-Wort-Übersetzung: Aus der Redewendung „Der Geist ist willig, aber das Fleisch ist schwach“ wurde in der russischen Übersetzung „Der Wodka ist gut, aber das Fleisch ist verfault“. (Samovar 2001, S. 150)
   Es ist auch einleuchtend, das Slang-Ausdrücke aus Gesprächen von Junkies oder Subkulturen nicht übersetzbar sind.
7. In machen Sprachen sind nicht nur die Worte von Bedeutung, sondern auch die Tonhöhe, in der sie gesprochen werden (Hall gibt das Beispiel des Chinesischen mit vier unterschiedlichen Tonhöhen mit jeweils anderer Bedeutung). Dies betrifft auch einige afrikanische Sprachen. Für Europäer ist das Verstehen sehr kompliziert, weil ihre eigenen Sprachen sich nur auf einer Tonhöhe bewegen.
   Ähnliche Schwierigkeiten bereiten Sprachen, in denen viele Worte mehrere Bedeutungen haben (Samovar erwähnt das Hawaiisch, das zwar nur einen Sprachumfang von 20.000 Worten hat, von denen aber viele bis zu fünf Bedeutungen haben)
8. In einigen Sprachen gibt es Redewendungen, die nur Floskeln sind und auf die keine Antwort erwartet wird. Auf die höfliche Frage eines Briten „How do you do?“ oder eines Franzosen „Ça va?“ sind langatmige Entgegnungen peinlich.
9. Das gleiche Wort kann in einer anderen Kultur einen anderen sozialen Kontext haben und dadurch einen anderen Sinn vermitteln: Ein Beispiel dafür ist das Wort „Familie“/family, das im Deutschen die uns bekannte Kleinfamilie bezeichnet, in Afrika oder Asien aber „Großfamilie“.
   Das englische Wort „friend“ unterscheidet sich vom deutschen Wort „Freund“ in seinem sozialen Bezug. Wenn ein Amerikaner „ friend“ sagt („hundreds and hundreds of friends“), so entspricht das dem Deutschen „Freunde und Bekannte“, während das deutsche „Freund“ dem amerikanischen „close friend“ entspricht.
10. Worte und Redewendungen in Dialekten oder Soziolekten werden oft von denen, die nicht aus der gleichen Region kommen oder nicht der gleichen Subkultur angehören, nicht verstanden oder falsch interpretiert (z. B. Bayerischer Dialekt). Das gleiche gilt für Jargons einzelner Gruppen (Junkies, Häftlinge etc.).

Das Verständigungsproblem ist bereits innerhalb der Kultur eines Landes angesiedelt, ist aber um ein Vielfaches größer in einer interkulturellen Begegnung. Erfolgt hier kein Umschalten auf die Hochsprache, ist keine Verständigung möglich!

11. Kulturspezifisch ist der Gebrauch der Worte „Ja" und „Nein". Auch hier stehen im Hintergrund die unterschiedlichen kulturellen Orientierungen. In individualistischen Kulturen wie Deutschland oder den USA gibt es nur ein entweder-oder („deine Rede sei Ja oder Nein"). Das direkte harte Nein des Deutschen gilt in Asien als ungehörig. In der japanischen Sprache gibt es z. B. Floskeln, die als Ausweichen benutzt werden, um den anderen mit einem „nein!" nicht zu verletzen. Aber auch ein „Ja" muss nicht unbedingt Zustimmung bedeuten. Das „hai" des Japaners heißt nicht „Ja", sondern „ja, ich habe verstanden". Missverständnisse sind hier vorprogrammiert, wenn man die kulturellen Hintergründe nicht kennt.
12. Nicht verstanden werden im interkulturellen Kontext sprachliche Vergleiche, die in die Rede eingeflochten werden, sich aber auf eine fremde Kultur und Umwelt beziehen.(Im Deutschen gibt es z. B. Redewendungen wie „weiß wie Schnee", „singt wie eine Nachtigall", „ist zart wie eine Elfe", die in außereuropäische Sprachen nicht übersetzt werden können, weil sie kulturell nicht verstanden werden!)

    Kulturübergreifend wären Vergleiche wie „schwarz wie die Nacht" oder „rot wie Blut", die es auch in anderen Sprachen gibt.
13. Woher wissen wir in einer interkulturellen Situation, dass die Aussage unseres Gegenüber wahr ist? In zahlreichen Kulturen Asiens und Lateinamerikas hat der Wert Priorität, den anderen durch die Worte nicht verletzen zu wollen, oft auch gegenüber der Wahrheit. Es ist legitim, eine Aussage abzuschwächen oder zu beschönigen. Wenn Sie z. B. in Vietnam einen Passanten nach dem Weg fragen „Ist das Hotel dort hinten rechts?" wird er Ihnen in der Regel zustimmen, auch wenn er überhaupt nicht weiß, wo das Hotel liegt, da es als unhöflich gilt, einem Fremden zu widersprechen. Nachzufragen, ob das wirklich so ist, würde als Beleidigung aufgefasst werden, d. h. man misstraut ihm. Auch bei einer Einladung in eine Familie (z. B. in Japan) steht das Gebot der Gastfreundschaft über dem der Wahrheit. Man wird dem Gast zustimmen (oder durch Schweigen Zustimmung signalisieren), um ihn nicht zu verunsichern. Ein Annäherungsprozess kann nur über den Aufbau von Vertrauen erfolgen.

4.5 Die Rolle der verbalen Kommunikation in der Kultur

Ablauf und Inhalt eines Gespräches hängen auch davon ab, ob in einer Kultur stärker die verbale oder die nonverbale Kommunikation entscheidend sind.

Der Wert, der in einer Kultur der mündlichen Kommunikation beigemessen wird, ist nicht einheitlich. Wie schon erwähnt, gilt in Asien, dass die Herstellung einer harmonischen Beziehung wichtiger ist als der Sinn der Worte in einem Gespräch. Der Anteil nonverbaler Signale ist hoch. In arabischen Ländern wird eine Rede gepflegt und gilt als eine Kunst. Ein arabisches Sprichwort sagt „Eines Mannes Zunge ist sein Schwert". Die wohlgesetzten Worte sind manchmal wichtiger als der Inhalt. Die Rede ist voller Wiederholungen, Zitate, Redewendungen, was sich oft mühsam ins Englische übertragen lässt. Man erwartet auch von einem fremden Gesprächspartner, das er ebenfalls in seine Rede Wiederholungen und bestätigende Worte einfließen lässt.

Für Afrikaner ist die Sprache ein wichtiger Teil der Kultur: Man redet, wann immer man sich trifft, wendet die Argumente nach allen Seiten, baut Sprichwörter und Märchen zur Erläuterung ein. Die afrikanischen Sprachen sind sehr bildhaft und enthalten viele Metaphern, was in Übersetzungen in europäische Sprachen Kenntnis der kulturellen Traditionen voraussetzt. Afrikanische Kulturen sind Kulturen der Oralität seit Jahrhunderten, so dass sich Umwelt und soziale Beziehungen besonders stark in der Sprache widerspiegeln.

In der Mehrheit der europäischen Länder und in den USA gibt es eine lange Geschichte der Rhetorik, die auf analytisches Denken orientiert und deren Ziel es ist, dass der Sprecher seine Botschaft logisch und überzeugend vortragen kann.

In der mündlichen Kommunikation geht es also nicht nur darum, *was gesagt wird*, sondern auch darum, *wie es gesagt wird*. Die erste Hürde liegt bereits darin, wann man überhaupt etwas sagt, wann man besser schweigt und welche Tabus zu beachten sind!

Reden und Schweigen

Die Situationen, in denen wir sprechen, sind höchst unterschiedlich: Man redet locker auf einer Party, um ernstere Gesprächsthemen geht es in geschäftlichen Verhandlungen oder man unterhält sich entspannt im Familien- oder Freundeskreis. Die Themen sind situationsabhängig, d. h. ob man über Geldtransfer redet oder über Nachbarn klatscht. In vielen Ländern gibt es aber auch kulturelle Tabus, worüber man nicht mit Fremden spricht: In arabischen Ländern über Sex und Alkohol, in England über politische Privatmeinungen, in asiatischen Ländern fragt man den Gesprächspartner nicht nach seiner Frau, während es in Lateinamerika zur Höflichkeit gehört, nach der Familie zu fragen.

Es gibt Worte, die man in der Öffentlichkeit nicht sagt. Selbst harmlos gemeinte Redewendungen können in einem interkulturellen Gespräch ein Tabu berühren. Diese kulturellen Unterschiede bezeichnet man als ***Ethnographie der Kommunikation***.

Tabus gilt es besonders in Hinblick auf religiöse Überzeugungen in fremden Kulturen einzuhalten. Ferraro gibt ein anschauliches Beispiel: Ein amerikanischer Geschäftsmann äußert sich begeistert über eine Idee seines indischen Partners und ruft „That is a cash-cow!“ (wörtlich: „eine Geld- Kuh“, im Deutschen vielleicht ähnlich der Redewendung „Goldesel“) Der Inder reagierte sehr verstimmt darüber, dass seine „heilige Kuh“ im Zusammenhang mit Geld erwähnt wird. (Vgl. Ferraro 2002, S. 65)

In einer interkulturellen Situation ist die Beziehung zwischen Reden und Schweigen kulturspezifisch. Für Deutsche, aber auch für Amerikaner, Südeuropäer oder Araber, ist es peinlich, wenn in einem Gespräch eine längere Pause eintritt. Sie versuchen sie zu überbrücken, denn Schweigen ist für sie Unterbrechung der Kommunikation. In anderen Kulturen hingegen wird Schweigen als Antwort akzeptiert, so in Japan, Ostasien, in Europa nur in Finnland. In den USA hat bei einigen Indianer-Gemeinschaften wie bei den Apachen Schweigen einen hohen Stellenwert, wenn die Beziehungen zwischen Individuen unklar sind und man Unsicherheit und eigene Verletzungen vermeiden möchte. In Japan gilt ein Mann, der viel redet, als „leicht“, ein chinesisches Sprichwort sagt: „Der Wissende schweigt, der Unwissende redet“, auch in Korea fühlen sich Menschen mehr zu Individuen hingezogen, die nicht so viel reden. In diesen Kulturen ist Schweigen gleichberechtigt neben Reden, denn man kommuniziert ohne Worte. Ein schweigender Zuhörer signalisiert durch Gesten und zustimmende Lautäußerungen seine Teilnahme am Gespräch. Schweigend zusammen zu sitzen, wird als angenehm empfunden, da es das Gefühl von Nähe gibt. In diesen Kulturen hat sich eine andere Form des Zuhörens entwickelt. Von den Finnen sagt man, dass sie es genießen, lange zu schweigen. Ein finnisches Sprichwort sagt „Rede nur, wenn du etwas zu sagen hast.“ Finnen bevorzugen nonverbale Rücklaufsignale wie Kopfnicken, was von Ausländern häufig als Desinteresse gedeutet wird. Tatsächlich steht aber dahinter eine Verhaltensstrategie: Sich anderen nicht aufzudrängen und selbst nicht bedrängt zu werden. **Collett** hat die europäischen Kulturen daraufhin untersucht, wo ihr Verhalten zwischen Sprechen und Schweigen liegt. Er unterscheidet zwischen Kulturen, in denen lebhaftes Reden als Tugend gilt und jenen, die Schweigen und Stille als angenehm empfinden.

Die Italiener sind dafür bekannt, dass sie hitzige Debatten mit theatralischen Gesten führen. Gesprächigkeit ist für Italiener ein Zeichen für Kameradschaft. Wenn einer schweigt, bedeutet das, dass es Differenzen und Ärger gibt. Gesprächigkeit ist eine Form, Zuneigung zu zeigen, Anteil zu nehmen, Körperkontakt herzustellen. Selbst Durcheinanderreden wird toleriert, weil dies alles zur Interaktion gehört. (Vgl. Collett 1994, S. 210f.)

Gesprächsregeln

In allen Kulturen gibt es Regeln dafür, wie ein Gespräch abzulaufen hat, z.B. wer darf ein Gespräch beginnen oder beenden, wann darf man wem ins Wort fallen, wann ein Gespräch unterbrechen etc. Diese Regeln sind kulturspezifisch erlernt, aber man kann sie sich durch Beobachtung aneignen, um niemanden zu verletzen.

Eine wichtige kulturspezifische Gesprächsregel ist der Sprecherwechsel (das sog. „Turn geben"). In Deutschland und England gibt es bestimmte Kopfbewegungen und Augensignale, die anzeigen, wenn jemand in einer Gesprächsrunde das Wort wünscht. In anderen Ländern gibt es Regeln für ritualisiertes Verhalten, wer wann spricht.

Collett beschreibt dies am Beispiel der Italiener: In Italien redet man simultan; Gespräch ist Wettstreit. Sprecher ist, wer die Hände in der Luft behält. Will er verhindern, das ein anderer das Wort ergreift, muss er dafür sorgen, dass der Zuhörer seine Hände nicht in die Luft erheben kann. Ist der Sprecher am Ende, lässt er die Hände sinken. Will ein Zuhörer das Wort nicht ergreifen, faltet er die Arme oder legt sie auf den Rücken. (Vgl. Collett 1994, S. 81)

Es gibt Kulturen, in denen es völlig normal ist, simultan zu sprechen oder anderen reinzureden, weil es Interesse am Gespräch ausdrückt (wie z.B. in Spanien, Brasilien, in arabischen Ländern), während in anderen Ländern die Regel gilt „einer nach dem anderen".

Kommunikationsstile

In einer interkulturellen Kommunikationssituation entstehen manchmal Momente, in denen es offensichtlich wird, dass die Partner das Gespräch nach unterschiedlichen Regeln führen. Dies ergibt sich daraus, dass in den Kulturen unterschiedliche Gesprächsstile überliefert sind, nach denen man sich verhält. Im Wesentlichen können wir direkte und indirekte Kommunikationsstile sowie ausführliche und begrenzte Formen verbalen Verhaltens unterscheiden.

Im ***direkten Kommunikationsstil*** werden alle relevanten Informationen direkt ausgesprochen. Dies ist charakteristisch für individualistische Kulturen wie Deutschland oder die USA. Man erwartet von einem Redner, dass er sagt, was er meint und meint, was er sagt. Die Art der deutschen Gesprächsführung „gleich zum Kern der Sache zu kommen" und alles „frank und frei heraussagen" kann auf Partner in einer interkulturellen Begegnung sehr irritierend oder verletzend wirken. Amerikaner benutzen gern Worte wie „absolut, gewiss, sicher“ und das Wort „Ich“ („I“) steht am Anfang des Satzes. Japaner hingegen, die als Mitglieder einer kollektiven Gesellschaft mehr an einem harmonischen Miteinander interessiert sind, wählen lieber Worte wie „vielleicht, wahrscheinlich, möglich“. Hall verweist auf den Unterschied zwischen Deutschen und Japanern:

> „Direkt sagen die Japaner nichts. Während man in Deutschland mit seiner Meinung nicht hinter dem Berg hält, ist man in Japan gegenüber seinen Mitmenschen eher zurückhaltend und indirekt.“ (Hall 1985, S. 78)

Selbst negative oder unangenehme Botschaften werden verschleiert oder freundlich ausgedrückt. Andererseits wird auch ein verbales Lob eher mit Verlegenheit aufgenommen. Gleiches gilt für Korea und China. Man bewertet einen Menschen nicht danach, was er sagt, sondern was er tut!

Die Gegenüberstellung einer direkten oder indirekten Art der Gesprächsführung ist aber auch innerhalb Europas zu beobachten. Ein Beispiel ist der Aufbau von Geschäftsbeziehungen zwischen Deutschland und Frankreich. In Deutschland bereitet man eine Beratung vorab mit Ziel und Tagesordnung vor, um schnell zum Kern des Treffens zu kommen. In Frankreich lädt man die deutschen Gäste erst einmal zum Essen ein, wo man sich in lockeren Gesprächen näher kommen will, um den Partner besser einschätzen zu lernen. Es ist absolut unüblich und gilt als extrem unhöflich, vor dem Dessert auf geschäftliche Dinge zu sprechen zu kommen. In Kulturen, die stark nonverbal kommunizieren, zu denen Frankreich gehört, werden viele Informationen nicht verbal, sondern über nonverbale Signale vermittelt.

Im ***indirekten Kommunikationsstil*** ist es wichtig, Sachverhalte zu umschreiben, um ihre Wirkung abzumildern. Man sagt nicht strikt „nein“, sondern verzögert oder verhüllt die Antwort. Statt anzuordnen schlägt man etwas vor.

Der indische Germanist Vridhagiri Ganeshan betont die Notwendigkeit, auf die Emotionen seines Gesprächspartners Rücksicht zu nehmen: „Die meisten Fragen, die man in Indien stellt, sind neutrale Fragen...Oft erhalten Fragen nur indirekte Antworten...man sollte sie möglichst nicht mit „nein“ beantworten, denn eine negative Antwort bedeutet, dass man keine Rücksicht auf die Gefühle des Fragestellers nimmt und ihn eventuell emotional verletzt, was als schlechtes Benehmen gilt.“ (Ganeshan 2009, S.321 ff.)

In Europa sind die Engländer für ihren indirekten Gesprächsstil bekannt. Dies ist sicher eng verknüpft mit ihrer sprichwörtlichen Höflichkeit. Sie verwenden häufig den Konjunktiv („könnten Sie eventuell ...“, „wären Sie so freundlich ...“).

Zu den Regeln, die eigene Persönlichkeit herauszustellen bzw. zurückzustellen, gehören Über- und Untertreibungen.

Die Engländer sind ein gutes Beispiel für Untertreibungen. Ihr „understatement" ist eine indirekte Sprechweise voller Ironie und Sprachschleifen. Worte wie „fast" und „beinahe" schwächen Beschreibungen ab. Mit Redewendungen wie „ich hoffe, Sie nehmen mir die Frage nicht übel…" wird eine erwartete Gegenreaktion von vornherein abgeschwächt. Für Engländer ist es normal, die eigenen Leistungen zu untertreiben. Sie sind Meister der Ironie und des Sarkasmus und können auf diese Weise das Gegenteil dessen sagen, was sie wirklich meinen.

Samovar illustriert diese unterschiedlichen Kommunikationsmuster an Schildern in den USA und England:

- USA: „Hunde verboten" (no dogs allowed)
- England: „Wir bedauern, dass im Interesse der Hygiene Hunde auf dem Grundstück nicht erlaubt sind" (We regret that in the interest of hygiene, dogs are not allowed on the premises) (Samovar 2001, S. 146)

Abbildung Hinweisschild in Frankreich: „Von der Durchfahrt wird abgeraten!"

Kulturspezifisch ist auch die höfliche Art der Formulierungen auf Hinweisschildern in Frankreich.

Unterschiede in der Gesprächsführung gibt es auch in der Anwendung eines knappen Stils (z. B. Japan, USA) und einem ausführlichen Stil, wie er in arabischen Ländern gepflegt wird. Zu jeder Verhandlung gehört hier eine längere Einleitungsphase.

Gudykunst betont (nach Bernstein) den *Gebrauch eines knappen oder ausführlichen Stils* (restricted vs. elaborated code) innerhalb einer Kultur.

Im eingeschränkten Kommunikationscode werden die verbalen und nonverbalen Zeichen als Kurzform vorwiegend auf einen Schlüssel reduziert, der Personen oder einer bestimmten Gruppe bekannt sein muss, meist auf der Basis einer lokalen oder sozialen kulturellen Identität. Die Sprecher müssen nicht alles ausführen, weil bereits Schlüsselwörter genügen, da es eine gemeinsame Erfahrung gibt. Er zählt dazu den Jargon der Straßengangs oder den verkürzten Code zwischen Medizinern, aber auch zwischen Freunden und Familienmitgliedern, die sich mit wenigen Andeutungen verstehen.

Die *Communication Accomodation Theory* besagt, dass Mitglieder von Gruppen, die ihren in der Gesellschaft untergeordneten Status als ungerecht empfinden, Strategien entwickeln, um mit Mitteln der Sprache Zustimmung oder Divergenz zu zeigen, indem sie z. B. ostentativ ihren Jargon oder Dialekt sprechen.

Kulturell unterschiedlich ist auch der Umgang mit Kritik, wie man argumentiert, welche Überredungsstrategien entwickelt werden und Regeln, wie man sich wofür entschuldigt.

Gudykunst untersuchte, wie Kulturen unterschiedliche Überzeugungsstrategien in der verbalen Kommunikation entwickeln. Mitglieder kollektivistischer Kulturen ziehen dabei den sozialen Kontext in Betracht, Mitglieder individualistischer Kulturen stellen die Person, die sie überzeugen wollen, in den Mittelpunkt.

Hirokawa und Miyahara analysierten 1986 die Strategien, mit denen Manager in Japan bzw. in den USA ihre Untergebenen zu Verhaltensänderungen überzeugen wollten. Ein Beispiel: Es ging um Unpünktlichkeit. Der japanische Manager appellierte an das Pflichtbewusstsein, während der US-Manager den Angestellten ein Ultimatum setzte und mit Entlassung drohte!

Zu den kulturspezifischen Prägungen der Gesprächsführung gehören auch Unterschiede in der Verwendung von Rhetorik, Pathos, Metaphern, Ironie, Humor und Sprichwörtern. So sind Araber für bildreiche Metaphern bekannt, Afrikaner für anschauliche Sprichwörter. die Engländer für Humor in der Kommunikation, die Deutschen für Pathos. Selbst Witze sind nicht universell, sondern von der Gesellschaft geformt (denken wir nur an das Witz-Thema Nr. 1 in den USA, die Anwalt-Witze, die in Ländern, in denen dieser Beruf als sehr ersterbenswert gilt, gar nicht als Komik empfunden werden.)

Flüche, Beschwörungen und verbale Gewalt

Bei der Fußball-Weltmeisterschaft 2006 gab es trotz harmonischem Miteinander von Spielern und Zuschauern aus vielen Kulturen einen Eklat: Ein italienischer Spieler beschimpfte einen Spieler der französischen Mannschaft (Zinèdine Zidane), der darauf gewalttätig reagierte und dafür das Spielfeld verlassen musste. Der Fluch war für den Franzosen nordafrikanischer Abstammung so verletzend, dass er ihn, selbst bei Strafe, nicht hinnehmen konnte.

Bei der Übertragung der Fußball-Meisterschaft 2010 in Berlin fiel auf, dass einige Mannschaften sich durch Beten, Beschwörungen und Trommelrituale die Unterstützung äußerer Mächte sichern wollten. Es gab Schwüre und Eide, was man dafür im künftigen Leben (oder Spiel) verändern würde.

Nun ist das nicht eigentlich überraschend, denn auch in unserem eigenen modernen Alltag haben sich abergläubische Vorstellungen erhalten („Freitag der Dreizehnte“, „toi-toi-toi“ als glückwünschende Floskel etc.), die sich auch verbal äußern. Wir haben traditionell überlieferte Eide (der Eid auf die Verfassung, Fahneneid, Vereidigung der Soldaten) im öffentlichen Leben, aber auch im privaten Miteinander („ich beschwöre dich...“).

Flüche und Eide sind lange überlieferte Formen, um Gesagtes zu betonen: Eide, um die Glaubwürdigkeit zu versichern, Flüche als Teil von verbaler Gewalt („Ich verfluche den Tag als ich dich traf! Fahr zur Hölle!“). Diese verbalen Floskeln sind in der Kulturgeschichte lange überliefert, einige sind in mehreren europäischen Ländern verbreitet, andere kulturspezifisch. In Europa geht die Geschichte des Fluchens auf die griechische und römische Antike zurück: Männer fluchten in Griechenland im Namen der männlichen Gottheiten (Zeus, Jupiter), Frauen bei den Göttinnen (Venus, Minerva). Aber es gab auch Flüche wie „im Namen des Knoblauchs“, die wir heute ähnlich in Italien finden („pata- fuzala“).(Vgl. Collett 1996)

Bei Flüchen und Eiden wird ein übernatürliches Wesen beschworen (z. B. im Christentum: Gott, Jesu, Christi Blut, die heilige Madonna; im Islam „Allah ist mein Zeuge“) oder man ruft in traditionellen Kulturen die Ahnen an.

Viele Schimpfwörter haben sich im Laufe der Zeit gewandelt, wie z. B. „bloody“ und „fucking“ in England, die lange Zeit als skandalös galten. Im Deutschen hat sich das Wort „Hure“ von einer Beschimpfung zu einer Berufsbezeichnung entwickelt.

Flüche in Europa haben überwiegend mit Sex und Körperfunktionen zu tun oder sind Wortverbindungen mit Gottesnamen (z. B. in Italien „Madonna putana“, „porco dio“). Die verbalen Obszönitäten der Spanier gelten in Europa als unübertroffen. Viele Flüche sind heute harmlos, aber es gibt einige (besonders aus Süditalien, der Türkei oder Nordafrika), die zu Gewalttätigkeiten führen können.

Bewegt man sich im Ausland oder tritt in Kontakt mit Menschen aus anderen Kulturen im Inland sollte man selbst harmlose verbale Flüche vermeiden. Es empfiehlt sich auch keinesfalls, Flüche und Beleidigungen zu übersetzen.

Verbale Gewalt zeigt sich ebenso in Slogans, diskriminierenden Anreden von Homosexuellen oder in den beleidigenden Bezeichnungen von Menschen fremder ethnischer Herkunft. Sie kann schnell in körperliche Gewalt umschlagen (denken wir an fremdenfeindliche Beschimpfungen im Kontext von gewaltsamen Ausschreitungen).

Ich erwähne das, um darauf aufmerksam zu machen, dass man in einer interkulturellen Begegnung alle verbalen Äußerungen unterlassen sollte, die die Gefühle der anderen verletzen könnten oder die generell heftige Emotionen auslösen können, die ins Negative umkippen können. Oft ist Schweigen tatsächlich besser als verbale Äußerung!

5. Kapitel:
Nonverbale Kommunikation

In jeder interkulturellen Begegnung tauschen die beteiligten Partner nicht nur Worte aus, sondern Botschaften werden auch über Körpersprache und Objekte vermittelt. Das Besondere an dieser nonverbalen Kommunikation ist, dass viele dieser Mitteilungen unbewusst und spontan erfolgen und von dem Einzelnen in den meisten Fällen nicht kontrolliert werden können. Während über die Sprache gegebene Informationen sich auch auf Vergangenes und Zukünftiges beziehen können, beziehen sich nonverbale Mitteilungen immer auf Personen oder Dinge, die jetzt anwesend sind. Alle diese Zeichen sind jedoch Bestandteil der Kommunikation, bilden eine Einheit mit sprachlichen Äußerungen, können aber auch für sich allein wirken. In allen Kulturen läuft ein großer Teil der Verständigung nonverbal ab, man schätzt ca. 70 Prozent. (Beobachten Sie eine Gruppe Franzosen: Die Beteiligten können sich glänzend ohne Worte verständigen und ihr Verhalten abstimmen!) Die Zeichen der Körpersprache müssen – wie die Sprache – erlernt werden.

Was gehört zum nonverbalen Verhalten?

Zur Körpersprache des Menschen gehören Körperhaltung, Gestik (Gesten des Körpers), Gesichtsausdruck (Mimik), Blickkontakt, Berührungen, Informationen durch Gerüche und die Nutzung des Raumes (Abstand und Nähe). Im weiteren Sinne sind Zeichen in der nonverbalen Kommunikation auch Kleidung, Frisur, Körperpflege, Körperschmuck (Piercings, Tattoos), Artefakte wie Uhren und Schmuck und farbliche oder graphische Symbole. Zu diesen Botschaften „ohne Worte" gehören auch Geschenke und Blumen.

Einige der nonverbalen Zeichen sind künstliche Symbole, d. h. sie sind von den Mitgliedern einer Gruppe vereinbart worden (bestimmte Fingergesten innerhalb einer Kultur oder Körperschmuck als Identitätszeichen innerhalb von Gruppen).

Die Beziehung zwischen verbalen und nonverbalen Informationen kann sehr verschieden sein: Ein Satz wird durch ein zustimmendes Kopfnicken bestätigt, ein Augenzwinkern ergänzt die Bedeutung des Gesagten, ein munterer Gesichtsausdruck kann dem Inhalt einer Mitteilung jedoch auch widersprechen.

Durch ein nonverbales Signal kann eine Information verstärkt werden (Bestellen einer Anzahl von Getränken, wobei die Finger zusätzlich die Anzahl demonstrieren).

Ein Gespräch kann durch nonverbale Mitteilungen gelenkt werden: Lächeln, Herstellen von Körperkontakt, zustimmendes Kopfnicken etc.

Es gibt Situationen, in denen nichtsprachliche Mittel eine verbale Verständigung ersetzen (z. B. Verständigung mit Blicken während einer Trauerfeier, stumme „Verabredungen", von denen Dritte nichts wissen sollen).

Nonverbale Botschaften drücken Emotionen aus und werden bewusst dann eingesetzt, wenn eine sprachliche Verständigung nicht möglich oder nicht angebracht ist. In bestimmten Situationen spricht z. B. ein aufmunterndes Lächeln oder ein mitfühlender Händedruck für sich. Das Besondere an nonverbalen Zeichen ist, dass sie für sich allein stehen können und dies auch sehr oft tun, da sie von den beteiligten Personen unbewusst vermittelt werden. Das erklärt, warum sie oft nicht eindeutig, doppelsinnig sind und es schwierig ist, zu entscheiden, wie man darauf reagiert (z. B. ist sich ein Mensch nicht sicher, was das Lächeln seines Gegenüber bedeutet oder warum er eine bestimmte Geste macht).

Zwischen den Signalen der verbalen und der nonverbalen Kommunikation sind deutliche Unterschiede:

- Mit der Sprache werden Aussagen über Personen und Sachverhalte gegeben, während über die nonverbalen Kanäle Mitteilungen über den emotionalen Zustand weitergegeben werden. Sprache ist eindeutig, Körpersprache kann verschieden interpretiert werden.
- Eindeutig sind nonverbale Zeichen nur dort, wo sie die Realität illustrieren (z. B. mit den Händen Form und Größe eines Gegenstandes anzeigen).
- Ein Gespräch hat immer einen Anfang und ein Ende. Nonverbale Signale werden solange ausgesendet, wie sich Menschen wahrnehmen, auch wenn einer der Partner Desinteresse an der Kommunikation zeigt.
- Die Sprache lässt sich weitgehend steuern, sie wird bewusst eingesetzt und ihre Wirkung kann im vornherein eingeplant werden. Natürlich werden auch nonverbale Signale bewusst eingesetzt (z. B. jemanden heranwinken), aber es gibt auch Körpersignale, die nicht steuerbar sind, wie Schwitzen, Erröten, plötzliches In-Tränen-Ausbrechen.

Im Allgemeinen wird nonverbalen Mitteilungen ein höherer Wahrheitsgehalt zugeschrieben. Signale wie Zögern, verlegener Gesichtsausdruck, Vermeiden des Blickkontakt u. a. deuten an, dass die Wortinformation nicht stimmt. Es heißt: „Mit der Wortsprache kann man lügen, aber die Körpersprache kann einen verraten."

Zur nonverbalen Kommunikation gehören auch die sog. *Embleme,* quasiverbale Gebärden. Sie können, ähnlich einer Pantomime, eine Haltung oder Bewegung nachbilden (z. B. Gebärde für Essen oder für Schlafen). Solche Abbildungen werden häufig verwendet, wenn eine sprachliche Verständigung nicht möglich ist (Lärm, Entfernung der Partner) oder bei Sprechunfähigkeit (wie in der Zeichensprache der Gehörlosen). International angeglichen ist die Unterwassersprache der Taucher.

Es haben sich neben übergreifenden Emblemen solche herausgebildet, die nur innerhalb einer lokalen oder sozialen Gruppe funktionieren, wie z. B. die Verständigung zwischen Trainer und Mannschaften bei Sportwettkämpfen, Abstimmung von Managern bei Aktionen an der Börse etc.

Die Benutzung von Emblemen hat in der interkulturellen Verständigung eine äußerst wichtige Funktion, sei es bei Touristen oder bei Fremden im eigenen Land, da sie existentielle Probleme zu bewältigen hilft (Essen, Trinken).

Die Erforschung der Rolle nonverbaler Signale ist im Vergleich zur Sprachforschung noch relativ jung. Die Kernfrage ist in Hinblick auf interkulturelle Verständigung, ob die verschiedenen Ausdrucksformen der Körpersprache universell, also bei allen Menschen angeboren sind oder ob sie jeweils von Kultur zu Kultur abweichen. In gewisser Weise trifft beides zu.

Charles Darwin beobachtete bereits 1872 bei seinen Studien, dass es bei Menschen mit unterschiedlichem kulturellen Hintergrund eine große Ähnlichkeit im Ausdruck von Emotionen gibt, z. B. bei Situationen wie Glück, Trauer oder Ärger. Er charakterisierte sie als angeborene Verhaltensweisen des Menschen, die vor langer Zeit in der biologischen Entwicklung angenommen wurden. Ziel eines emotionalen Gesichtsausdrucks ist, dem anderen die innere emotionale Befindlichkeit zu signalisieren. Diese Funktion erkennen wir auch heute in nonverbalen Botschaften, die bereits bei der ersten Begegnung dem anderen mitteilen, wie sich sein Partner innerlich fühlt und die weitgehend für den „ersten Eindruck" mitbestimmend sind.

Inzwischen gibt es eine Reihe wichtiger Forschungsergebnisse, die die These Darwins von der universalen Gültigkeit einiger mimischer Ausdrucksformen bestätigen, teilweise ergänzt wurden (Siehe: Mimik).

Heute ist unumstritten, dass es aber auch kulturspezifische Unterschiede gibt. Ererbte nonverbale Signale werden in den Kulturen in einem Lernprozess konkretisiert dahingehend, wie, wann und mit welchen Konsequenzen sie verwendet werden. Dadurch sind kulturbedingte Unterschiede entstanden, die in einer interkulturellen Situation zu Unverständnis oder Missverständnissen führen können. Das betrifft z. B. Gesten mit unterschiedlicher Bedeutung.

Gudykunst, der umfangreiche cross-cultural studies zum interpersonalen Verhalten und zum Verhalten gegenüber Fremden durchführte, bezieht sich auf eine Untersuchung von Ekman zum Verhältnis ererbter mimischer Ausdrucksmuster und kultureller Unterschiedlichkeit. Er geht davon aus, dass es in den Kulturen „display rules" gibt, d. h. Regeln, wann man Gefühle ausdrückt und wann nicht und „decoding rules", Regeln, nach denen die emotionalen Ausdrucksformen anderer interpretiert werden (wann ist ein Lächeln angebracht und was bedeutet es in einer konkreten Situation). (Vgl. Ekman in Gudykunst 2003, S. 247)

Wenn uns heute über den Prozess nonverbaler Verständigung bereits solch umfangreiche Kenntnisse vorliegen, dass wir derartige Missverständnisse vermeiden können, so verdanken wir das den Studien von Wissenschaftlern unterschiedlicher Sachgebiete, z. B. Ethnologie, Psychologie, Verhaltensforschung und andere. Ich erinnere an den Stammvater der Interkulturellen Kommunikation, Edward T. Hall, der das theoretische und praktische Interesse an den „Verborgenen Signalen" weckte. Hervorheben möchte ich auch die Arbeiten von Desmond Morris, der vor allem die Abhängigkeit des Menschen von seiner biologischen Vergangenheit in den Ähnlichkeiten zwischen den Körpersignalen des Menschen und der Höheren Säugetiere erforscht hat und dabei zu überraschenden und frappierenden Ergebnissen kam. Für unseren Kontext interessant sind auch die Vergleiche im mimischen und gestischen Ausdruck, die Peter Collett zwischen europäischen Kulturen ermittelt hat. Albert Scheflen analysierte die unterschiedlichen Körperbewegungen (Kinesics) bei Bevölkerungsgruppen in den USA.

Die Rolle von nonverbalen Signalen in der interkulturellen Verständigung ist also einfach und kompliziert zugleich: Die universalen Signale erzeugen ein Erkennen von Ähnlichkeiten, aber zugleich kann das gleiche Zeichen auch in einer anderen Kultur eine andere Bedeutung haben. Um diese Unterschiede und Gemeinsamkeiten soll es im Folgenden bei der Betrachtung einzelner Elemente nonverbaler Kommunikation gehen.

Klar ist, dass die nonverbale Ebene auch andere Sinne als die sprachliche Ebene einbezieht, so den Tastsinn (Berührungen), Geruchssinn, den Thermalsinn (Körperwärme spüren) und den Geschmackssinn, wobei der visuelle und der auditive Sinn ebenfalls von Bedeutung sind.

Für unsere Kommunikation mit Fremden hebt Gudykunst fünf nonverbale Bereiche hervor, die den Eindruck vom Fremden prägen:

- die physische Erscheinung des Anderen;
- die Art der Nutzung des Raumes;
- die Art, wie die Stimme benutzt wird;
- der Grad, wieweit wir den Fremden berühren und erlauben, uns zu berühren (Vgl. Gudykunst 2003, S. 247)

Wenn wir im Folgenden einzelne Elemente nonverbaler Kommunikation genauer betrachten, wollen wir dies in zweierlei Hinsicht tun: Einmal nonverbale Signale des Körpers und zum anderen nonverbale Signale in der Umgebung.

5.1 Die physische Erscheinung des Anderen: Das Körperbild

In einer interkulturellen Begegnung versuchen beide Seiten, sich einen Eindruck vom Anderen zu verschaffen. Für das Einschätzen ist zunächst das Körperbild entscheidend: Körperform (Größe, Leibesumfang), Hautfarbe, Farbe und Form der Augen, Haarfarbe und Haartracht, Bart und Körperbehaarung (Indianer und Asiaten betrachten Europäer oft als „tierhaft" wegen ihrer Behaarung!). Fremde werden nach ihrem Aussehen oft bestehenden Stereotypen zugeordnet und bewertet. In vielen Teilen der Welt wird der natürliche Körper kulturell überformt: Durch Körperbemalung, Tattoos, Ohren- und Nasenringe, Körper- oder Gesichtspiercings, Lippenflöcke oder Lippenscheiben, Schmucknarben, komplizierte Frisuren und Haarschmuck oder Perücken etc. Hierin spiegeln sich die Schönheitsideale der verschiedenen Kulturen, die sich oft erheblich unterscheiden. So wird z. B. der Leibesumfang ganz unterschiedlich bewertet: Während sich junge Frauen in westlichen Ländern zu dünnen Model-Kopien abhungern, gilt in Afrika eine Frau mit einer fülligen Figur als schön, denn es ist Ausdruck dafür, dass es ihr gut geht und die Familie nicht hungern muss.

Auch Deformierungen des Körpers durch Narben als Identitätszeichen, Beschneidungen der Jungen (Judentum, Islam) oder Genital-Verstümmelungen der Mädchen in der kulturellen Tradition in Ländern Ostafrikas, Westafrikas und im Nahen Osten sind kulturell entstanden und bis heute weitergegeben.

Zu den über das Körperbild vermittelten nonverbalen Aussagen gehören auch Bekleidung, Schmuck und Accessoires. Sie teilen etwas über Alter, sozialen Stand, ethnische Zugehörigkeit oder Religion mit. Vielerorts sind über Kleiderordnungen bereits Kategorisierungen möglich, so durch Berufsbekleidung (Zimmerleute, Ärzte, Matrosen) und Uniformen oder Gewänder der religiösen Gemeinschaften (die gelben oder orangen Gewänder asiatischer Mönche, die schwarze Priesterkleidung der Christen, Kipa und Talmudschal der Juden). Traditionelle Bekleidungsformen geben bereits Auskunft über ethnische Zugehörigkeit (wie Volkstrachten der verschiedenen Völker, die Saris indischer Frauen, der schottische Kilt oder die farbigen Gewänder in Afrika, von denen einige zusätzliche aufgedruckte Symbole enthalten, wie die in Ghana). Die soziale Position eines Fremden wird nach seiner Kleidung eingestuft: Ist sie abgerissen oder aus feinem Stoff. Mitglieder von Subkulturen erkennen sich wechselseitig an der Art der Bekleidung, Kleiderordnungen zeigen natürlich auch kulturelle Grenzen an und werden als Ausdruck einer Identität gewertet. Das kommt in den konformistischen Dress-Codes der Geschäftsleute in Europa oder Japan zum Ausdruck. Religiös begründet ist auch das Verbot für Frauen, ihren Körper unbekleidet zu zeigen wie es in mehreren arabischen Ländern besteht. Eine Missachtung dieser Regeln durch Fremde wird als Respektlosigkeit gegenüber ihrer Kultur empfunden (z. B. barbusige Touristinnen an den Stränden islamischer Urlaubsparadiese!).

Das Beispiel der Diskussionen um das Tragen von Kopfbedeckungen oder Verhüllen des ganzen Körpers für islamische Frauen in Deutschland, aber auch in anderen europäischen Ländern (Kopftuch, Schleier, Burka, Tschador) zeigt die schwierige Gradwanderung zwischen Anerkennen einer religiösen oder ethnischen Identität und den Befürchtungen der Missachtung des Menschenrechts auf Selbstbestimmung für Frauen. Diese Kleiderordnung ist kein Ausdruck von Mode oder beliebiger Kleiderauswahl, sondern ein Ausdruck von Identität. Der Kopftuch-Streit und die Rechtsdebatte um das Tragen der Burka (die das Gesichtsfeld der Frau stark begrenzt) weisen auf die ambivalenten Aspekte kultureller Integration von Zuwanderern hin.

Die Entwicklung verläuft in zwei Richtungen: Einerseits ein verstärktes Bekennen zu Bekleidungen, Frisuren, und Schmuck, die sich auf eine bestimmte traditionelle Identität beziehen, andererseits lösen sich kulturelle Begrenzungen im Zuge der Globalisierung auf. Touristen können den traditionellen Silberschmuck der Tuareg auf einem Basar in Kairo oder Paris kaufen, können sich an fernen Stränden Afro-Frisuren oder Rastalocken in die Haare flechten lassen oder sich einen Sarong aus Indonesien, einen Sari aus Indien oder einen Kaftan aus arabischen Ländern als Souvenir mitbringen lassen.

In den interkulturellen Beziehungen spielen für die Einschätzung fremder Partner bestimmte Bekleidungen und Accessoires eine bedeutende Rolle. Bei Geschäftsverhandlungen (z. B. in Asien) betrachten die Partner unauffällig, aber genau, ob das Gegenüber einen Maßanzug einer bestimmten internationalen Marke und Designerschuhe trägt, ob er eine Markenuhr besitzt, welches Mobiltelefon, welches Notebook oder welches Auto seinen Status ausdrücken. In vielen Ländern wird großen Wert auf formelle Kleidung bei Geschäftsverhandlungen oder offiziellen Anlässen gelegt, z. B. in Asien und in arabischen Ländern, und man empfindet die lässige legere Bekleidung von amerikanischen und europäischen Partnern als respektlos und beleidigend.

Das Körperbild vermittelt einen ersten Eindruck von Identität und Wesen einer Person und spielt deshalb in der Eröffnungsphase einer interkulturellen Beziehung eine wichtige Rolle.

Körperhaltung und Bewegung

Über das Körperbild hinaus vermitteln Körperhaltung und die Art der Bewegungen wichtige Aussagen über soziale Position, Charakter und innere Befindlichkeit eines Menschen. In einer Kommunikationssituation hängt sehr viel davon ab, wie jemand auftritt, geht oder steht: Aufrechter Gang, gemessene Bewegungen mit selbstsicherer Bestimmtheit lassen auf einen gesicherten sozialen Status und innere Ruhe schließen, gebeugte Körperhaltung und gesenkter Blick auf Unterordnung, ein fahriges Wesen und nervöses Hin- und Herlaufen deutet auf innere Probleme hin. Für die Fortführung eines Kulturkontakt können derartige Faktoren wichtig werden.

Auch hier stellt sich die Frage, ob alle Menschen die gleichen Bewegungen ausführen können und man überall aus einer bestimmten Haltung die gleichen Schlüsse ziehen kann. Von seiner physischen Beschaffenheit her kann der menschliche Körper ca. 1000 verschiedene Positionen einnehmen. Eine Reihe von Bewegungen der Menschen sind universell, z.B. sitzen, stehen, gehen oder rennen zu können. Es ist aber auch in den Kulturen unterschiedlich, wie man sich bevorzugt bewegt oder welche Regeln es dafür gibt, wer sich wann wie zu benehmen hat (denken Sie an die Ermahnungen der Kinder in unserer Kultur wie „sitz gerade" u.a. oder die Vorschriften für Mädchen in islamischen Kulturen, sich nicht zu schnell zu bewegen und den Blick gesenkt zu halten).

Ferraro führt Beispiele dafür an, in welcher Körperhaltung Menschen entspannen. In den USA und in Europa in der Regel durch Hinsetzen, während sich Mexikaner hinhocken (Die US-Border-Patrol beobachtet in den Grenzgebieten aus der Luft, wie Menschen sitzen, um daran zu erkennen, ob sie US-Amerikaner oder Immigranten sind!).

Auch die amerikanische Gewohnheit, sich im Stuhl zurückzulehnen und die Füße auf den Tisch zu legen, gilt in anderen Kulturen als unhöflich und kann zu interkulturellen Problemen führen. Ferraro führt das Beispiel eines Gastprofessors in Kairo an, der im Eifer der Diskussion sein Benehmen vergaß und die Füße auf den Tisch legte. Dieses Benehmen führte zu einem Skandal, da es im Islam als tiefgehende Beleidigung gilt, dem Gesprächspartner die Fußsohlen, den niedrigsten Teil des Körpers, entgegen zu halten. (Vgl. Ferraro 2002, S. 76)

Unterschiede zwischen Kulturen gibt es auch darin, mit welcher Körperhaltung Respekt ausgedrückt wird. Während es in vielen Kulturen üblich ist, sich zur Begrüßung eines Gastes zu erheben, setzen sich Polynesier aus Respekt hin.

Unterwürfigkeit gegenüber weltlicher oder religiöser Macht wird in vielen Teilen der Welt in einer Erniedrigung des Körpers ausgedrückt (sich kleiner machen). Das Hinknien in christlichen Kirchen oder die Demutsgebärde kowtow mit gesenktem Kopf im Islam sind allgemein bekannt. Körperverhalten ist vielfach traditionell vorgeschrieben.

Ich möchte ein persönliches Beispiel zur Illustration der Frage anführen. Wie verhält man sich in einer Kultur, deren Code man nicht kennt?

> Bei einem Besuch in Nigeria wurde ich zu einer Audienz beim Oba von Benin (lokaler Herrscher) geladen. Alle Anwesenden Afrikaner legten sich in Ehrerbietung zur Begrüßung auf den Boden vor dem Oba. Ich war unsicher, was zu tun sei, denn man hatte mich auf diese Situation nicht vorbereitet. Ich beschloss, mich hinzuhocken, um in Augenhöhe mit dem Herrscher zu sein und meinen Respekt zu bezeugen, ohne mich wie seine Untertanen zu verhalten. Seine Reaktion (er bot mir zur Begrüßung

> Kolanüsse an) schien mir Recht zu geben. Ich weiß nicht, wie er oder seine Umgebung reagiert hätte, wenn ich stattdessen auf ihn zugegangen wäre und ihm locker die Hand geschüttelt hätte.

In anderen Kulturen finden wir andere Regeln für Körperverhalten. Natürlich ist es unmöglich, alle unterschiedlichen Codes zu kennen und sich entsprechend korrekt zu verhalten, aber verbindlich ist überall, dass man dem oder den anderen mit seinem eigenen Verhalten Respekt ausdrückt.

In Japan gibt es die traditionelle Verbeugung, wobei die Tiefe der Verbeugung dem jeweiligen sozialen Status angemessen sein muss. Begegnen sich zwei Japaner werden die Bewegungen nach konventionellen Normen synchronisiert.

In vielen Kulturen, insbesondere in arabischen Ländern, ist es unüblich, dass man sich unterhält während man geht (was bei uns allgemein akzeptiert wird). Es gehört zur traditionellen Höflichkeit, stehen zu bleiben und sich beim Reden anzusehen. Ein solches Verhalten wird auch von einem ausländischen Partner erwartet!

Kulturspezifische Körperhaltungen zeigen sich auf vielerlei Art, z. B. in der Art zu sitzen. Ich weise in diesem Zusammenhang auf die faszinierenden Forschungsergebnisse von Desmond Morris hin, der diese weltweiten Unterschiede in Bildern festgehalten hat. Er hat auch danach gefragt, warum jemand eine bestimmte Körperhaltung einnimmt und dies auf unbewusste Motive zurückgeführt (Potenzpose der Männer etc.).

Wissenschaftliche Arbeiten zu Körperbewegungen im Raum *(Kinesic)* verweisen darauf, dass man ihnen Informationen über die Beziehung zu einer anderen Person entnehmen kann, z. B. gegenüber sitzen oder entspannt nebeneinander, Aussagen über den inneren emotionalen Zustand (nervös mit den Zehen wippen) oder den Wunsch, die Umgebung zu kontrollieren (jemanden heranwinken). Forscher haben über 700.000 unterschiedliche Körperzeichen gefunden. Wir wollen uns nur auf die besonders relevanten Gruppen konzentrieren.

Der Gebrauch nonverbaler Körpersignale ist nicht nur kulturspezifisch, sondern geprägt durch soziale Identität, Geschlecht, Alter, Beruf, Bildung und Religion. In den Körperbewegungen kommen diese Unterschiede gut zum Ausdruck. In sprachlichen Äußerungen wird das sehr bildhaft ausgedrückt: Personen sitzen stocksteif oder lümmeln sich, sie rennen geschäftig hin und her, schlendern, torkeln, bewegen sich graziös oder laufen wie Trampel, schleichen herbei wie eine Katze oder rennen „wie von der Tarantel gestochen“. Die sprachlichen Bilder machen es uns leicht, uns Personen mit diesen Bewegungen vorzustellen. Wir müssen uns dabei allerdings immer fragen, ob das eine natürliche Haltung ist oder ein kulturell anerzogenes oder erlerntes Verhalten. Alles, was kulturell erlernt wurde, kann sich in einer anderen Kultur völlig anders verhalten. In Mimik und Gestik können wir diese Unterschiede erkennen, aber oft nicht deuten. Deshalb im Folgenden dazu einige Erklärungen.

5.2 Die Ausdrucksformen des Gesichtes: Mimik

Wenn wir die Ausdrucksformen des menschlichen Gesichtes betrachten, so erkennen wir darunter einige, die offensichtlich universell sind und aus dem biologischen Erbe der höheren Säugetiere stammen. Man geht allgemein von acht Grundformen von Emotionen aus, die sich in der Mimik zeigen: Freude, Trauer, Überraschung, Aufmerksamkeit, Furcht, Wut, Ekel und evt. Scham. Tatsächlich ist der Gesichtsausdruck, der Abscheu bei der Nahrungsaufnahme ausdrückt, überall gleich (wir drücken es verbal in dem Bild „in den sauren Apfel beißen" aus).

Tatsächlich gibt es über diese Ausdrucksformen hinaus noch andere, die bestimmte emotionale Zustände ausdrücken, so z. B. Lächeln, Stirnrunzeln, Empörung, Wut, Arroganz, Grimassen-Schneiden etc. Die Muskeln des menschlichen Gesichtes sind in der Lage, eine Vielzahl verschiedener Ausdrucksformen wiederzugeben. Redensarten wie „ein dummes Gesicht machen" oder „sein wahres Gesicht zeigen" weisen darauf hin, dass diese unterschiedlichen nonverbalen Signale in der Kommunikation von anderen registriert werden und eine Bedeutung vermitteln.

Die erwähnten Grundformen Freude oder Abscheu können wir auch bei unseren Haustieren beobachten. Tiere bringen ihre Empfindungen offen zum Ausdruck. Menschen hingegen können ihren Gesichtsausdruck steuern. Sie können ihn verstärken (z. B. übertriebene Freude beim Empfang eines Geschenkes heucheln), sie können ihn neutralisieren (z. B. keinen Schmerz zeigen) oder abschwächen (z. B. Gleichgültigkeit zeigen). Nicht steuerbar sind allerdings Signale wie Erröten, Schweißtropfen auf der Stirn und ähnliches.

Scheflen beschreibt sehr anschaulich, wie ein junger Mensch in der Sozialisation lernt, sein Gesicht zu gebrauchen, d. h. seine Mimik nach den kulturellen Normen taktisch einzusetzen (Vgl. Scheflen 1976, S. 21). Er lernt, sich zu verstellen und ein der Situation angemessenes Gesicht zu machen (z. B. eine traurige Miene bei einer Trauerfeier, ein fröhliches Gesicht auf einer Hochzeit). Und er lernt auch, seine Gefühle zu verbergen und ein „unbewegtes Gesicht" zu machen, wie es in manchen Indianer-Kulturen oder in Asien erwünscht ist (auch das sog. „Pokerface", das keinerlei Emotionen zeigt, ist das Ergebnis individuellen Lernens!). Es wäre uns zwar manchmal angenehmer, „hinter die Fassade" zu blicken, aber andererseits ist diese Fähigkeit des Menschen, einen bestimmten Ausdruck auf das Gesicht zu zaubern, auch eine kulturelle Bereicherung. Wie sonst wäre Schauspielerei möglich, die ja auf der Fähigkeit basiert, jede gewünschte Regung im Gesichtsausdruck nachzubilden!

Universell ist Hinsehen und Wegsehen, aber wann man die Stirn runzelt oder die Nase rümpft, ist kulturell festgelegt.

Tiere geben ihre Gefühle unverstellt mit ihren Gesichtern wieder, der Mensch jedoch kann sich eine Maske schaffen, hinter die er seine wahren Gefühle verbirgt.

Ferraro weist darauf hin, dass in einigen asiatischen Ländern ein Lächeln ein Zeichen von Schwäche ist. Für einen Mann in Japan gehört es zur erlernten Norm, auch bei schlechten Nachrichten keinerlei Emotion zu zeigen, sondern ruhig und gefasst zu erscheinen. (Vgl. Ferraro 2002, S. 83)

Mimik bedeutet Bewegungen von Stirn, Nase, Augen, Ohren, Wangen, Mund und des Halses. Auch in diesen Bewegungen gibt es kulturelle Unterschiede, z. B. beim Hochziehen der Augenbraue oder bei Bewegungen des Kopfes wie Hochwerfen, Kopfschütteln, Wiegen oder Beugen des Kopfes etc. Allein die Berührung des Ohrläppchens kann unterschiedliche Signale aussenden: In Italien bedeutet es, dass ein Mann homosexuell ist, in Portugal bedeutet es „ köstlich", in Malta zeigt die gleiche Bewegung, dass jemand ein Denunziant ist, in Schottlands bedeutet es Ungläubigkeit. (Vgl. Morris 1996, S. 147 ff.)

Ein Blick spricht tausend Bände

Der Blickkontakt ist das wichtigste Signal der Gesichtsmimik. In einer interpersonalen Begegnung ist er der wichtigste Code. Natürlich ist es universell, dass sich Menschen anblicken, aber innerhalb der Kulturen gibt es Konventionen, wer wen wie anblicken darf oder wen er nicht anblicken darf. Der Blick hat drei soziale Funktionen: Eine Kontrollfunktion (wir überprüfen, wie sich der andere verhält), eine Ausdrucksfunktion (der Blick gibt Informationen über unsere Einstellungen und Absichten) und er hat eine Steuerungsfunktion, denn Blicke können andere in ihrem Verhalten beeinflussen (z. B. ob es ein liebevoller oder strafender Blick ist). Blicke sind auch Intimitätssignale: Bei Sympathie tritt man näher an den anderen heran, berührt ihn und schaut ihn an.

Ergebnis eines ersten Blickkontakts kann ein Augengruß sein als Zeichen des Erkennens. Ob man dieses Erkennungssignal aussendet, ist kulturell unterschiedlich festgelegt. In Europa ist es allgemein üblich, in Japan hingegen gilt es als unschicklich. Araber und Lateinamerikaner betonen Blickkontakt (Denken Sie an den intensiven Blickkontakt der Tuareg-Männer in der Sahara, deren Gesichtsschleier die Wiedergabe eines Gesichtsausdrucks nur über die Augen zulässt.). In Kulturen südlich der Sahara gibt es Regelungen, wann man eine Person direkt anblicken darf, die sich nach dem jeweiligen sozialen Status oder dem Alter richten. Im Umgang mit Japanern sollte man vermeiden, dem Gegenüber in die Augen zu sehen, da dies als unhöflich gilt (stattdessen sollte man den Blick etwa auf die Höhe des Halses richten). Bei Indianergemeinschaften in den USA, wie z. B. den Navajo, lernen die Kinder sehr früh, dass man einen Erwachsenen nicht direkt ansehen darf. Dies kann zu Problemen führen, wenn die Kinder in der Schule vermeiden, den Lehrer direkt anzusehen und der Lehrer das nicht versteht. Ähnliche Situationen entstehen im Kontakt mit Afroamerikanern in den USA. Weiße Amerikaner haben ein offenes Blickverhalten, während es bei Afroamerikanern nicht üblich ist, sich direkt in die Augen zu sehen. Wie leicht es dabei zu Fehlinterpretationen kommen kann, hat der amerikanische Verhaltensforscher Albert Scheflen untersucht. (Vgl. Scheflen 1976, S. 102) Folgenschwer kann dieses Aufeinandertreffen unterschiedlicher Verhaltensmuster in Situationen wie z. B. vor Gericht sein, wo der gesenkte Blick als Missachtung des Gerichtes ausgelegt werden kann. (Ähnliches gilt für das Verhalten einiger türkischer Angeklagter in Deutschland).

Ich erwähne dies besonders, weil es in unserer Kultur als höflich gilt, Blickkontakt zu halten (wie oft ermahnen Eltern ihre Kinder „Sieh mich an, wenn ich mit dir spreche“). Jemandem direkt in die Augen zu sehen, gilt als Beweis für Ehrlichkeit oder Lüge („er konnte ihm nicht in die Augen sehen“). In einer interkulturellen Begegnung, ob im Ausland oder in der eigenen Stadt, müssen wir uns dieser möglichen Unterschiede bewusst sein.

Ein gesenkter Blick kann jedoch kulturell ganz verschiedene Gründe haben. Wenn ein Europäer in einer Gesprächssituation den Blick senkt, gilt das meist als Zeichen, dass er an einer Fortführung des Gespräches nicht interessiert ist. Hält eine Frau aus einer islamischen Kultur den Blick gesenkt, so ist dies ein Zeichen für ein Verhaltensgebot und Ausdruck sittlichen Benehmens.

In Gesellschaften, in denen zum offenen Zeigen von Gefühlen ermutigt wird, schaut man sich während eines Gespräches öfter an, um Verbundenheit zu zeigen. In „blickarmen“ Kulturen lernt bereits das Kind, das es sich nicht schickt, eine andere Person anzustarren. Hier zeigt man bewusst Desinteresse, um den anderen nicht unter Druck zu setzen. Goffman nennt dies „höfliche Gleichgültigkeit“. In manchen Kulturen ist es tabuisiert, einen anderen Menschen offen anzustarren; ein unverwandter Blick kann als Drohgebärde aufgefasst werden und einen Streit auslösen. Noch heute benutzen die Maori auf Neuseeland das Anstarren des Gegners mit weit aufgerissenen Augen als Drohgebärde und Hinweis auf ihre Überlegenheit. Früher als kriegerische Strategie eingesetzt, ist dies heute allerdings nur noch bei sportlichen Wettkämpfen üblich.

Wie unterschiedlich das Blickverhalten in Europa ist, verdanken wir den Studien des Psychologen Peter Collett. Er teilt Europa in zwei Zonen: eine blickintensive Zone, zu der die Mittelmeerländer gehören und eine blickarme Zone, die Nord-, Zentral- und Osteuropa umfasst. Da es in „blickarmen“ Ländern (wie z. B. in England) als ungehörig gilt, den anderen anzustarren, wurden kulturelle Techniken entwickelt, um sich unauffällig ein Bild vom Gegenüber zu verschaffen, wie z. B. unauffällig schweifende Blicke. (Vgl. Collett 1996, S. 120 ff.)

Es sollte auch noch betont werden, dass diese nonverbalen Signale geschlechtsspezifisch eingesetzt werden. Frauen in „blickintensiven“ Ländern, z. B. Italien, können sich gegen das Angestarrt-Werden durch Männer nicht wehren, das aber wiederum zum Verhaltenskodex von Männern gehört. Sie erwidern die Blicke nicht und zeigen demonstratives Desinteresse. Blicke gehören zum Rollenverhalten der Geschlechter in den Kulturen. Von einer jungen Frau erwartet man meist gesenkte, scheue Blicke.

Wie schnell dadurch interkulturelle Missverständnisse ausgelöst werden können, ist leicht in arabischen Urlaubsländern zu beobachten: Männer starren Touristinnen offen an und wenn diese die Blicke (vielleicht sogar unbewusst) erwidern, gilt dies als sexuelle Aufforderung!

In interkulturellen Begegnungen ist Blickverhalten ein sehr sensibles Gebiet. Man muss lernen, auf seine Blicke zu achten und sie zu steuern, um abweisende, geringschätzige oder herausfordernde Blicke zu vermeiden, die schnell ein Missverständnis oder einen Streit auslösen können.

Ein „dunkles" Kapitel der Geschichte der Blicke ist der Glaube an den „bösen Blick", der in einer Reihe von Kulturen noch heute verbreitet ist. Man versteht darunter, dass bestimmte Menschen die Fähigkeit haben, mit ihren Blicken anderen Schaden zufügen zu können.

Seit dem Altertum ist dieser Glaube in den Ländern um das Mittelmeer (Italien, Spanien, Griechenland, Türkei), aber auch darüber hinaus verbreitet (im Altertum führte man die Wirkung des „bösen Blicks" auf Strahlen zurück, die das Auge aussendet). In Italien ist der Glaube an den „mal occhio", in England an „evil eye" und in Griechenland an „baskania" noch aktuell. Im Iran fürchtet man den bösen, neidischen Blick „tscheschm-en-schur", der Unglück bedeutet und versucht, ihn mit dem Räuchern wilder Raute zu begegnen.

In Italien glaubt man, dass es Menschen mit dem „bösen Blick" gibt, die sog. „jettatori", die bewusst oder unbewusst anderen schaden. Es können Menschen sein, die auf andere neidisch sind, weil sie selbst hässlich oder missgestaltet sind, aber auch Menschen mit Macht. In der italienischen Geschichte gibt es Beispiele, dass man hohen Würdenträgern diese Wirkung zuschrieb. (Vgl. Collett 1996, S.70 ff.)

Angeblich erkennt man Menschen mit dem „bösen Blick" an der Farbe und Form der Augen (in Italien am stechenden Blick und buschigen Augenbrauen, in Irland am Schielen etc.). Für böse werden auch Menschen mit „Teufelsohren" oder angewachsenen Ohrläppchen gehalten, was bei der Wahl von Politikern durchaus eine Rolle spielen kann. Der „böse Blick" soll Menschen und Tiere gefährden. Nach alten Überlieferungen soll man das Unheil dadurch abwenden können, dass man Amulette mit der Darstellung von Augen trägt, Holz oder Eisen berührt oder bestimmte Gesten hinter dem Rücken macht. Vor allem aber sollte man durch Verhalten vermeiden, z. B. Neid zu erregen (Prahlen).

So abwegig das auf den ersten Blick zu sein scheint, hat doch auch dieser Aspekt kultureller Überlieferungen Auswirkungen auf interkulturelle Kontakte. Forschungen haben ergeben, dass der Glaube an den „bösen Blick" heute in 67 Kulturen besteht (das ist über ein Drittel der untersuchten Gemeinschaften!).

Reisende in andere Kulturen (insbesondere Touristen) sollten die Existenz dieser überlieferten Vorstellungen akzeptieren.

Ein Lächeln zur rechten Zeit

In der Interaktion sind Lächeln und Lachen wichtige mimische Ausdrucksformen. Verhaltensforscher führen beides evolutionsgeschichtlich auf das „Angstgesicht" des Vorfahren von Mensch und Affe zurück. Schimpansen ziehen in Angstsituationen im Kampf die Mundwinkel nach oben und blecken die Zähne, um zu signalisieren „ich bin ungefährlich". In allen Kulturen ist das Lächeln die wichtigste Gebärde der sozialen Begrüßung und bedeutet „Frieden". Beim Menschen haben sich die Gesichtsmuskeln so entwickelt, dass er nicht nur mit dem Mund, sondern bei einem echten Lächeln auch mit den Augen lächeln kann. Wir kennen daneben andere Formen des Lächelns, wie z. B. das erstarrte Pflichtlächeln, das unsichere Lächeln bei gemischten Gefühlen oder das falsche strahlende „Cheesecake"-Lächeln. Ein Kind kann bereits mit fünf Wochen lächeln, Lachen ab dem 5. Lebensmonat.

Beim Lachen kann der ganze Körper mit einbezogen sein. Helmut Plessner hat in seinem Standardwerk „Lachen und Weinen" beschrieben, dass Lachen und Weinen einen Verlust der Beherrschung darstellen und unmittelbare Ausdrucksgebärden sind. Der Mensch fällt quasi ins Lachen und überlässt sich ihm. (Vgl. Plessner 1950, S. 87) Dies geschieht in Situationen, „denen gegenüber keine wie immer geartete Antwort durch Gebärde, Geste, Sprache und Handlung möglich ist" (ebenda S.89)

In der Interaktion wirkt Lachen spannungslösend und verbindend. Lachen kann verschiedene Intensität haben. Desmond Morris hat zwölf Elemente herausgefunden, die die Art des Lachens bestimmen:

1. Der Lachende „gibt einen johlenden oder bellenden Ton von sich;
2. er öffnet seinen Mund weit;
3. er zieht seine Mundwinkel nach außen;
4. er legt die Nase in Falten;
5. er schließt die Augen;
6. an seinen äußeren Mundwinkeln tauchen Fältchen auf;
7. er lacht Tränen;
8. er wirft seinen Kopf zurück;
9. er zieht seine Schultern hoch;
10. sein Körper schaukelt hin und her;
11. er umklammert seinen Leib;
12. er stampft mit den Füßen auf". (Morris 1978, S. 64)

Die geringste Intensität hat ein Lachen im Innern („sich ins Fäustchen lachen"), bei einem sehr intensiven Lachen biegt sich der ganze Körper, der Mensch lacht Tränen, was auf andere allgemein ansteckend wirkt.

Lachen gab es zu allen Zeiten und gibt es in allen Kulturen. In manchen Kulturen wird ein gutes und ein böses Lachen unterschieden. So gab es in der Antike einen Begriff für das natürliche Lachen (gélan) und für ein hämisches Lachen (katagélan). Im Mittelalter wurde zwischen beiden Arten des Lachens streng unterschieden und es gab Vorschriften, wer wie zu lachen hat. Lachen war z. B. den Mönchen verboten, weil Lachen als Gegenteil von Demut galt. Es gab scholastische Abhandlungen über die Gefährlichkeit des Lachens, da das „böse Lachen" als Ausbruch des Teufels aus dem Körper galt. Unter König Louis IX., dem Heiligen, war Lachen an Feiertagen verboten. Seit dem 12. Jahrhundert gab es aber auch den Begriff *rex facelus* (witziger König), der Lachen als Machtdemonstration einsetzte. Wenn der König lachte, musste der ganze Hofstaat mitlachen. (Vgl. Le Goff 1999)

Aber es gibt natürlich auch heute gesellschaftliche Normen, die vorschreiben, wer wann wie lacht. Es ist durchaus üblich und ratsam, in das Lachen des Chefs einzustimmen. Ebenso gibt es Konventionen, wann man auf keinen Fall lacht, wie z. B. auf Beerdigungen. Diese Konventionen sind kulturspezifisch, so dass ein Lachen zur falschen Zeit am falschen Ort in einer interkulturellen Situation zu Verärgerung führen kann. Lachen kann als Anlachen, Auslachen oder Verlachen gedeutet werden. Manchmal ist unklar, warum der fremde Partner überhaupt lacht. Auch ein Grinsen ist zweideutig (freundlich bis hämisch).

Kulturelle Gebote legen auch fest, wer wen anlächeln darf (so wäre es für einen europäischen Mann ungehörig, in einem arabischen Land eine Frau anzulächeln).

Lächeln und Lachen spielen auch in den stereotypen Völkerbildern eine Rolle: Das höfliche Lächeln der Asiaten, das herzhafte Lachen der Afrikaner oder Brasilianer.

Eng damit zusammen hängt die Frage, warum Menschen lachen. In der Regel dann, wenn etwas komisch erscheint. Das kann komisches Aussehen oder Benehmen sein, Wortspiele oder skurrile Situationen. Komik beruht auf Doppelsinnigkeit: Verwechslung, Zerstreutheit, ungeschicktes Benehmen etc. In der Situationskomik lacht man über die Missgeschicke anderer Menschen. Was als komisch empfunden wird, ändert sich im Laufe der Zeit und auch innerhalb der Kulturen, denn es hängt von den sozialen Normen ab. In allen Kulturen gibt es Humor als Fähigkeit, das Komische zu erkennen und Witze als Ausdruck des Sinnes für Humor. Im Inhalt der Witze widerspiegeln sich Werte und Vorstellungen einer Kultur.

In den sog. ethnischen Witzen kommt zum Ausdruck, über wen man sich erhebt. Welche Stereotype es jeweils sind, über die man lacht, ist in den Ländern, Regionen und Gruppen unterschiedlich: Die Franzosen über die Belgier, die Australier über die Neuseeländer, die Spanier über die Katalanen, die Deutschen über die Ostfriesen, Türken und andere. Auf diese Weise werden Stereotype weitergegeben. (Vgl. Collett 1996, S. 110 ff.)

Über jemanden oder eine Gruppe lachen, drückt die eigene Überlegenheit aus, aber auch Zusammengehörigkeitsgefühl und Abgrenzung. Für einen Fremden sind Witze ohne Erklärung meist nicht verständlich. In einer interkulturellen Situation sollte man sich lieber der Stimme enthalten als „ins Fettnäpfchen" zu treten.

Lächeln und Lachen laufen meist unbewusst ab und können nicht kontrolliert werden. Es gibt aber auch das nachgestellte falsche oder künstliche Lächeln, wie das der Modells und Stars. Mimische Ausdrucksformen können allgemein bewusst imitiert werden, sei es ein wütender Blick, ein „betretenes Gesicht" oder ein schrilles Lachen.

Noch weit weniger unter Kontrolle haben Menschen das ***Weinen***. Es fällt den Menschen quasi an und er ist ihm ausgeliefert. Kulturelle Regeln gibt es dafür, *wie* man weint: laut zu schluchzen, leise Tränen oder das Verbergen des Weinen vor anderen.

Das Gesicht gilt als „Spiegel der Seele" und meist können wir auf den ersten Blick erkennen, in welchem emotionalen Zustand jemand ist (das Gesicht ist zornrot, kreidebleich, glüht rosig). In einer interkulturellen Situation ist es angebracht, auf die Emotionen der anderen einzugehen und nicht durch unangebrachte Mimik aufzufallen (z. B. während der Teilnahme an einer kulturellen Zeremonie ein gelangweiltes Gesicht zu machen).

5.3 Gesten des Körpers

Gesten und Gebärden sind Bewegungen, die der Mensch mit dem Kopf, den Armen, den Schulter, den Händen oder mit dem ganzen Körper macht. Gesten können Worte betonen (z. B. eine Zahl mit den gezeigten Fingern betonen) oder für sich allein stehen (jemanden heranwinken). Gesten begleiten soziale Interaktionen: Zur Begrüßung wird die Hand gereicht, auf die Schulter geklopft etc. Die Anzahl der Gesten ist sehr groß. Desmond Morris beschreibt sehr anschaulich, wie vom Scheitel bis zum Zeh eigentlich alle Körperteile verbale Aussagen machen können. Menschen wippen mit dem Zeh, stampfen mit dem Fuß, wiegen sich in den Hüften, zucken mit den Schultern etc.

Gesten gibt es in allen Kulturen, aber sie sind eine der größten Quellen für interkulturelle Missverständnisse. Dies aus zwei Gründen: Die gleiche Geste kann in verschiedenen Kulturen Unterschiedliches bedeuten und die selbe Bedeutung kann durch unterschiedliche Gesten ausgedrückt werden. Wir wollen sie deshalb etwas näher betrachten.

Peter Collett hat die Gebärden in Europa untersucht. Er betont zunächst die Unterschiede im Gebärdenreichtum:

Die nordischen Völker sind sehr gebärdenarm; Briten, Deutsche, Holländer und Russen machen einen mäßigen Gebrauch von Gesten, vorwiegend wenn sie aufgeregt sind oder jemanden beleidigen wollen. Gebärdenreich sind Südeuropäer (Italien, Spanien, Portugal, Frankreich, Griechenland), die in einer Interaktion ihre Arme und Beine ständig in Bewegung halten. Italiener gelten als am gestenreichsten, da sie ihre Interaktionen mit emotionsreichen Begleitgesten ausführen. Italien hat den Ruf, ein großes Theater zu sein. Von den Neapolitanern sagt man sogar, dass sie mehr Gesten als Worte haben. Auch Franzosen gestikulieren gern, aber weniger formalisiert. Sie bewegen beim Sprechen Hände und Unterarme, während Italiener auch noch die Oberarme einbeziehen. Von Engländern sagt man, dass sie sehr sparsam im Gebrauch von Gesten sind: wichtig ist das Wort, zu viele Gesten gelten als vulgär. (Vgl. Collett 1996, S. 81 ff.)

Es gibt relativ wenige Gesten, die in Europa übergreifend sind (wie „jemandem eine lange Nase drehen"), aber viele, die jeweils unterschiedliche Bedeutungen haben.

Besonders konfliktreich sind ***Hand- und Fingergesten.***

- Der hochgereckte Daumen
  In den USA Zeichen für „großartig", in Australien, Griechenland und Nigeria obszöne Gebärde, in Deutschland als „Stopp"-Zeichen von Anhaltern.
- Das Kreis-Zeichen, Kreis aus Daumen und Zeigefinger
  In den USA und Deutschland bedeutet es „O. K.", in Japan steht es für Geld (runde Münzen), in Frankreich für „Null", in Lateinamerika für Homosexualität, in den Mittelmeerländern, Syrien, Libanon und Saudi-Arabien beleidigende Geste!
- Das V-Zeichen (Victory), Zeige- und Mittelfinger gespreizt
  Bei diesem Zeichen muss die Handfläche nach außen zeigen → Wird die Handfläche nach innen gekehrt, ist es die Moutza-Geste der Griechen, die eine Beleidigung darstellt („Fahr zur Hölle").

Kulturspezifisch, aber nicht so problematisch ist es, mit dem Zeigefinger auf andere Menschen zu zeigen, den Zeigefinger über die Lippen („Schweigen") zu legen u. a. Es gibt bewusste und unbewusste Gesten. Unbewusste Gesten begleiten insbesondere Reden vor Publikum. Morris zählt dazu den

- *Präzisionsgriff* (Spitze des Daumens und die übrigen Finger werden zusammengeführt);
- *Taktstocksignale und den erhobenen Zeigefinger*;
- *den Kraftgriff* (gekrümmte Hand oder Faust zur Demonstration von Stärke)
- *die Schlag-in-die-Luft-Geste* zur Bekräftigung der Argumente.

Abbildungen Bedeutung von kulturspezifischen Fingergesten

hochgereckter Daumen, kulturspezifisch

Ringzeichen, kulturspezifisch

Symbol für „2“, kulturspezifisch

Hörner- oder Moutza-Geste, kulturspezifisch

Fächergeste (Heranwinken), kulturspezifisch

Victory-Zeichen, kulturübergreifend

Beobachten Sie, welche Gesten Politiker in den verschiedenen Ländern einsetzen! Geübte Redner setzen auch bewusst bestimmte Gesten ein (z. B. ausgestreckte Handflächen als „Stop“ oder „Ruhe“, ein jugendlich-forscher Gang als Ausdruck von Fit-Sein etc.).

Der taktschlagende Zeigefinger wird vielerorts als Zeichen von Herrschsucht empfunden.

Hinter vielen unbewussten Gesten verbergen sich Botschaften über Gedanken und Gefühle des Redners. In seinem Buch „Ich sehe was, was Du nicht weißt“ (2006) bezeichnet Peter Collett sie als „tells“, die Unbewusstes verraten. Psychologen können diese Botschaften leicht entziffern, wie z. B. die Hand vor den Mund halten, um etwas ungesagt zu machen. Die unbewussten Gesten sind in fast allen Kulturen zu finden und ähnlich zu deuten.

Bewusste Gesten sind hingegen oft kulturspezifisch. Wir zählen dazu symbolische Gesten, die bestimmte Eigenschaften andeuten. So unterscheidet sich die Geste für „Dummheit“ von Land zu Land: In Deutschland klopft man mit dem Finger an die Schläfe, in Italien führt man die Fingerspitze an die Stirn, in Saudi-Arabien berührt man das Augenlid („er sieht nicht durch“), in anderen Regionen deutet man das mit einem Wedeln vor den Augen an.

Die Art, wie Männer ausdrücken, dass sie eine Frau attraktiv finden, ist sehr kulturspezifisch (wie z. B. die Geste der Franzosen, demonstrativ die Fingerspitzen zu küssen).

In der Interkulturellen Kommunikation gibt es auch bewusste Gesten, die zwar nicht so konfliktreich wie die genannten Fingergesten sind, aber auch verwirrend sein können.

Der Ja-Nein-Code

In einer Begegnung ist es oft entscheidend, ob jemand etwas bejaht oder verneint. Collett fand in Europa drei verschiedene Codes:

1. der *Nick-Schüttel-Code* (Kopfnicken als Bejahung, Kopfschütteln als Verneinung) ist am meisten verbreitet.
2. Im entgegengesetzten *Roll-Werf-Code* bedeutet ein Kopfwackeln von Schulter zu Schulter ein „Ja“, ähnelt aber stark unserem „nein“. Dieser Code ist in Bulgarien, Indien und Pakistan verbreitet und hat schon zu unzähligen Irrtümern geführt.
3. Ein dritter Code ist der *Senk-Wurf-Code*, der in Griechenland, der Türkei und Süditalien verbreitet ist. Das „ja“ wird durch eine Fallbewegung des Kopfes von vorne ausgedrückt, für ein „nein“ wird der Kopf in den Nacken geworfen. (Vgl. Collett 1996, S. 231 ff.)

Die Kommunikation wird besonders kompliziert dadurch, dass in Ländern, die einen anderen Ja-Nein-Code haben, der „Nick-Schüttel-Code“ gegenüber Ausländern benutzt wird, um ihnen entgegen zu kommen.

Winken – Heranwinken oder Zuwinken

Wie man jemandem zuwinkt ist von Kultur zu Kultur verschieden. In Nord-, Zentral- und Osteuropa gibt es zwei Gesten, um jemanden heranzuwinken: Die Fächergeste oder die Zeigegeste. Die Fächergeste bedeutet in Südeuropa jedoch, jemandem zum Abschied zuzuwinken. In den Mittelmeerländern gibt es neben der Fingergeste auch die Paddelgeste (mit der Handfläche nach unten), die auch in Japan üblich ist, um jemanden heranzuwinken. Die gleiche Geste bedeutet in England und Deutschland „geh weg!“. Missverständnisse entstehen so auf ganz einfache Weise.

Achselzucken als Zeichen der Unfähigkeit oder Resignation
Die Geste ist in mehreren europäischen Ländern gebräuchlich, aber unterschiedlich: Bei uns ist es üblich, Schultern und Arme hochzuheben, in Italien auch die Augenbrauen, bei den Franzosen wird dabei der Mund zu einem umgekehrten „U“ verzogen. (ebenda, S. 181 ff.)

Zählen mit den Fingern
Missverständlich ist, dass der gleiche Sachverhalt nonverbal ganz unterschiedlich ausgedrückt wird. Wir beginnen mit dem Daumen der rechten Hand, dann folgen Zeigefinger etc. Die Finger werden aufgeklappt. In der Türkei beginnt man mit dem Zeigefinger, dann Mittelfinger und Ringfinger, zuletzt der Daumen. Dies gilt auch für die USA. In China werden die Zahlzeichen mit der Hand nachgebildet, Japaner klappen die gezählten Finger weg etc.

Beleidigende Gesten und Gebärden
In allen Kulturen gibt es Drohgebärden. Weit verbreitet ist das Recken der geballten Faust oder die Geste „Halsabschneiden“. Hinzu kommen beleidigende Gesten zu Sexualität, z. B. Gesten für Homosexualität (in Italien mit dem Mittelfinger ans Ohr schnippen), der hochgereckte Mittelfinger als obszöne Beleidigung oder der Unterarm-Ruck (in den Mittelmeerländern Zeichen für „Kastration“) und das „Hörner-Zeichen“: Zwei Finger in die Höhe halten = man hat jemandem Hörner aufgesetzt, ihn also betrogen. Die Hörner-Geste ist in Griechenland, Frankreich, Spanien und Ex-Jugoslawien noch lebendig.

Drohgebärden und nonverbale Beleidigungen sind auch bei uns im Alltag weit verbreitet, aber ihre jeweilige Bedeutung wurde erlernt. In einer anderen Kultur kann eine uns bekannte Geste einen gewaltsamen Konflikt heraufbeschwören. Diese Konflikte beobachten wir ja im eigenen Land, wenn sich deutsche, türkische und russland-deutsche Jugendliche begegnen und freundliche oder aggressive Gesten eingesetzt werden!

5.4 Signale des Körperkontakts

Informationen darüber, was jemand über eine andere Person denkt oder fühlt sind jedoch nicht nur durch Mimik und Gestik erkennbar, sondern auch in der Art, ob und wann sich Menschen berühren oder Berührungen durch andere zulassen (Es geht um taktiles Verhalten außerhalb der Sexualität!). In allen Kulturen gibt es verschiedene Berührungsformen, aber auch eine Konvention drüber, wer wen unter welchen Umständen berühren darf und welcher Teil des Körpers berührt werden darf.

Michael Argyle hat die Berührungsformen westlicher Kulturen untersucht und Typen gefunden, die gemeinsam sind. Dazu gehören den Körper oder die Schulter des anderen zu umarmen, in die Wange kneifen, Haar, Gesicht oder den Körper zu streicheln, den Mund, die Wange, die Hände oder die Füße zu küssen, ins Gesicht oder auf die Hand schlagen, die Hand, den Arm, das Knie des anderen halten, über den Kopf streichen, die Hände verketten etc. (Vgl. Argyle 1975, S. 287)

Kulturen messen dem Körperkontakt eine bestimmte Rolle zu. Die Studien von Hall (1966) und Mehrabian (1971) fanden folgende kulturspezifischen Verhaltensmuster. Hall unterscheidet zwischen Kontaktkulturen und Nicht-Kontakt-Kulturen. In den „high-contact"-Kulturen stehen Menschen gern dicht beieinander und berühren sich oft. „Eng beieinander" ist für sie positiv und gut. In den „low-contact-cultures" stehen die Kommunikationspartner eher getrennt und versuchen, den anderen wenig zu berühren, „eng" bedeutet negativ und schlecht. (Vgl. Gudykunst 2003, S. 253)

Auch Scheflen betont die Unterscheidung zwischen berührungsfreudigen und berührungsarmen Kulturen. Zu den Kulturen, in denen Körperkontakt zur Kommunikation gehört und als angenehm und beruhigend empfunden wird, weil damit menschliche Wärme und Zusammengehörigkeit vermittelt werden, zählt er die Osteuropäer (insbesondere die Russen), Südeuropäer, Juden, Araber und Lateinamerikaner. Auch Franzosen gelten als kontaktfreudig (Die Nähe anderer Menschen in der Metro ist für sie nicht unangenehm.). Deutsche hingegen gehören zu den Völkern, die enge Berührungen mit Fremden vermeiden (z. B. in einem vollen Verkehrsmittel). Auch Engländer und Nordeuropäer gehen mit Körperkontakt sehr sparsam um. Die Engländer sind dafür bekannt, dass sie engen Körperkontakt mit unbekannten Menschen zu vermeiden suchen (sie haben Berührungsängste in der Subway). Wenn sich eine Umarmung nicht vermeiden lässt, wenden sie den Kopf zur Seite und klopfen dem anderen auf die Schulter.

In anderen Ländern sucht man Körperkontakt. Japaner empfinden Wärme und Behaglichkeit, wenn sie eng beieinander sind (aber nur unter sich), in Brasilien gehören Umarmungen und Küsse zwischen allen Verwandten und Freunden zur sozialen Norm, Afrikaner berühren sich häufig bei Unterhaltungen, klatschen die Hände aufeinander, wenn sie einer Meinung sind etc.

Aber selbst in kontaktreichen Ländern gibt es Regeln, wer wen *nicht* anfassen darf. In Südeuropa dürfen sich z. B. Männer nur berühren, wenn sie den gleichen sozialen Status haben, sonst muss die Berührung vom Ranghöchsten ausgehen. Der Körperkontakt zwischen den Geschlechtern (Küssen und Umarmungen von Frauen durch Männer) gehört in Südeuropa, in islamischen Ländern und in asiatischen Ländern in den privaten Bereich. Das in dieser Hinsicht freizügige Verhalten von Fremden in der Öffentlichkeit wird nicht gern gesehen!

In jeder Kultur wird während der Sozialisation erlernt, welche Berührungen statthaft sind und welche ein Tabu sind, abhängig von Alter, Geschlecht und Verwandtschaftsgrad. Dazu gehört das Verhalten zwischen männlichen Personen. In den USA, wo es normal ist, dass ein Mann einem anderen die Hand gibt, wird ein Hand in Hand mit ihm gehen generell sexuell gedeutet. In vielen außereuropäischen Kulturen wird es hingegen als normal betrachtet, wenn zwei Männer Hand in Hand gehen, ohne ihnen homosexuelle Neidungen zu unterstellen (z. B. in Kenia, in arabischen Ländern, im Jemen, Afghanistan). In Osteuropa, Spanien, Italien, Portugal und in den arabischen Ländern küssen Männer ihre Freunde. In Mexiko begrüßen sich auch Männer mit einer Umarmung.

Es gibt Tabus, die auch in interkulturellen Begegnungen beachtet werden müssen: In Asien berührt man niemanden am Kopf (über den Kopf streichen), weil er als Sitz der Seele betrachtet wird. Generell ist in Südostasien wenig Körperkontakt erlaubt, auch kein „Auf die Schulter klopfen“! Muslime begrüßt man nicht mit der linken Hand (auch wenn die rechte Hand als „unrein“ gilt!) Hindus in Indien zeigen Respekt, indem sie die Füße eines anderen berühren, um nur einige zu nennen.

Man sollte jedoch auch lernen, welche Berührung durch wen man akzeptieren sollte (z. B. wenn in Indonesien Frauen aus Sympathie Touristinnen an den Händen fassen.)

5.5 Gerüche als Information in der Kommunikation

Im Kontakt mit Menschen aus einer anderen Kultur nehmen wir diese mit allen Sinnen wahr, also auch über den Geruchssinn (olfaktorischer Kanal). Interkulturelle Begegnungen bedeuten auch fremdes Essen, ein Gang über einen Gewürzmarkt und das Kennen lernen exotischer Früchte, was allgemein als anregend erfahren wird. Es bedeutet aber auch die Wahrnehmung von fremdem Körpergeruch, was durchaus ungewohnt sein kann. Durch eine andere Art von Speisen und Gewürzen entstehen Körperausdünstungen, die sich kulturell unterscheiden und als fremd wahrgenommen werden. Dies ist ein zweiseitiger Prozess, denn auch die Deutschen mit ihren Essgewohnheiten mit viel und fettem Fleisch werden von Menschen außerhalb Europas, vor allem in Asien, als unangenehm riechend empfunden.

In allen Kulturen gibt es einen traditionellen Umgang mit Körpergeruch, er wird als angenehm empfunden oder durch andere Gerüche übertüncht. Körperreinigung ist abhängig von der Verfügbarkeit von Wasser. In wasserarmen Gegenden Afrikas z. B. wird der Körper zum Schutz mit Fett eingerieben oder mit Sand abgerieben. In arabischen Kulturen wird der Körper mit wohlriechenden Kräutern gesalbt. Bei allen Völkern haben Gerüche eine soziale und eine sexuelle Signalfunktion, daher gibt es meist differenzierte Regeln für Geschlechter und Gruppen (Dies ist auch innerhalb Europas nicht anders: Wir verdecken eigenen Geruch durch Deodorants oder Parfum, Franzosen hingegen wollen mit Parfum den Körpergeruch nur unterstreichen, nicht verbannen.).

Kulturelle Traditionen haben geprägt, ob man den Geruch anderer als angenehm oder belästigend empfindet. Im allgemeinen bevorzugen Menschen aus „high-contact" Kulturen größere Einbeziehung des Geruchssinns in der Kommunikation mit anderen, dazu gehören Südamerika, Süd- und Osteuropa und Araber. Dies ist verbunden mit der angenehmen Empfindung von Körperkontakt. Araber sagen, dass man den anderen nicht nur sehen, sondern riechen will. Den anderen riechen ist ein Weg, miteinander verbunden zu sein. Seinen Atem einen Freund zu verweigern, gilt als Schande.

Zu den Gerüchen in interkulturellen Situationen in einem anderen Land gehört, die Vorstellungen von Reinlichkeit und die Toleranz gegenüber Schmutz zu kennen. So wie sich dies heute zwischen Kulturen unterscheidet, haben sich auch in unserer eigenen Geschichte diese Vorstellungen geändert. Während im antiken Rom tägliche Bäder üblich waren, hielt man im Mittelalter Baden nicht für notwendig, lediglich das Waschen von Gesicht und Händen. In Frankreich gab es Theorien über die schädliche Wirkung von Wasser, da es die Poren öffne und Krankheitskeime in den Körper eindringen könnten. Die Körpergerüche wurden durch Abreiben mit parfümierten Leinentüchern ersetzt. In England hielt man das Waschen mit Wasser für schädlich und setzte auf Schweiß als natürliches Reinigungsmittel. Auch die Sitten haben sich in Europa erst im Laufe der Jahrhunderte verfeinert, wie Norbert Elias es sehr anschaulich im „Prozess der Zivilisation" beschreibt. So vollzog sich z. B. der Übergang vom Schnäuzen ins Tischtuch zum Gebrauch von Taschentüchern erst in der Renaissance.

Wir müssen uns auch immer vor Augen/die Nase halten, dass Konventionen hinsichtlich der Reinigung des Körpers und des Gebrauchs von Salben, Kräutern und Parfum von den Normen innerhalb einer sozialen Gruppe abhängen und davon, welche Mittel verfügbar sind.

Natürlich können wir beobachten, dass sich im Zuge des weltweiten Warenverkehrs, durch die Werbung gesteuert, Produkte für Körperpflege angleichen. Kulturspezifische Vorlieben für bestimmte Gerüche wurden dadurch aber noch nicht verdrängt.

6. Kapitel: Begegnungen in Raum und Zeit

6.1 Der Raum als Rahmen von Kommunikation

Begegnung und Kommunikation finden immer in einem vorgefundenen Raum statt, der damit selbst Teil der Kommunikation wird. In Hinblick auf interkulturelle Begegnungen möchte ich einige Aspekte des Raumverhaltens hervorheben: Wie viel Raum Menschen zwischen sich lassen, wenn sie kommunizieren; wie sie sich im Raum bewegen, wie sie den Raum für ihre Vorstellungen gestalten und welche Rolle der private und der öffentliche Raum in ihrer Kultur spielen.

Distanz und Nähe

Wenn sich Menschen treffen, kann man beobachten, ob sie den anderen dicht an sich heran lassen oder etwas Raum zwischen sich legen. Das Verhalten im Raum ist weitgehend unbewusst. Edward T. Hall hat dieses Verhalten als erster erforscht und damit die ***Proxemik***, die Erforschung der Bedeutung des Raumes für die Kommunikation, begründet. Anlass dafür waren seine eigenen Erfahrungen im Umgang mit Lateinamerikanern: Das unterschiedliche Empfinden für Körperdistanz und Nähe. Lateinamerikaner kommen in einem Gespräch dem Partner sehr nahe. Ein US-Amerikaner empfindet dies als beengend und weicht ein paar Schritte zurück, woraufhin der Lateinamerikaner wieder ein paar Schritte nachfolgt etc. Nach einiger Zeit sind beide vom Verhalten des anderen frustriert. Hall stellte fest, dass es tatsächlich kulturell bedingte Stufen des räumlichen Abstands gibt.

Es gibt im Wesentlichen vier räumliche Distanzen:

1. Intime Nähe (von Hautkontakt bis 45 cm Abstand)
   Man spürt die Hautwärme, den Geruch und den Atem des Anderen. Dies vermittelt Nähe, Wärme und Geborgenheit in intimer Nähe, wenn man sich zu dem anderen hingezogen fühlt, wird aber als unangenehm empfunden, wenn es um Fremde geht (z. B. in überfüllten Verkehrsmitteln).
2. Persönliche Distanz (zwischen 45 cm und 120 cm)
   Sie gilt als der normale Abstand in Gesprächen mit Freunden und Kollegen, also Mitglieder fremder Gruppen. Der Einzelne hat seine persönliche „Schutzblase“, die nicht verletzt werden soll.

3. Soziale Distanz (120–220 cm)
   Der Abstand bei unpersönlicher Kommunikation, z. B. bei Behörden, Vorgesetzten, meist durch Schreibtische getrennt.
4. Öffentliche Distanz (ab 3,5 Meter)
   Z. B. die Distanz zum Redner bei einer Öffentlichen Veranstaltung, Theater u. a. Hall fand auch heraus, dass den verschiedenen Distanzzonen jeweils ein bestimmtes Stimmvolumen entspricht, das die Menschen einhalten: Vom leisen Flüstern – top secret – über hörbares Flüstern – vertraulich, volle Stimme – Information über eine nichtpersönliche Angelegenheit bis zu einer lauten Stimme beim Sprechen zu einer Gruppe querdurch den Raum. (Vgl. Hall 195, S. 208 f.)

Es gibt ein kulturspezifisches Distanzverhalten, d. h. welcher räumliche Abstand als angenehm oder lästig empfunden wird. Für Europa haben die Untersuchungen von Morris und Collett ergeben, dass es drei verschiedene Zonen gibt:

- *Ellbogenzone* (man könnte den anderen am Ellenborgen fassen). Sie wird in Kulturen bevorzugt, die Kommunikation sehr hoch bewerten, wie z. B. Italien, Spanien, Frankreich, Griechenland und der Türkei.
- *Handgelenkzone* (man könnte den anderen am Handgelenk anfassen), üblich besonders in Osteuropa.
- *Fingerspitzenzone* (die Finger berühren sich bei ausgestrecktem Arm). Zu dieser Zone gehören Deutschland, Holland, Großbritannien und Skandinavien. Hier gilt in der Kommunikation ein Abstand auf Armeslänge, denn man will den anderen nicht berühren. (Vgl. Collett 1996, S. 103 ff.)

Von den Schweden und den Schotten ist bekannt, dass sie eine besonders weite Distanzzone haben.

Soziales Verhalten wird jedoch auch durch Körperbewegungen im Raum ausgedrückt: Gesprächspartner stehen sich gegenüber und wenden sich das Gesicht zu oder wenden sich ab, Gruppen in einem Raum formen einen Kreis oder ein Quadrat, die offen oder geschlossen sind für andere.

Scheflen bezeichnet die soziale Nutzung des Raumes als ***Kinesik.*** (Vgl. Scheflen 1976, S. 45) Er untersuchte unterschiedliche Einwanderergruppen in den USA und kam zu dem Schluss,dass sie das Raumverhalten ihrer Heimatkultur beibehalten haben, z. B. Juden und Italo-Amerikaner einen engeren Raum und Körperkontakt suchen als Anglo-Amerikaner. Das von Collett und Scheflen beobachtete Raumverhalten in Europa gilt so in anderen Kulturen nicht. Besonders in außereuropäischen Ländern lebt man enger miteinander, in den Wohnungen, Cafés oder Verkehrsmitteln. Man empfindet das als normal, da es in den Kulturen tradiert wurde. Japaner empfinden Körpernähe als angenehm (z. B. geringeren

Abstand in Gesprächen), Araber wollen dem anderen so nahe kommen, dass sie ihn riechen können.

Territorialverhalten

Menschen haben in der Evolution ein Territorialverhalten entwickelt, d. h. sie grenzen ein bestimmtes Territorium ab und markieren es, um damit ihren Anspruch auf einen bestimmten Raum oder ein Objekt im Raum (Felder, Haus, Nutzbäume) sichtbar heraus zu stellen. Markierungen sind Zäune, Mauern, durch Verbotsschilder abgegrenzte Gebiete (Privatstraße, Grundstücke) und natürlich Tore und Türen außerhalb und innerhalb von Gebäuden. In individualistischen Kulturen wie England, Deutschland und den USA erheben Einzelne oder Gruppen Anspruch auf persönlichen Raum und verteidigen ihn – und wenn es der Liegeplatz am Strand ist, der durch ein Handtuch belegt wird. Sie haben Scheu vor einem engen Körperkontakt und wollen den Raum um sich herum daher individuell zur Verfügung haben. Ausdruck dieses Wunsches nach sozialer Abgrenzung ist auch der Wunsch nach einem eigenen Büro. Innerhalb des Wohnhauses sind die Zimmer nach Funktionen getrennt und traditionell personenbezogen: Arbeitszimmer des Mannes, Kinderzimmer, Küche für die Frau. Wenn man allein sein will, geht man in einen anderen Raum. Geschlossene Türen signalisieren Distanz.

Territorialverhalten hat verschiedene Funktionen, darunter die Betonung des Status oder der Identität der Menschen, die einen bestimmten Platz besitzen oder kontrollieren. Altman und Chamers unterscheiden drei Kategorien von Territorialverhalten.

1. Primäre Territorien sind im Besitz oder in der Kontrolle von Individuen oder Gruppen und gehören zum Leben dieser Menschen (z. B. Wohnungen, Büros und Einrichtungen der Kommune). Fremde müssen in diese primären Räume eingeladen werden. Uneingeladenes Eindringen führt zu einem Verteidigungsverhalten.
2. Sekundäre Territorien sind für die Menschen psychologisch gesehen nicht von zentraler Bedeutung. Dazu können Plätze wie benachbarte Straßen, soziale Clubs und andere Plätze, wobei es eine Kombination von privater und öffentlicher Nutzung gibt. Diese sekundären Plätze haben das Potential für Missverständnisse, da manchmal nicht klar ist, ob sie privat oder öffentlich genutzt werden dürfen.
3. Öffentliche Räume stehen allen offen, die für deren zeitweilige Nutzung eine Genehmigung haben. Das schließt öffentliche Verkehrsmittel ein, Parks, Strände etc. Für interkulturelle Kontakte ist es wichtig zu wissen, dass die Arten der „Grenzmarkierungen“ der Territorien (Räume oder Objekte), die

die Identität der Individuen oder Gruppen ausweisen, von Kultur zu Kultur unterschiedlich sind. Sie reichen von den Totempfählen der nordamerikanischen Indianer bis zu den Markierungen durch Fahnen, Fotos u.a. (Vgl. Altman und Chamers 1980, in: Gudykunst 2003, S. 252)

Die Nutzung des Raumes

Hall vergleicht das Raumverhalten in individualistischen Kulturen mit dem in kollektiven Kulturen. Er beschreibt das Verhalten der *Japaner*, für die die Gruppenidentität Vorrang hat. Japaner sitzen und stehen eng zusammen, ein überfüllter Raum wird als positiv empfunden (z.B. gemeinsam auf den Matten auf dem Fußboden zu schlafen). Individuelle Eigenständigkeit und Abgrenzung hat geringe Bedeutung (z.B. haben auch Manager ein gemeinsames Büro). Sie bevorzugen Großraumbüros, weil sie dort mehr Kontakte haben, was ihrer high-context Kommunikation entgegen kommt. Geschlossene Türen wie in Deutschland geben einem Japaner das Gefühl, ausgeschlossen zu sein. Das japanische Heim ist durch seine beweglichen Wände offener, der Lärm wird nicht als störend empfunden. Man sucht die Stille in sich selbst – man sagt, Japan hat eine Kultur der Stille. In Japan ist der Raum eng mit der sozialen Ordnung verbunden. Während wir den Raum zwischen Gebäuden als „leer" bezeichnen, ist in Japan der Raum selbst Gestaltungselement. Im Raumkonzept „ma" wird er durch Erinnerung und Vorstellungskraft mitgestaltet, was sich in der Anlage japanischer Gärten wiederfindet. Im Haus folgt die Anordnung des Raumes dem Konzept der Mitte: Die Mitte des Raumes ist am wichtigsten (war oder ist Feuerstelle) und wird immer mit einbezogen. Japaner empfinden deshalb europäische Wohnungen als kahl, weil die Möbel an den Wänden stehen und die Mitte freilassen. Zum Haus gehört auch der Raum um das Haus herum und darauf, da der die Verbindung zur Natur herstellt. (Vgl. Hall 1966, S. 139 ff.)

Von unserem Verhalten unterschieden ist auch das der *Araber*. Wenn sie allein mit sich sein wollen, schweigen sie in einer Runde, was von allen akzeptiert wird. In der interpersonalen Kommunikation benötigen sie nur eine geringe körperliche Distanz und es ist nicht unhöflich, dem anderen ins Gesicht zu atmen.

Eine Erklärung für dieses Verhalten bietet ihr Konzept von Privatheit. In westlichen Ländern ist der Körper Teil der Persönlichkeit, ein Fremder darf ihn nicht ohne Einwilligung berühren. Für Araber liegt die Persönlichkeit im Innern des Körpers, so dass die Berührung des Körpers durch einen anderen nicht beleidigend ist. Araber sind nicht gern allein, sie wollen andere Menschen mit allen Sinnen spüren. Ein arabisches Sprichwort sagt: „Ein Paradies ohne Menschen sollte nicht betreten werden, denn es ist die Hölle."

Unterschiedlich ist auch das Verhalten im öffentlichen Raum. Er ist meist eng, laut, dicht und voller Gerüche, was nicht als störend empfunden wird. Im öffentlichen Raum hat niemand ein Anrecht auf einen eigenen Platz. Jederzeit kann ein anderer den Raum beanspruchen, wo bereits jemand sitzt oder steht – Stoßen und Schubsen ist normal. Andererseits gilt es als unhöflich, einem anderen den Weg abzuschneiden. (Vgl. Hall ebenda, S. 144 ff.)

Die Nutzung des Öffentlichen Raumes ist generell kulturabhängig. In manchen Kulturen wird er in das persönliche Leben einbezogen, wie z. B. in Frankreich, wo es üblich ist, den Menschen auf der Straße in die Augen zu sehen und Kontakte zu knüpfen, während in Deutschland die Menschen meist aneinander vorbeihasten, ohne den anderen wahrzunehmen.

Samovar unterscheidet in Bezug auf interkulturelle Unterschiede drei Aspekte des Raumverhaltens:

- der persönliche Raum:
  Wie bereits erwähnt, beanspruchen Menschen in individualistischen Kulturen mehr Raum für sich als jene in kollektivistischen Kulturen und reagieren gewalttätig, wenn sie sich eingeengt fühlen. In Deutschland ist der private persönliche Raum „heilig“. In Mexiko, der arabischen Welt und in Afrika leben die Menschen gern dicht zusammen.
- die Sitzordnung im Raum:
  In Europa sitzt der Chef am Kopfende des Tisches. In China sitzt man sich nicht gerne gegenüber, man setzt sich lieber nebeneinander. Vielfach werden Sitzarrangements nach dem Feng-Shui gestaltet. In Korea ist der Platz rechts der Ehrenplatz, ob im Auto, Büro oder zu Hause. Die Sitzordnung in Japan basiert auf der sozialen Hierarchie. Der Ranghöchste sitzt an einem Ende des rechteckigen Tisches, rechts und links neben ihm die nächsten im Rang, die rangniedrigsten Personen in der Nähe der Tür. Wie sehr die Sitzordnung im Raum das soziale Gefüge widerspiegelt, zeigen uns Situationen wie „Chef hinter dem Schreibtisch, Angestellter steht davor“ oder „Professor vor Studenten“.
- die Ausgestaltung mit Möbeln:
  Ausländische Besucher in Deutschland wundern sich oft, dass sich die Gestaltung des Wohnzimmers zum Fernsehempfänger hin ausrichtet. Für Franzosen und Italiener ist die Konversation untereinander das Wichtigste, die Anordnung der Möbel soll dies erleichtern. Japaner wundern sich, dass in Europa meist die Mitte des Zimmers frei bleibt, die bei ihnen große Bedeutung hat. Dort stehen viele Tische im Zentrum, die Manager sitzen am Fenster. (Vgl. Samovar 2001, S. 185 f.)

Auf den unterschiedlichen Gebrauch des Raumes durch Männer und Frauen kann ich hier nur hinweisen, aber nicht näher eingehen. Aus den bisherigen Beispielen lässt sich schon erahnen, dass der Umgang im und mit dem Raum in interkulturellen Beziehungen nicht unproblematisch ist. Im Geschäftsleben ist das am Beispiel der offenen oder geschlossenen Türen leicht vorstellbar.

Auf einen letzten Aspekt des Umgangs mit dem Raum soll noch hingewiesen werden, der oft konfliktreich ist: die Existenz von „mythischen" oder „heiligen" Räumen, die ein Fremder nicht betreten oder bearbeiten darf. Es gibt Gebiete, die man als den Geistern oder Feen gehörig betrachtet etc. Es gab eine Reihe gescheiterter Projekte in Afrika und Asien, weil mögliche spirituelle Faktoren vor einem Bau nicht beachtet wurden. Manche konnten in Zusammenarbeit mit örtlichen Religionsvertretern nach einer „Reinigung" genutzt werden. Man muss auch beachten, dass Himmelsrichtungen oft eine kulturelle Bedeutung haben. So weisen Moscheen immer in Richtung Mekka, die Türen der Navajos sind immer gen Osten gerichtet, die chinesische Feng Shui-Tradition unterscheidet die Richtungen nach heilenden und störenden Kräften etc.

In fast allen Kulturen gibt es neben dem realen Raum auch einen sakralen Raum und eine höhere Raumebene als Sitz der Götter oder Ahnen. Bevor man ein Projekt in einem fremden Land plant, wäre es günstig, sich dazu Informationen einzuholen.

6.2 Der Umgang mit Zeit

> „Zeit gewinnen, Zeit verlieren, sich Zeit nehmen, die Zeit läuft davon, mit der Zeit gehen, die Zeit drängt, Zeit ist kostbar, sich Zeit lassen, Zeit verschenken etc."

Redewendungen wie diese, die unsere Einstellung zur Zeit ausdrücken, gibt es viele. Sie spiegeln den Charakter unserer Kultur wieder, in der alle Aktionen und Interaktionen nach einem Zeitplan erfolgen und in der alle von Kindheit an gewohnt sind, sich nach Uhr und Kalender zu richten. Von den Stundenplänen der Schule bis zum im Computer gespeicherten Kalender am Arbeitsplatz haben wir gelernt, dass man sich „nach der Zeit richten muss". Das gilt auch für interkulturelle Begegnungen. Von internationalen Projekten oder bei Arbeiten im Ausland wird wiederholt berichtet, dass es zu Problemen kam, weil die Partner aus verschiedenen Kulturen ganz unterschiedliche Vorstellungen von den zeitlichen Abläufen hatten. Aber auch im Inland und auch in den interkulturellen Beziehungen zwischen Einzelnen kann der Faktor „Zeit" zu Spannungen führen.

Konfliktpunkt Pünktlichkeit

Der auf den ersten Blick offensichtlichste Punkt möglicher Differenz ist das Thema „Pünktlichkeit“: Sie haben sich mit einem ausländischen Partner oder Kollegen verabredet, aber zum vereinbarten Zeitpunkt ist er nicht da. Sie sind verärgert und betrachten dies als einen persönlichen Affront. Jemand hat ihnen kostbare Zeit gestohlen. Innerhalb unserer Kultur ist Zeit ein Wert, mit dem man sensibel umgehen muss. Bei Verabredungen ist es üblich, die 15minütige Wartegrenze nicht zu überschreiten. Wenn Sie sich jedoch gerade in Afrika befinden, planen Sie getrost eine längere Zeitspanne ein in der sicheren Annahme, dass Ihr afrikanischer Partner noch kommen wird. Er wird Sie mit ihrer „deutschen Pünktlichkeit“ auslachen, weil das nicht wirklich wichtig ist, denn, so sagt ein afrikanisches Sprichwort: „Es ist nicht wichtig, *wann* man kommt, sondern *dass* man kommt!“. Das Ereignis zählt. Auch in Lateinamerika ist der Gast noch willkommen, wenn er selbst eine Stunde später erscheint. Aber selbst in Europa sind die „Wartezeiten“ sehr unterschiedlich. In einem Interview sagte Tennis Weltmeister Nikolai Dawidenko nach zehn Jahren Erfahrungen mit der deutschen Pünktlichkeit:

> „Ich mag auf jeden Fall die deutsche Mentalität. Die ist ganz anders als die russische. Immer wenn es um Termine geht, ist alles pünktlich. Man weiß, wann und wie. In Russland kann man sich um zwei Stunden oder einen Tag verspäten und kann sagen, ich stand im Stau. Das ist normal. (Frankfurter Allgemeine Zeitung. 21.07.2010, S. 29)

Als Reisender im Ausland kann es Ihnen – ob in Afrika oder Asien – immer wieder passieren, dass Pünktlichkeit nicht nach Uhrzeit gemessen wird. Wenn Sie z. B. eine Veranstaltung besuchen und fragen, wann sie endlich beginnt, erhalten Sie die Antwort „Wenn alle da sind“. Durch Irritationen in Hinblick auf Pünktlichkeit wird vielen überhaupt erst auffallen, dass Zeit nicht in allen Kulturen gleich bewertet wird. Zeitverhalten ist nicht angeboren, sondern wurde in einer Kultur erlernt und kann sich auf mancherlei Weise als Problem zeigen.

Von der Ereigniszeit zum modernen Zeitverständnis

Das Zeitverhalten, dem wir in vielen Kulturen begegnen, das sich an Ereignissen und nicht an Daten und Minuten orientiert, ist in der Kulturgeschichte menschlicher Gemeinschaften verankert. Es begann mit der Beobachtung wiederkehrender Abläufe in der Natur: Die Zyklen der Sonne (Tag und Nacht) und des Mondes (Vollmond bis Neumond), der Prozess des Wachsens, Reifens und Vergehens von Pflanzen und Tieren, der Monatszyklus der Frau und die Zeit bis zur Geburt eines neuen Menschen und die Spanne bis zum Tod eines Menschen. Diese Erfahrungen bildeten die ersten Vorstellungen von „Zeit“, von Anfang und Ende und Neuanfang. Es entwickelten sich Regeln, wann in den Agrargemeinschaften bestimmte Arbeiten getan werden mussten: Säen, Ernten, Jagd etc.

Die Menschen begannen auf dieser Basis die Zeit einzuteilen: In Jahreszeiten, Trocken- und Regenzeiten, in Zeiten für gemeinsame Tätigkeiten. Auch das soziale Leben passte sich dem natürlichen Zeitrhythmus an. So legte man z. B. Feste in die Trockenzeit. Zeitangaben bezogen sich auf Ereignisse: „es war bevor mein Bruder heiratete“.

Als sich in Gemeinschaften eine Art kollektives Gedächtnis auszubilden begann, wurden wichtige Ereignisse überliefert. In den Epen vieler Gemeinschaften, z. B. der Indianer oder in Afrika, wurde diese Erinnerung mündlich überliefert. Einzelne Personen hatten die Aufgabe, die gesamte Geschichte der Gemeinschaft im Gedächtnis festzuhalten und mündlich vorzutragen, wie z. B. die Griots in Westafrika. Wichtige Ereignisse wurden überliefert wie die Regierung von Stammesältesten, siegreiche Kämpfe, Perioden des Hungerns etc. Jeder konnte diese Ereignisse einordnen, ein Datum gab es nicht, war auch nicht notwendig. Diese Orientierung an Ereignissen hat eine Tradition geprägt, die noch vielerorts erlebbar ist.

Lineares und zyklisches Zeitverständnis

Menschen in westlichen Ländern betrachten den Ablauf der Zeit als eine Straße, die linear von der Vergangenheit bis in die Zukunft reicht. Jeder Zeitpunkt ist unwiederholbar. In diesem linearen Zeitverständnis gibt es immer einen Anfang und ein Ende, das Leben bedeutet Geburt – soziales Leben – Tod. Im Kontakt mit anderen Kulturen, vor allem außerhalb Europas, gibt es häufig ein anderes Zeitverständnis: Zeit ist ein Zyklus, der immer wiederkehrt. Alles was ist oder sein wird, war bereits einmal da. Was jetzt nicht erreicht wird, kann im nächsten Zyklus erneut getan werden. Eberhard Dülfer berichtet von den Schwierigkeiten für Entwicklungsprojekte in Gemeinschaften mit Subsistenzwirtschaft. Da dort die Menschen ihre Arbeit nach den natürlichen Abläufen ausrichten, gehen sie davon aus, dass eine nicht erledigte Arbeit im nächsten Zyklus nachgeholt werden kann, also keinen Zeitverlust bedeutet! (Vgl. Dülfer 1997)

Das zyklische Zeitverständnis beruht auf Traditionen, den Lebensräumen und den geistigen oder religiösen Orientierungen. Zwei Beispiele mögen das verdeutlichen.

1. Der wiederkehrende Zyklus des sozialen Lebens
Die Rendille, eine Nomadengemeinschaft in Ostafrika, hat einen rituellen Kalender mit Perioden von jeweils 7 Jahren des Sonnenkalenders entwickelt, die das Leben jeden Einzelnen und der Gruppe bestimmen.

- der Zyklus von 2 × 7 Jahren (14) ist der Abstand zwischen den Beschneidungsriten;
- der Zyklus von 3 × 2 × 7 (42) Jahren ist die Abfolge Großvater – Vater – Sohn;
- der Zyklus von 2 × 3 × 2 × 7 (84 Jahre) umfasst alle Ereignisse, die es nach der Erfahrung gibt, seien es Krieg, Trockenheit oder anderes. Nach den Auffassungen der Rendille beginnt alle 84 Jahre ein Zyklus mit den gleichen Ereignissen erneut.

2. Der wiederkehrende Zyklus allen Lebens als religiöse Vorstellung
In den Religionen ist Zeit stets auch mit Schöpfung und Weltende oder kosmischen Abläufen verbunden, die einmalig und endgültig oder zyklisch wiederkehrend sind. Nach den Vorstellungen des Hinduismus (auch des Buddhismus) gilt für alle Formen von Leben der unendliche Zyklus von Anfang – Ende – neuer Anfang. Für den Menschen bedeutet das Wiedergeburt nach dem Tod, aber auch Götter und sogar die Welt erreichen ein Ende und werden danach eine neue Existenz beginnen. Diese Prozesse vollziehen sich in sehr großen Zeitabschnitten. Im Hinduismus sind Weltzeit und Lebenszeit miteinander verbunden, denn im gesamten Universum gibt es einen periodischen Wechsel von Entstehen und Vergehen, auch einen Wechsel der Weltzeitalter (Mahayuga). Jedes umfasst 3.600.000 Menschenjahre. Jedes Weltzeitalter zerfällt in vier Zeitperioden/Yuga (nach indischem Würfelspiel):

Name	Zustand	Götterjahre	Menschenjahre
Krita Yuga	goldenes Zeitalter	4000	1 440 000
Treta Yuga	beginnender Verfall	3000	1 080 000
Dvapara Yuga	nur noch die Hälfte Dharma	2000	720 000
Kali Yuga	schlechtestes Zeitalter	1000	360 000

Nach 1000 Mahayugas erfolgt der Weltuntergang, nach weiteren 1000 Mahayugas beginnt die Entstehung einer neuen Welt. Wir befinden uns z. Z. im Kali-Yuga, das am 18. Februar 3102 v. u. Z. begann. Auch Schöpfergott Brahma ist in diesen Wechsel eingeschlossen. Ein Tag in seinem Leben beträgt 4.320.000.000 Menschenjahre, er lebt 100 Jahre. Auch die Götter sind vergänglich. (vgl. Zimmer 1993, S.16 ff.)

Das Universum ist gekennzeichnet durch periodischen Wechsel von Zuständen der Aktivität und der Ruhe. Das Zeitmaß der verschiedenen Wesenheiten ist unterschiedlich:

- Menschen: 30 Stunden = 1 Tag
- Geister der Vorfahren: 1 Monat der Menschen = 1 Tag
- Götter: 1 Jahr der Menschen = 1 Tag

Natürlich wird diese Unendlichkeit der Zeit nicht jedem Inder immer bewusst sein, aber die Reinkarnation wird er als einen Teil des Ablaufs zyklischer Zeit sehen. Zu den praktischen Auswirkungen des indischen Zeitkonzeptes sagte Vridhari Ganesham: „Die Zeit läuft immer kreisförmig, sie ist sehr dehnbar, muss nicht immer quantitativ genau bestimmt und ein für alle Mal festgelegt werden. Das Wort in der indischen Amtssprache Hindi für sowohl „gestern" als auch „morgen" lautet: „kal". Genau so heißen „vorgestern" und „Übermorgen" beide „parson". In Deutschland verläuft die Zeit auf Grund der abendländischen Geistes- und Glaubensgeschichte eher linear und chronologisch … Die Differenz in der Art und Weise, in der man sehr unterschiedlich mit Zeit umgeht, schafft viele Probleme in den indisch-deutschen Begegnungen, vor allem in den Handelsbeziehungen, und wird oft von beiden Seiten gleichermaßen unterschätzt." (Vgl. Ganesham 2009, S. 328 f.)

Die beiden Beispiele sollen als Hinweis auf die Abhängigkeit der Zeitvorstellungen vom Charakter der sozialen Gemeinschaft und religiösen Weltbildern ausreichen. Tatsächlich ist unsere lineare Zeitvorstellung historisch relativ neu. Auch wenn durch Industrialisierung und globale Wirtschaft moderne Zeitstrukturen weltweit verbreitet sind, bestehen andere Zeitorientierungen daneben weiter.

Zeitorientierung: Vergangenheit – Gegenwart – Zukunft

In Gesprächen oder Vorträgen fällt auf, dass Redner aus unterschiedlichen Kulturen in Hinblick auf die drei Zeitdimensionen auf eine davon besonderes Gewicht legen. Diese Orientierung gilt generell für ihre Kultur.

Wird in einer Kultur die *Vergangenheit* als Leitlinie betont, so sind die Erfahrungen der Geschichte Wegweiser für gegenwärtiges Handeln. Man hebt hervor „das ist unsere Tradition, wir haben es immer so gehalten". Traditionelle Weisheit ist daher hoch geschätzt, was eine starke Achtung und Anerkennung der Alten bedeutet. Ahnenverehrung ist ein kultureller Wert. Man muss die Geschichte der Familie kennen. In den Betrieben wird Wert auf Firmengeschichte gelegt und der Firmengründer spielt eine herausragende Rolle. Diese Betonung der Geschichte ist besonders ausgeprägt in Kulturen, die selbst auf eine lange Geschichte zurückblicken können und in denen Traditionen, überlieferte Religionen oder tradierte Werte bei Entscheidungen für gegenwärtiges Handeln herangezogen werden. Dies ist in China der Fall, aber auch in Japan, wo Ahnenverehrung und Leitgedanken des Schintoismus allgegenwärtig sind. In Europa sind es Großbritannien, mit den lange erhaltenen Traditionen wie der Monarchie, und Frankreich, mit der Berufung auf die Französische Revolution. In beiden Ländern schätzen die Menschen die Traditionen hoch und schöpfen aus der Vergangenheit Kraft für die Gegenwart. Ähnliches ließe sich über weitere Kulturen sagen, auch über solche, die ihre Geschichte mündlich überliefert haben (z. B. afrikanische Gemeinschaften oder die Indianer Nordamerikas).

In auf die *Gegenwart* fixierten Kulturen zählt allein das Hier und Heute. Wichtig ist, welchen Nutzen eine Handlung *jetzt* hat. Die Zukunft ist ungewiss, da man vom Schicksal abhängig ist. Durch diese Orientierung entwickeln Menschen in Lateinamerika, Mexiko und den Philippinen Lebensfreude und Aktivität.

Menschen in auf die *Zukunft* orientierten Kulturen erwarten, dass die Zukunft besser sein wird als die Gegenwart und sie sind optimistisch, dass sie die Zukunft kontrollieren können. Sie planen lange im Voraus, sparen auf einen späteren Gewinn hin, schließen Lebensversicherungen ab etc. Geschäftliche Aktivitäten werden langfristig vereinbart. Muster dafür sind die USA und Kanada, aber für Deutschland gilt dies ebenso.

Zu erwähnen ist sicher, dass es auch Zeitkonzepte gibt, in denen Vergangenheit und Gegenwart überhaupt nicht scharf getrennt sind, wie in der „Traumzeit" der australischen Aborigines. Sie erkennen auf ihrem Territorium die Spuren der Ahnen der Vorzeit in den Felsformationen und Flüssen und in den Grenzen der „Song-lines". Die Ahnen der Traumzeit sind immer noch schlafend präsent. Zeit war immer und wird immer sein.

Eine enge Verbindung von Vergangenheit und Gegenwart stellt vor allem das Zeitkonzept afrikanischer Kulturen dar. Ein Sprichwort sagt: „Als Gott die Welt schuf, gab er den Europäern die Uhr, uns Afrikanern aber schenkte er die Zeit".

Der Nigerianer Obiara Ike beschreibt die erlebten Unterschiede zwischen deutschen und afrikanischen Vorstellungen so:

> „Für einen Europäer ist es vollkommen klar, dass die Zeit drei Dimensionen hat: Vergangenheit, Gegenwart und Zukunft. Das ist für einen Afrikaner alles andere als klar. Für ihn hat die Zeit nur zwei Dimensionen; eine Art indefinite Vergangenheit und eine intensive Gegenwart. „Zukunft" gibt es einfach nicht … Es gibt sogar afrikanische Sprachen, die haben überhaupt keine richtigen Zukunftsformen! Sie können also Zukünftiges nicht einmal *sagen.* Die Vergangenheit ist nicht etwa wie bei euch in Europa eine abgeschlossene Sache. Die Vergangenheit ist stets da, die Ahnen sind stets da: die Zeit ist kein linearer Ablauf, kein Zeitstrahl von A nach B, sondern ein mythischer Kreislauf, den man immer wieder durchläuft … Die Zeit dauert an, sie vergeht nicht. In Afrika ist die Zeit dehnbar." (Ike 2007, S.165 f.)

Im Gegensatz dazu kann man bei westlichen Ländern davon ausgehen, dass sie stark auf die Gegenwart setzen. Was zählt ist, was man heute erreicht, perspektivische Pläne reichen selten über 5–10 Jahre hinaus. Investitionen müssen sich in einem absehbaren Zeitraum amortisieren. In asiatischen Ländern wie Japan und China denkt man langfristiger, Pläne reichen oft über die Zeitspanne einer Generation hinaus.

In allen Kulturen finden wir mindestens zwei der genannten Zeitdimensionen nebeneinander, meist alle drei. Es ist aber immer eine Dimension für die Gestaltung der Gesellschaft besonders wichtig.

Nach diesem kurzen Rückblick auf die Herausbildung traditioneller Zeitvorstellungen wollen wir uns jetzt den Unterschieden zuwenden, die für unser gegenwärtiges interkulturelles Leben von besonderer Bedeutung sind. Gehen in den Kulturen, mit denen wir eng verflochten sind, die Menschen mit dem Faktor „Zeit" in gleicher Weise um? Wo liegen die Unterschiede, die sich bis ins Alltagsverhalten hinein auswirken?

Zeitverhalten I: monochron *oder* polychron?

Edward Hall hat als einer der ersten Anthropologen den Umgang mit Zeit als eine der vier Dimensionen definiert, die Kulturen unterscheiden. Er gliedert das Zeitverhalten in:

monochrones Verhalten Menschen, die Zeit einteilen	***polychrones Verhalten*** Menschen, die Zeit zerteilen
- tun immer eins nach dem anderen	- tun viele Dinge gleichzeitig
- identifizieren sich mit ihrer Arbeit	- identifizieren sich mit Familie, Freunde, Kunden
- konzentrieren sich auf ihre Arbeit	- lassen sich leicht ablenken
- nehmen zeitliche Verpflichtungen ernst (Termine, Zeitpläne)	- messen zeitlichen Verpflichtungen keine große Bedeutungen zu
- sind schwach kontextorientiert, brauchen zusätzliche Informationen	- sind stark kontextorientiert
- gehen in ihrer Arbeit auf	- leben für andere Menschen und gehen in zwischenmenschl. Beziehungen auf
- halten sich an Pläne	- stoßen Pläne um
- sind bemüht, andere nicht zu stören, achten Intimsphäre, nehmen Rücksicht	- kümmern sich um Verwandte, enge enge Freunde und Geschäftspartner
- legen großen Wert auf Pünktlichkeit	- kommen fast immer zu spät
- neigen zu kurzlebigen Beziehungen	- bauen Beziehungen auf, die ein Leben lang halten
- betrachten zeitliche Verpflichtungen beinahe als etwas Heiliges	- betrachten Verpflichtungen gegenüber Verwandten und Freunden als heilig
- arbeiten methodisch	- sind tüchtig, aber verlieren leicht die Geduld
- haben hohe Achtung vor Privatbesitz leihen und verleihen selten Gegenstände	- leihen oder verleihen ständig irgendwelche Gegenstände

(Vgl. Hall 1959, S. 36)

Zu den Ländern, die Hall als *monochron* bezeichnet, zählen Deutschland, die USA, die Schweiz und Nordeuropa. Zeit ist ein Wert, sie kann (wie Geld) gespart, vergeudet oder verbraucht werden. Benjamin Franklins Motto „Time is Money" fördert einen ökonomischen Einsatz von Zeit, durch Zeitpläne eingeteilt und den verschiedenen Aufgaben zugeteilt. Zeit ist kostbar und Beziehungen werden der Zeit untergeordnet.

In Afrika, den Ländern des Mittleren und Fernen Ostens und Südamerika ist das Verhältnis zur Zeit locker. Zeitpläne sind Absichten, aber keine Verpflichtungen. Zeit ist kein Wert an sich, sondern der Rahmen für Kommunikation, die ihrerseits einen hohen Wert hat.

Zeitverhalten II: Zeitbewusste *und* zeitvergessene *Länder*

Während Hall die Unterschiede im Zeitverhalten über die Kontinente hinweg untersuchte, hat Collett Europa analysiert. Er unterscheidet zwischen *zeitbewussten Ländern,* wie England, Deutschland, Schweiz und Skandinavien, und *zeitvergessenen Ländern,* wie Spanien, Griechenland, Portugal und Süditalien. Er gibt Beispiele, die diese Unterschiede offensichtlich machen: Für Spanier gibt es „heilige Zeiten" für Essen, Schlafen und das Zusammensein mit der Familie und Freunden, die wichtiger als geschäftliche Termine sind. Franzosen, die mit Zeit lässig umgehen, legen Wert auf ihre traditionelle Mittagspause (12–14 Uhr), in der auch die Büros geschlossen sind (z. B. Autovermietung am Flughafen!). Es wäre sehr taktlos, auf einem Termin in dieser Zeit zu bestehen. In *zeitvergessenen Kulturen* ist Zeit dehnbar. Ereignisse finden selten zum angekündigten Zeitpunkt statt. So wäre es in Afrika lächerlich, sich auf einen genauen Fahrplan des Busses zu verlassen, denn Abfahrtzeiten sind eher grob skizziert und niemand – außer ein paar ausländische Besucher – nimmt daran Anstoß. Wichtig ist, dass der Bus an diesen Tag überhaupt fährt, vormittags oder nachmittags. Es ist klar, dass deshalb auch Unpünktlichkeit ganz anders bewertet wird. In Afrika sind Terminverschiebungen normal. In Europa hingegen sollte man beachten, ob das Land zu den *zeitbewussten* oder *zeitvergessenen* Ländern gehört. In Spanien kann man ruhig 30 Minuten zu einer Verabredung zu spät kommen, ohne dass eine Entschuldigung erwartet wird. In Großbritannien hingegen darf man auf keinen Fall mehr als 15 Minuten zu spät kommen. (Vgl. Collett 1994, S. 151 ff.)

Das kulturspezifische Zeitverhalten ist manchmal nicht leicht zu verstehen. Japaner erwarten von ausländischen Partnern Pünktlichkeit als Ausdruck von Höflichkeit ihnen gegenüber. Untereinander gehen sie mit Zeit viel großzügiger um. Unsicherheit bringen die unterschiedlichen Erwartungen an Zeitpläne und Termine vor allem im Umgang mit Partnern aus kollektivistischen Kulturen, für die das Ereignis der Begegnung wichtiger ist als eine genaue Zeitspanne. Europäer sind in

Afrika bald genervt, wenn Termine für Veranstaltungen nicht eingehalten werden; Hall berichtet von ähnlichen Erfahrungen im Umgang mit den Hopi-Indianern innerhalb der USA. In Geschäftsbeziehungen wird der Gegensatz deutlich: Vertreter aus *zeitbewussten* Ländern wollen ihr Ziel so schnell wie möglich erreichen und drängen auf Einhaltung vorgegebener Zeitpläne, während ihre Partner aus *zeitvergessenen* Ländern sich Zeit nehmen, um sie besser kennen zu lernen und damit besser einschätzen zu können, bevor es zu Vereinbarungen kommt. Die Hektik der anderen wird als Stress empfunden.

Das Tempo des Lebens

Wenn Sie als Stadtmensch ein paar entspannende Tage auf dem Land verbringen, werden Sie feststellen, dass der Tag weniger hektisch ist und alles mit mehr Ruhe angegangen wird. Das Tempo des Lebens ist langsamer als Sie es gewohnt sind. Wenn Sie in einem anderen Land oder sogar einem anderen Kontinent sind, mag Ihnen der Tagesablauf, den Sie beobachten, zu schnell oder zu langsam erscheinen. Tatsächlich ist dies in einem interkulturellen Vergleich durchaus so, wie eine Studie des amerikanischen Psychologen Robert Levine zum Lebenstempo zeigt. Er untersuchte 31 Länder nach drei zeitlichen Indikatoren:

1. Gehgeschwindigkeit
   wieviel Zeit benötigt ein Fußgänger in der City, um eine Strecke von 20 Meter zurückzulegen
2. Arbeitsgeschwindigkeit
   wie lange braucht ein Postangestellter, um jemandem eine Briefmarke zu verkaufen
3. Genauigkeit öffentlicher Uhren
   Er fand heraus, dass alle nicht-industriellen Länder der 3. Welt, insbesondere Brasilien, Mexiko und Indonesien zu den langsamen Ländern gehören, während europäische Länder und in Asien Japan und Hongkong die kürzesten Zeiten aufwiesen. Die genauesten Uhren gab es in der Schweiz.

Darüber hinaus verglich er die Verteilung von Arbeit und Muße (Freizeit) in den USA, Westeuropa und Japan. Es erwies sich, dass Europäer kürzere Arbeitswochen und längere Urlaubszeiten hatten, also über einen größeren Zeitfonds zum individuellen Verbrauch verfügten. (Vgl. Levine 1998)

Wir leben in einem Land mit einer umfassenden Zeitökonomie. Unsere Lebenszeit wird geplant und in zeitliche Abschnitte gegliedert, das gehört zum Charakter unserer Kultur. Muße und Nichtstun erscheinen vielen nur in Maßen vertretbar, um die Zeit nicht zu vergeuden. Wir sind durch die Geschichte des

Kapitalismus und die Protestantische Ethik geprägt – „Wer rastet, der rostet" – und müssen erst lernen, ein anderes Zeitverhalten zu akzeptieren, zu dem es gehört, dass sich Menschen „Zeit lassen" und gar „in den Tag hinein leben". Dazu gehört auch, dass sich Menschen einem Fremden gegenüber Zeit nehmen und ihm in Ruhe einen Tee anbieten, bevor man zum Anliegen des Treffens kommt. Im Umgang mit anderen Kulturen werden wir mit religiösen Vorstellungen vom Sinn des Lebens konfrontiert, die die tägliche Hektik relativieren (z. B. im Hinduismus).

In Kulturen außerhalb Europas ist der Anteil an Zeit, der für Feste, Muße und Feiern aufgewendet wird, generell größer. In interkulturellen Begegnungen lernen wir, einen anderen Umgang mit der Zeit zu tolerieren – und manchmal hilft es uns selbst, unseren Stress abzubauen.

Individuelle Gesellschaften haben ein quantitatives Zeitverständnis: ein vorhandener Vorrat an Zeit soll maximal für die Ziele des Einzelnen eingesetzt werden. In interkulturellen Begegnungen zwischen Deutschen und Menschen aus Kulturen, die sich Zeit für Muße nehmen, wird insbesondere das Verhältnis von Arbeit und Freizeit als ein philosophisches Problem mit dem Sinn des Lebens verknüpft: Zeit wofür?

Dazu die Meinung von zwei Schriftstellern:

Der iranische Autor Bahman Nirumand:
„Man gewinnt den Eindruck, als müsse jeder Deutsche für jede Stunde seines Lebens Rechenschaft ablegen. Zeiten, in denen man nichts tut, werden als „vergeudet" betrachtet, Wer seine Zeit vergeudet, wird vom schlechten Gewissen geplagt ... Diesem Hang zur Leistung haben die Deutschen ihren Erfolg zu verdanken. Aber ist dieser Hang, dieses rationale Organisieren des Alltags auch dem Leben, dem Gemüt dienlich? ... Die Deutschen planen gern. Sie planen ihren Alltag ... Sie planen ihre Feste, legen die Abende fest, an denen sie lustig und ausgelassen sein können und wollen" (Birumand 1992, S. 64)

Obiora Ike, Schriftsteller und Pfarrer aus Nigeria:
„Zeit ist dazu da, dass wir sie nutzen für die Begegnung mit Menschen, mit guten Gedanken, mit Musik und Kunst, für die Begegnung mit Liebe" (Ike 2007, S. 170)

6.3 Zeit als Maß für Aktivität

Traditionelle Maßeinheiten für Zeit

In vorindustriellen Agrargesellschaften wurde und wird der Tagesablauf und die Struktur des Jahres an den Tätigkeiten gemessen, die für die einzelnen Abschnitte vorgesehen sind. Das Maß der Zeit richtet sich nach dem Charakter der Gemeinschaft (Bauern, Nomaden u. a.).

Zwei Beispiele zur Illustration:

1. Für die Reisbauern in Madagaskar wurde der Reis zum Zeitmaß. Das traditionelle Maß *indray mahamasabary* ist die Zeit, um Reis zu kochen (real von 30 bis 60 Minuten). Die Einteilung des Jahres richtet sich nach den Wachstumsperioden der Reispflanzen: Zeit der Aussaat, Zeit des Umpflanzens, Zeit des Aufbrechens der Ähre, Zeit der Ernte. Alle sozialen Ereignisse bezog man zeitlich auf diese Perioden, die immer innerhalb eines bestimmten Zeitrahmens stattfanden, aber selten genau zur gleichen Zeit.
2. Viehzüchter-Gemeinschaften dagegen leiteten ihre Zeiteinteilung aus der Arbeit mit dem Vieh ab. So war der Tag (von Sonnenaufgang bis Sonnenuntergang) bei den Akore in Uganda nach den Aufgaben eingeteilt: Er begann mit der Zeit des Melkens (ca. 6.00 Uhr), mittags Ruhezeit für Mensch und Tier, danach Zeit des Wasserholens, eine Zeit, um das Vieh zur Tränke zu führen, dann zum Grasen. Nach ca. 17.00 Uhr unserer Zeitmessung wird das Vieh nach Hause geholt. Mit Anbruch der Dunkelheit (in Afrika meist 18.00 Uhr) kommt das Vieh in die Schlafplätze, danach ist Melkzeit, bevor das Tier schläft. Die Einteilung des Tages endet damit. Für jeden dieser Abschnitte gibt es eine eigene Bezeichnung.

Bei anderen Agrargemeinschaften unterteilte man das Jahr nach Mondmonaten, deren Bezeichnung den Bezug zur umgebenden Natur ausdrückte. So gibt es z. B. bei den Latuka folgende Monatsnamen: Der Oktober heißt „Sonne“, weil er am heißesten ist; der Dezember heißt „Gib deinem Onkel Wasser“ weil Wasser rar ist; der Februar ist „Lass sie graben“ , weil die Felder zum Pflanzen vorbereitet werden müssen etc. (Vgl. Mbiti 1985)

Diese Form des Zeitbewusstseins in lokalen Gemeinschaften entsprach ihren jeweiligen ländlichen Aufgaben. Eine kalendarische Gliederung des Jahres entstand erst, als aufwendigere Arbeiten wie Bewässerungsanlagen organisiert und zeitlich koordiniert werden mussten. Hinzu kam, dass genauere astronomische Beobachtung des Himmels (Lauf der Gestirne, Mondphasen) eine genauere Zeitmessung ermöglichte. Diese Entwicklung gab es in den alten Reichen in verschiedenen Teilen der Welt. Erste wichtige Zeiteinteilung waren Mondmonat (29,5 Tage) und Mondjahr, die Einteilung nach der Sonne folgte später. Der erste Kalender entstand in Babylon vor 5 000 Jahren. Er ist die Grundlage für unsere heutige Zeitmessung.

Die Anzahl und Art der Kalender in der Geschichte ist sehr vielfältig. Ursache für eine unterschiedliche Entwicklung von Kalendersystemen in verschiedenen Teilen der Welt ist, dass sie zwei mögliche Bezugspunkte haben: entweder die Orientierung des Jahres nach dem Mond oder nach der Sonne. Der Mond galt als

Abbildung Kalenderstein der Azteken

präziser, da man den Beginn des Neumondes gut beobachten konnte. Mondjahre waren jedoch kürzer. Zugleich benötigten die Menschen eine Jahresorientierung nach der Sonne, weil danach landwirtschaftliche Arbeiten geplant werden konnten.

- Der einzige Kalender, der sich weder nach dem Mond noch nach der Sonne richtete, war der Kalender der Maya-Kultur. Der *Tzolkin-Kalender* war eine rein kulturelle Schöpfung (20 Monate zu 13 Tagen) neben dem *Haab-Kalender* mit 365 Tagen (18 Monate mit 20 Tagen). Der Haab-Kalender wird heute von vielen Menschen in Mexiko und Guatemala wieder benutzt.
- Der Kalender des Reiches in Mesopotamien hatte als Sonnenkalender 365 Tage und 12 Monate zu 29 oder 30 Tagen (nach 19 Jahren gab es einen zusätzlichen Monat). Auch die Einteilung des Jahres in 52 Wochen mit je 7 Wochentagen verdanken wir der Babylonischen Kultur.
- Der *Kalender des Alten Ägypten* folgte diesem Kalender, orientiert an Sonne und an dem Sternbild des Sirius.
- In Europa bestanden über lange Zeit agrarische Sonnenkalender, der Kirchenkalender der christlichen Kirchen und Politische Kalender nebeneinander. Der *Christliche Kalender* begann am 1. Advents-Sonntag, Feste bezogen sich auf den Mond (Ostern) oder auf die Sonne (Weihnachten).

- Als Politischer Kalender gab es den *Römischen Kalender* seit 753 v. u. Z., ihm folgte der Julianische Kalender und – nach einer Kalenderreform im Jahre 1582 – der Gregorianische Kalender, der die vorhandenen Mond- bzw. Sonnenkalender in Übereinstimmung brachte.
- Der *Gregorianische Kalender* wurde nach und nach in europäischen und später nicht-europäischen Ländern bis ins 20. Jahrhundert hinein übernommen. In vielen Ländern galten bis dahin lokale, regionale oder religiöse Kalender.

Im Zuge von wichtigen politischen Ereignissen wurden in verschiedenen Ländern neue, besondere Kalender eingeführt, wie z. B. der Kalender der Französischen Revolution, mit dem Jahr 1789 als Jahr „1“.

Kalendersysteme heute

Wenn wir heute ein Treffen oder Projekt mit einem Partner in einem anderen Teil der Welt planen, gehen wir selbstverständlich davon aus, dass unser Gregorianischer Kalender der Planung zugrunde liegt. Tatsächlich ist er offizieller Kalender in *fast* allen Staaten, aber er ist nicht der einzige Kalender.

Wir haben heute ein Nebeneinander-Bestehen verschiedener Kalendersysteme. In einigen Staaten sind eigene Kalender offiziell gültig, so der Islamische Kalender in Saudi-Arabien und der Jüdische Kalender in Israel. In anderen Staaten ist der Gregorianische Kalender Staatskalender, daneben sind traditionelle Kalender gültig oder andere Kalender werden für rituelle Anlässe der Religionen benutzt.

Wenn Sie z. B. in ein Büro in Nepal kommen, hängen an der Wand mindestens drei Kalender: der Gregorianische, der Nepalesische und der Hindu-Kalender. Der traditionelle *Bikram Sambat*-Kalender ist Orientierung für die vielen nepalesischen Feste (mindestens 25 im Jahr) und wird allgemein benutzt. Er ist ein Lunisolar-Kalender und ist dem Christlichen Kalender um 56,7 Jahre voraus.

Wenn man in ein außereuropäisches Land fährt, sollte man sich vorher an Hand länderspezifischer Kalender über wichtige Feste und Feiertage informieren. Auch religiöse Feiertage der Minderheiten in Deutschland sollte man berücksichtigen.

In Hinblick auf interkulturelle Kommunikationssituationen wollen wir drei Kalender erwähnen, die vom Gregorianischen Kalender abweichen:

- ***Der Islamische Kalender***
  Er ist zwar nur in wenigen Ländern offizieller Staatskalender, aber er ist als religiöser Kalender die zeitliche Orientierung für alle Feste, Feiern und Rituale in den meisten islamischen Gemeinden der Welt, d. h. auch der Muslime in Europa. Er basiert auf dem Koran. Der Islamische Kalender ist ein reiner Mondkalender, er besteht aus 12 Monaten zu 29,56 Tagen, d. h. das Jahr hat

354, 56 Tage. Das hat zur Folge, dass wichtige Feste und Gedenktage im Verhältnis zum längeren Gregorianischen Sonnenjahr in jedem Jahr „wandern".
→ Der Islamische Kalender beginnt mit dem 16. Juli 622, dem Tag der Flucht Mohammeds von Mekka nach Medina, der *Hejira*, als Jahr „1".
Nach Islamischer Zeitrechnung beginnt am 8. Dezember 2010 das Jahr 1432 mit dem *muharram,* dem ersten Monat des Jahres. Monate beginnen, wenn sich der Neumond zu zeigen beginnt. Durch die Bindung an die Mondphasen haben die Monate 29 oder 30 Tage. Der wichtigste Monat für Muslime ist der Fastenmonat Ramadan. Im Ablauf der Woche ist der Freitag der arbeitsfreie Feiertag, der in islamischen Ländern eingehalten wird und zu beachten ist.
Im Iran besteht ein Islamischer Kalender als Sonnenkalender, der jeweils mit dem Tag der Frühlings-Tagundnachtgleiche, Farwardin, beginnt, die nach dem Gregorianischen Kalender zwischen dem 19. und 21. März liegen kann. Dieser Kalender ist seit 1957 auch in Afghanistan gültig. Nach diesem Kalender begann am 21. März 2010 das Jahr 1389.

- ***Der Jüdische Kalender***
  Der Kalender geht auf Festlegungen des Patriarchen Hillel II. aus dem Jahr 359 zurück. Er ist ein kombinierter Mond-Sonnen-Kalender. Um beide Orientierungen zu verbinden, entstand ein kompliziertes Jahressystem: In einem 19-Jahre-Zyklus gibt es 12 Jahre mit je 12 Monaten und 7 Jahre als Schaltjahre mit 13 Monaten. Auf diese Weise ändern sich die Tage innerhalb des Jüdischen Kalenders nicht, wohl aber in Bezug auf den Gregorianischen Kalender, so dass jüdische Feiertage dort „wandern".
  → Die Zählung der Jahre erfolgt numerisch, die Zeitrechnung beginnt mit der Schöpfung der Welt entsprechend biblischen Chroniken im Jahr 3.761 v. Chr. = Jahr „1".
  Nach dem Jüdischen Kalender beginnt am 9. September 2010 mit dem 1. Tishri das Jahr 5771 mit dem Jüdischen Neujahrsfest *Rosch-ha-Shana.*
  Der Beginn des wöchentlichen Feiertages Sabbat am Freitagabend ist der Sonnenuntergang des Vorabends. Für den Sabbat gelten rituelle Regeln – wie keinen zusätzlichen Strom benutzen, nicht Auto fahren, nicht rauchen, nicht telefonieren, was teilweise kontrolliert wird (in Israel) und worauf man sich einstellen muss.
- ***Der Chinesische Kalender***
  In China gibt es bereits eine lange Geschichte des Kalenders. Man nimmt an, dass Kaiser Huangdi 2.637 v. u. Z. einen Kalender erfand.
  Heute richten sich Chinesen in China sowohl nach dem Gregorianischen Kalender, der 1949 übernommen wurde, wie auch einem traditionellen Kalender *Yin-Yang Li (Pin Yi),* einem kombinierten Mond-Sonnen-Kalender, der als zeitliche Orientierung für Feste, Feiern und wichtige Lebensdaten gilt. Für Außenstehende ist er sehr kompliziert.

Diesem traditionellen Kalender liegt keine fortlaufende Zählung zugrunde, sondern ein 60-Jahre-Zyklus. Die Jahre haben Namen, die sich alle 60 Jahre wiederholen, was einem zyklischen Zeitverständnis entspricht. Der Name eines Jahres setzt sich aus zwei Komponenten zusammen, die der Reihenfolge von 10 „Himmlischen Elementen" zugeordnet sind und zugleich einem „Erdzweig", dessen Reihenfolge aus 12 Tierkreiszeichen besteht. Durch diese Kombination ist der Name jedes Jahres im 60-Jahre-Zyklus einmalig. Der 12-Jahre-Zyklus wird durch die uns bekannten Chinesischen Tierkreiszeichen gebildet; Ratte, Ochse, Tiger, Hase, Drache, Schlange, Pferd, Schaf, Affe, Hahn, Hund und Schwein. Sie spielen in der Astrologie eine große Rolle.
Hinzu kommt innerhalb eines Jahres die Zugehörigkeit zu Yin und Yang (Yin = Herbst und Winter, Yang = Frühling und Sommer). Für Chinesen ist die Persönlichkeit eines Menschen durch sein Geburtsdatum geprägt. Für soziale Beziehungen ist das Geburtsdatum der anderen Person wichtig, weil man daraus auf die Charaktereigenschaften schließen kann.
Jedes Datum erhält seine Bedeutung durch das Element des Jahres, das Tierkreiszeichen und die Stunde. Wichtige Termine (z. B. Hochzeiten) werden danach festgelegt. Die Monate eines Jahres haben 29 oder 30 Tage (Bezug auf den Mond), aber zugleich ist der Kalender durch 24 jahreszeitliche Abschnitte mit dem Sonnenkalender verbunden. Jeder dieser Abschnitte ist 15 Tage lang.
Jeder Zyklus beginnt mit dem Frühlingsmonat am 4. oder 5. Februar mit dem Chinesischen Neujahrstag. Das Neujahrsfest ist das größte und wichtigste Fest aller Chinesen, sei es in China oder in chinesischen Gemeinschaften im Ausland. Es endet, wenn nach 15 Tagen das Laternenfest beginnt.
Die „Neujahrssaison" gilt als besonders günstig für Kontakte und Geschäfte, Geschenke und Glückssymbole werden ausgetauscht.

In Japan gab es eine lange Tradition der Verwendung des Chinesischen Lunisolar-Kalenders, verbunden mit dem japanischen Gengo-System (d. h. der Tenno rief bei seiner Thronbesteigung eine neue Ära aus), und dem Tierkreissystem. Der Beginn der kalendarischen Zählung wurde von dem Jahr der Geburt Christi auf das Jahr der Japanischen Reichgründung durch Tenno Koki im Jahre 660 v. u. Z. umdatiert. In der *Meiji-Zeit* wurde am 1. Januar 1875 der Gregorianische Kalender eingeführt.

Neben den genannten Kalendersystemen gibt es noch weitere, nach denen sich viele Menschen richten, so z. B. der Hindu-Kalender in Indien, eigene Kalender in Korea, Tibet oder eigene Kalender ethnischer Gruppen wie der Kalender der Khmer oder der Mondkalender *Sasih* auf Bali.

Kalender sind in allen Kulturen mit der zeitlichen Festlegung von Festen verbunden, deren Bedeutung für die Identität betont werden muss. Für eine erfolgreiche Interkulturelle Kommunikation sollte man sich über damit in Beziehung stehenden Tabus und Gebote für Fremde informieren.

7. Kapitel: Interaktionsrituale

In der Interaktion zwischen Menschen aus verschiedenen Kulturen sind Worte, Gesten, Mimik, räumlicher Abstand der Personen voneinander und Verhaltensmuster ineinander verflochten. In ein Gespräch fließen immer auch Äußerungen der Körpersprache ein, z. T. unbewusst. Häufig sind auch bestimmte verbale Äußerungen mit bestimmten nonverbalen Elementen (z. B. ergänzende Geste) verbunden, weil dahinter kulturelle Konventionen stehen. In Interaktionsritualen, dem Verhalten in der verbalen Kommunikation, wird dies sehr deutlich.

In der wissenschaftlichen Literatur wird Interaktion unterschiedlich gefasst. So schließt H.-J. Lüsebrink z. B. mediatisierte interkulturelle Kommunikation ein, da sie heute das Kommunikationsverhalten mit prägt. Da unser Blickpunkt die direkte face-to-face Kommunikation ist, beziehe ich die Bilder von Interaktionen, die über Film, Fernsehen oder durch Literatur bereits vermittelt wurden, in die Vorerfahrungen interkultureller Kommunikation ein, zu denen auch generell vorhandene Kenntnisse und Erfahrungen von anderen Kulturen und überlieferte Fremdbilder zählen.

Zur Analyse von Interaktion liegen verschiedene Modelle vor. So unterscheiden Lüsebrink, Müller-Jacquier und Bolten den *kulturkontrastiven Ansatz* und den *interaktionistischen Ansatz.*

Der ***kulturkontrastive Ansatz*** geht von grundsätzlichen kulturellen Unterschieden in Werten, Vorstellungen und Verhalten aus, d. h. in der Interaktion stehen sich kulturelle Blöcke gegenüber. Der interaktionistische Ansatz – der vorwiegend auf linguistischen Arbeitsmethoden basiert – betont den Prozesscharakter interkultureller Interaktionshandlungen, d. h. die Kommunikationspartner greifen während ihres Gesprächs auf eigene Vorstellungen von der anderen Kultur zurück, verändern aber zugleich ihr Verhalten durch die Beobachtung der Reaktion des Gegenüber. Bolten verwendet den Begriff *Interkultur* für die Zwischenkultur, die durch und in diesem Kulturkontakt entsteht. (Vgl. Lüsebrink 2005, S. 44 f.)

In unserem Kontext scheint es mir sinnvoll, Interkulturelle Kommunikation als Prozess darzustellen, in dem die Partner wechselseitig Argumente und Verhalten verändern können. Ich halte es aber auch für ein mögliches Szenario, dass sich zwei Partner aus verschiedenen Kulturen begegnen, die so starre, vorgefertigte Vorstellungen voneinander haben, dass keiner bereit ist, einen Kompromiss zu denken.

In Hinblick auf Interaktionsrituale möchte ich mit den Untersuchungen von Erving Goffman beginnen. Er geht davon aus, dass jeder Mensch in seinem Verhalten eine bestimmte Strategie verfolgt, nämlich das Bild zu berücksichtigen, das andere von ihm haben, sein Image. In der Kommunikation muss er zugleich auf das Image des Anderen Rücksicht nehmen, d. h. beide Partner müssen sich so verhalten, dass sie „ihr Gesicht wahren" können, indem sie in Übereinstimmung mit dem Image handeln. Von den Mitgliedern sozialer Gruppen wird erwartet, dass sie die Techniken der Imagepflege kennen, die sich in Höflichkeitsregeln, Takt und Diplomatie äußern. Diese Strategien sind kulturell unterschiedlich. Dazu gehören Vermeidungsstrategien wie „Darüber-Hinwegsehen" (z. B. vermeiden Asiaten auf das Fehlverhalten eines Europäers etwas zu sagen, um ihn nicht zu verletzen) und Ausgleichshandlungen wie Entschuldigungen, Anbieten von Entschädigung oder Selbstbestrafung. Jede Kultur hat ihr eigenes Repertoire an Praktiken zur Wahrung des Images. Imagebedrohende Handlungen können ungewollt sein (werden dann als dumm oder taktlos empfunden) oder können den Eindruck erwecken, dass die verletzende Person bewusst boshaft war und den anderen offen beleidigen wollte. Handlungen und Regenreaktionen sind mit rituell vorgegebenen Worten und Gesten verbunden (z. B. bei Entschuldigungen). Dahinter stehen die jeweils in einer Kultur geltenden Vorstellungen von Ehrerbietung, Respekt und Benehmen. (Vgl. Goffman 1986, S. 10 ff.)

Zu einer erfolgreichen interkulturellen Kommunikation gehört die Einhaltung von sozialen Normen, die in einer Gesellschaft bestehen. Hinter diesen Normen stehen kulturelle Werte. Nun ist es zwar relativ einfach, sich über die bestehenden Rechtsnormen in einem Land zu informieren, aber Bräuche und Sitten einzuhalten, kann man sich nicht einfach kurz anlesen, sondern erfährt sie in der Interaktion durch Erfahrung. Die Achtung kultureller Normen zeigt man, in dem man in der Interaktion bestimmte Höflichkeitsregeln einhält; z. B. Respekt vor dem Älteren, Wahrung von Hierarchien, Beachtung der jeweiligen Geschlechterrollen etc. Sollten wir eine Norm unbewusst verletzen, haben wir verbale Entschuldigungsformen und um Verzeihung bittende Gesten zur Verfügung.

Besonders kompliziert ist die Interaktion mit Kulturen mit einer großen Höflichkeitserwartung, wie z. B. Japan. In ihrer Untersuchung „Wie höflich sind Japaner wirklich?" zeigt Yvonne Fritzsche die ganze Breite von verbalen und nonverbalen Formeln auf, die dazu dienen, sich selbst vorteilhaft darzustellen und den anderen vorteilhaft erscheinen zu lassen, also Gesichtsverlust und Peinlichkeit zu vermeiden.

Die japanische Kultur gehört zu den *high context* Kulturen. Die Bedeutung des Gesagten erschließt sich nicht vorrangig über die Worte selbst (wie in Deutschland), sondern über die Begleitumstände des Gesagten. Ein Fremder braucht dafür eine hinreichende Kenntnis des Kommunikationscodes. Japaner unter sich haben ihn erlernt und durch ausgedehnte Sozialkontakte im Beruf, bei Karaoke-Abenden und anderen Geselligkeiten immer wieder bestätigt. Im interkulturellen Rahmen stiftet dieser Code Unsicherheit und Verwirrung. (Vgl. dazu Neumann, C. 2007)

Im Gespräch mit Fremden überlegt der Japaner länger, bevor er antwortet, um die Aufrichtigkeit seines Partners zu ergründen. Er schweigt zunächst, was sein Gegenüber nicht einordnen kann. Schweigen ist in Japan ein häufig genutztes Kommunikationsmittel und drückt Höflichkeit aus. Allgemein tendiert die japanische Kommunikationsweise mehr zu Schweigen, zur Rücksicht und weniger zur verbalen Selbstdarstellung. (Vgl. Fritzsche, S. 144 ff.) Japaner sind Teil einer Gruppe und möchten das Gesicht des Partners oder der Gruppe wahren. Deutsche kommen aus einer Individualistischen Kultur und wollen vor allem das eigene Gesicht wahren.

> „Japanische Höflichkeit manifestiert sich sowohl im Soziativsystem der Sprache und den allgemeinen verbalen Höflichkeitsformeln als auch in den konventionalisierten nonverbalen Kommunikationsformen wie Visitenkartenaustausch bei einsetzendem sozialen Kontakt oder dem Gedankenaustausch. Gegenstände, die man höflich entgegennehmen oder überreichen will, berührt man mit beiden Händen, sie nur mit einer Hand anzufassen wirkt unaufmerksam und (nach)lässig." (ebenda S. 179 f.)

Höflichkeit gegenüber dem Gast und Höflichkeit des Gastes drückt sich in spezifischen Regeln aus, z. B. beim Essen, in der Kleidung etc. Im interkulturellen Dialog fällt auf, dass Japaner sparsam mit Gesten und Mimik umgehen. Zu ihren Höflichkeitsregeln gehören Mienen wie ein kontrollierter, ernsthafter Gesichtsausdruck, ein Lächeln, um Gefühle nicht offen zu zeigen, um sich und den Partner zu schonen. (Vgl. ebenda, S. 180)

Ein wesentlicher Unterschied besteht jedoch im Einsatz der Sprache in Japan. Im Deutschen und Englischen drückt die Sprache die Beziehung zum Partner nicht aus, so dass sprachbegleitende nonverbale Mittel eingesetzt werden müssen. Die japanische Sprache verfügt jedoch über eine Grammatik, mit der der Sprecher bereits seine Beziehung zu dem Partner ausdrückt, so dass er dies mit Mimik und Gestik in viel geringerem Masse tun muss.

Es gibt in der japanischen Sprache ein System von Sprachformen, die man als Honorativformen bezeichnet, die den interpersonalen Bezug ausdrücken. Damit erfolgt die „Gesichtswahrung" bereits durch die sprachlichen Redewendungen. Dazu gehören der ehrenbezeigende Honorativ (sonkeigo) und der bescheidenheitsbezeigende Honorativ (kenjoogo). (Vgl. ebenda, S. 199 ff.) In der grammatikalischen Form der Anrede und Rede wird bereits ausgedrückt, auf welcher Ebene die Personen in der Hierarchie stehen. Auch Alter und Geschlecht des Kommunikationspartners werden durch die Höflichkeitsformel bewusst ausgedrückt. Damit sind die Bedingungen für die Kommunikation klar formuliert. Man könnte sagen, dass Interaktionsrituale durch die Grammatik gesteuert werden.

Abbildung Hochzeit als Interaktion in Japan als Mischung zwischen Tradition und Moderne

Rituelle Abläufe in der Interaktion finden wir in allen Kulturen. Beispiele dafür sind die Begrüßungs- und Abschiedsrituale.

7.1 Begrüßungsrituale

Entscheidend in einer interkulturellen Begegnung ist bereits die Art der Begrüßung. Sie kann über den weiteren Verlauf oder den Abbruch entscheiden.

Collett definiert die Begrüßungsformen danach, ob sie von einem „Machtfaktor" (Statusunterschiede) oder einem „Solidaritätsfaktor" (Sympathie) bestimmt werden. Der Machtfaktor wird durch Worte und Gesten des Respekts ausgedrückt: Verbeugen, Niederfallen, Kniefall, Knicks u. a., der Solidaritätsfaktor durch solidarische Gesten wie Umarmungen, Händedruck und Küsse. In traditionellen Gesellschaften bestehen meist starke Hierarchien, die sich in Begrüßungsritualen widerspiegeln. In Gesellschaften, die mehr Wert auf Gleichberechtigung legen, wird dies durch gleichartige Gesten ausgedrückt, z. B. sich die Hand reichen. Generell gibt es zwei Arten der Begrüßungen: solche ohne Körperkontakt, wie Kopfneigen, und solche mit Körperkontakt, wie Umarmungen, Küsse, Händeschütteln. (Vgl. Collett 1994, S. 171 ff.)

Es ist leicht vorstellbar, dass es zu einem Fauxpas kommen kann, wenn man in einem fremden Land die Form der Begrüßung nicht einhält. Oft kennt man aber den kulturellen Code nicht, nach dem man sich verhalten sollte.

Kulturell tradiert sind Begrüßungsgesten, wie z. B. die aneinander gelegten Handflächen in Indien, ein leichter Schlag auf die Schulter bei den Eskimos, der Hongi-Gruß, das Reiben der Nasen aneinander bei den Maori, die über die Brust gefalteten Arme zur Begrüßung eines Gastes in China und Japan, das Berühren von Brust, Mund und Stirn als höfliche Geste der Araber oder ganz einfach das Händeschütteln, wie wir es kennen. In Europa und den USA begleiten nonverbale Zeichen wie Kopfnicken oder Handreichen die verbalen Grußformeln. Manche verbale Fragen zur Begrüßung wie das „How do you do?" der Engländer ist im Laufe der Zeit zu einer stereotypen ritualisierten Floskel geworden. In manchen Kulturen besteht die Begrüßung aus einem längeren Ritual nach vorgegebenem Muster. So schließt die Begrüßung auf Suaheli in Ostafrika nicht nur den Gruß ein, sondern auch die Fragen nach der Gesundheit, dem Wohlergehen der Frau und den Kindern oder weiteren Verwandten. Die nonverbalen Gesten richten sich nach dem Alter der zu begrüßenden Person. Kinder begrüßen die Älteren traditionell, indem sie sich hinknien und die rechte Hand mit gesenktem Kopf hinhalten. Die erwachsene Respektperson legt die Hand auf den Kopf des Kindes und fragt nach dessen Befinden. Dies entspricht den traditionellen Verpflichtungen afrikanischer Gesellschaften: Das Kind ist gegenüber dem Erwachsenen zu Gehorsam verpflichtet, dieser aber dem Kind gegenüber zu moralischen und materiellen Zuwendungen. In Kenia wird in der Begrüßung mehrfach nach dem Befinden gefragt.

Solche Begrüßungsrituale mit Wiederholungen finden wir in verschiedenen Kulturen. So gehört es z. B. im Iran zur Höflichkeit, mehrfach nach dem Befinden des Gastes und seiner Familie zu fragen, es gibt ritualisierte Abschiedsformeln bei der Verabschiedung eines Gastes, man macht sich bildreiche und phantasievolle Komplimente.

Einige Begrüßungsgesten sind in vielen Kulturen gleich, werden aber auf verschiedene Weise ausgeführt. So gilt in Deutschland ein kräftiger Händedruck als Ausdruck eines ehrlichen Charakters. Die Art des Handgebens bei den Massai und anderen Gemeinschaften in Ostafrika würde bei uns als Gleichgültigkeit verstanden: Fremden gibt man ausdruckslos die Hand, wobei sich die Hände nur wie zufällig berühren und nicht gedrückt werden. Der Händedruck wird kräftiger, je besser man sich kennt, bis zum Aufklatschen der Hände unter Freunden.

Unterschiede in den Begrüßungsformeln finden wir aber nicht nur in entfernten Kulturen, sondern bereits im Nachbarland. In einer kulturvergleichenden Untersuchung der Begrüßungsformeln im Deutschen und Polnischen unterscheidet Waclaw Miodek zwischen dem Gruß und der Befindlichkeitsfrage. Auf die Frage „Wie geht's?" im Deutschen wird in der Regel keine ausführliche Antwort erwartet, die aber ein Pole geben würde. Die Grußformeln sind im Laufe der Zeit zu sprachlichen Stereotypen geworden, die nur aus Höflichkeit benutzt werden. Miodek verweist auf die sozialen Aspekte des Grußes, wie z. B. die Art des Kontaktes (beruflicher oder familiärer Kontakt) und die Art der Beziehung (Alter, Geschlecht der Gesprächspartner etc.). Er teilt Grußformeln ein in Begegnungsgrüße je nach Tageszeit (wie „Guten Tag") und berufs- und organisationsspezifische Grüße (wie z. B. das „Glück auf" der Bergleute). (Vgl. Miodek 1994, S. 29 ff.)

Die Bedeutung und Verbreitung nonverbaler Gesten in der Interaktion wandeln sich im Laufe der Zeit. Ein Beispiel dafür ist der *soziale Kuss*. Unterschiedlich in verschiedenen Kulturen ist, wie groß der Grad der Vertrautheit sein muss und wer wen küssen darf. In den Mittelmeerländern begrüßen sich sowohl Männer als auch Frauen mit einem Kuss auf die Wange, auch wenn sie sich nicht sehr gut kennen. In Deutschland, Skandinavien und Großbritannien ist der soziale Kuss unter Frauen üblich, hingegen zwischen Männern und Frauen nur, wenn sie verwandt oder befreundet sind. In England ist der „Vakuum-Kuss" beliebt, d. h. man stellt nur ein Minimum an Körperkontakt her. In England sind Wangenküsse unter Männern tabu und gelten als unmännlich. Die Anzahl der Küsse ist ebenfalls kulturspezifisch. Als Zeichen sozialer Begrüßung unter Freunden hat sich der französische Wangenkuss „la bise" bis in die Gegenwart hinein erhalten und ausgebreitet. Gesellschaftsspezifisch war auch der sog. „Bruderkuss" unter den Politikern der sozialistischen Länder.

Eine aussterbende Geste ist der Handkuss. Er basiert zum einen auf Ehrerbietung von Männern gegenüber Frauen und zum anderen auf Verehrung und Demut, wie es beim Hand- oder Ringkuss von Katholiken gegenüber dem Bischoff oder dem Papst zum Ausdruck kommt. Der Handkuss gegenüber Frauen war noch bis zum II. Weltkrieg in einer Reihe von europäischen Ländern üblich, ist heute aber fast nur als Symbol oder Parodie erhalten.

Interaktionsrituale, wie Begrüßung und Abschied, spiegeln die soziale Ordnung und zentrale kulturelle Werte in Höflichkeitsformen wider. In Interaktionen spiegeln sich auch die Geschlechterrollen einer Kultur: In Deutschland ist es zwischen den Geschlechtern üblich, sich die Hand zu reichen, in arabischen Ländern gibt man Frauen nicht die Hand, in Russland gibt ein Geschäftsmann einer Frau nicht die Hand, sondern wartet auf ihre Initiative etc.

Kulturübergreifend sind im Begrüßungsritual allerdings universale Gesten wie Lächeln und Lachen als Symbol friedlicher Absichten – und das ist bei allen interkulturellen Unterschieden vielleicht das wichtigste Zeichen.

7.2 Abschied und Trauer

Auch Rituale beim Abschied des Gastes laufen nach traditionellen Regeln ab und enthalten verbale und nonverbale Zeichen, die sich je nach Kultur unterscheiden können. Dies können wir aber an dieser Stelle nicht weiter vertiefen.

Ein Abschied besonderer Art ist das *Ritual des Trauerns* in den Kulturen: Die Art des Klagens um einen Toten, die Abfolge der Trauerzeremonie und die

Rolle, die Angehörige und Freunde dabei spielen. Die Unterschiede in den Kulturen sind groß: Trauerfeiern in Deutschland verlaufen seit Generationen nach dem gleichen Ritual. Sie lassen das Zeigen von Schmerz und Tränen nur bedingt zu. Dursun Tan hat in einer Studie über Sterben in der Migration Beispiele dafür angeführt, wie wenig Toleranz es für andere Formen der Trauer gibt. Er beschreibt einen Konflikt zwischen trauernden Afrikanern und Behörden in Aachen 1994 anlässlich der Beerdigung einer katholischen Asylbewerberin. Sie wurde nach afrikanischer Sitte beerdigt, indem die Trauernden zum Grab tanzten und dabei den Sarg hochstemmten.

> „Diese Trauerrituale würden gegen die Friedhofssatzung verstoßen, beschwerte sich der zuständige Bezirksamtleiter. Die Beisetzung sei nicht in Form eines ruhigen Trauerzuges, sondern tanzenderweise erfolgt." (Tan 1998, S. 251)

Dies mag sicher ein Einzelfall sein, aber wie schwierig es ist, nach den kulturellen Konventionen einer anderen Kultur Trauer zu zeigen, erleben türkische Muslime in Deutschland immer wieder. Den Toten nach ihrem religiösen Brauch zu bestatten, ist nur bedingt möglich, z. B. die Beisetzung am Todestag, das Versammeln aller Familienangehörigen, die Trauerrituale in der Wohnung etc. Tan beschreibt den Unterschied zum Trauerritual der Deutschen. Besucher drücken ihre Betroffenheit weniger durch Worte als durch Stille aus oder man stimmt in das gemeinsame Klagen ein.

> „Extremes Weinen, Sich-die-Haare-raufen, Sich-auf-dem-Boden-wälzen und Sich-das-Gesicht-zerkratzen sind typische Ausdrucksformen der Trauer während dieser Zeit" (ebenda, S. 216)

Trauer muss ausgelebt werden: Menschen, die nicht weinen können, gelten als seelisch verarmt. Mit der Migration haben sich diese Sitten verändert. Dursun Tan beschreibt das in seiner Studie „Das fremde Sterben" sehr eindrucksvoll.

Tod und Trauer haben in allen Kulturen etwas mit Respekt vor dem Toten und dessen Angehörigen zu tun. Dies sollte sich auch über kulturelle Grenzen hinweg erhalten. Umso mehr ist es ein interkultureller Fauxpas, wenn Touristen Nahaufnahmen von Beerdigungen oder Trauernden in Tempeln anderer Kulturen machen.

7.3 Der Fremde als Gast – das Ritual der Gastfreundschaft

Kontakte und Begegnungen zwischen Menschen verschiedener Kulturen führen oft zu Einladungen und zu einem längeren Aufenthalt des Gastes. Auch hierfür gibt es in den Kulturen Konventionen, wie sich Gastgeber und Gast zu verhalten haben. Das basiert auf den langen Traditionen der Gastfreundschaft, die es überall in der Welt gibt. Vielerorts ist Gastfreundschaft ein kultureller Wert, der nicht verletzt werden darf. Damit verbundene Regeln und Bräuche haben sich teilweise bis heute erhalten.

Dazu gehören die verbalen Begrüßungsformen, nonverbale Ausdrücke – z. B. Augenkontakt oder nicht, Händereichen oder andere Geste, die Überreichung eines Gastgeschenkes etc. Für den Gastgeber gehört die Bewirtung zur Pflicht, für den Gast Höflichkeit. Zeremonielle Handlungen wie ein gemeinsamer Willkommenstrunk, sei es eine Teeschale oder ein Becher Palmwein, gemeinsames Rauchen oder Betelkauen signalisiert wechselseitiges Vertrauen.

Gastregeln müssen natürlich auch in der eigenen Kultur beachtet werden und sind dann vom Charakter des Gastgebers abhängig (großzügig oder knauserig), aber im interkulturellen Kontext kommen natürlich noch andere Faktoren hinzu. Wenn Sie einen ausländischen Kollegen zum Essen nach Hause einladen, ist der Zeitpunkt wichtig und *was* Sie ihm anbieten. Wenn Speisetabus oder Alkoholverbot aus religiösen Gründen bestehen, kann ihre Nichtbeachtung schnell als Missachtung verstanden werden.

Bei einer Einladung, die Sie im Ausland von Kollegen oder Geschäftspartnern bekommen, ist die Beachtung kultureller Regeln noch wichtiger. Schon der Ort des Treffens kann ungewohnt sein – z. B. wenn Männer von ihren russischen Geschäftspartnern in die Sauna eingeladen werden. In Kulturen, in denen Gastfreundschaft eine lange Tradition hat, wie in Japan, China, Russland, den slawischen Ländern oder Afrika, wird der Gastgeber als Zeichen des Respekts gegenüber seinem Gast eine Fülle von Speisen und Getränken anbieten. Auch wenn manche davon ihm nicht bekannt sind (gegrillte Heuschrecken, Schlangenspieße oder Fischinnereien), ist ein Zurückweisen eine Beleidigung, die die Beziehung ernsthaft stören kann. Teil der Gastlichkeit ist die ästhetische Gestaltung des Raumes. Die Sitzordnung symbolisiert die sozialen Hierarchien, die der Gast auf diese Weise kennen und respektieren lernt. Man erwartet vom Gast, dass er das gute Essen und die angenehme Atmosphäre würdigt, die ihm zu Ehren hergestellt wurden.

Zum Ritual der Gastfreundschaft gehört das Überreichen von Geschenken. Sie sollen zur Entwicklung guter Beziehungen beitragen. In Japan öffnet man das erhaltene Geschenk nicht in Anwesenheit des Gastgebers und überreicht im Austausch ebenfalls ein Geschenk. Was man schenkt und was man auf keinen Fall schenken sollte, sind ungeschriebene Regeln. So macht man in arabischen Ländern nur den Männern Geschenke, aber keinesfalls Alkohol. In Lateinamerika werden Geschenke erwartet, die für die ganze Familie sind. Auch in China und Russland werden bei Geschäftsbesuchen Geschenke erwartet. Wichtig ist aber auch zu wissen, was man *nicht* schenken sollte. In China sind dies Scheren und Messer (sie signalisieren: ich zerschneide unsere Beziehung) und Uhren, die vom Gastgeber als Zeichen dafür verstanden werden können, dass seine Zeit abläuft, denn Uhren symbolisieren Ende und Abschied. Man schenkt keinen Schirm, denn das chinesische Wort für „Schirm" klingt wie „sich trennen", ebenso das Wort für „Birne" kann als „abreisen, trennen" verstanden werden und man vermeidet deshalb, sie zu schenken. Als hilfreich erweist sich die Kenntnis wichtiger kultureller und religiöser Symbole.

Gastfreundschaft als kultureller Wert der Interaktion

Wir kennen Gastfreundschaft als Teil des privaten Lebens, aber in der Geschichte und in anderen Kulturen ist sie eine öffentliche Angelegenheit, verbunden mit Pflichten und Geboten. Für die Bedeutung der Gastfreundschaft gibt es unterschiedliche Gründe:

1. Den Fremden in die Gemeinschaft oder Familie aufzunehmen, kann religiöse Gründe haben. In der Griechischen Antike weist schon das Wort *Xenos* = Fremder und Gast darauf hin, dass es eine Pflicht gab, sich um den Fremden zu kümmern. *Xenos* war ein Fremder aus einem anderen Teil Griechenlands, während der Fremde aus der Ferne der *Barbar* war. Der Grund des freundlichen Umgangs mit dem Gast lag vor allem darin, dass dieser Fremde auch ein Gott sein konnte, der in einer Verkleidung kam, um die Menschen zu testen; wie es z. B. von Dionysos überliefert wurde. Ein schlechter Gastgeber wurde bestraft.
   Eine ähnliche Vorstellung besteht im Hinduismus. Der indische Schriftsteller Prafulla Mohanti schreibt dazu: „In meinem Dorf ist Gastfreundschaft etwas ganz Selbstverständliches. Zu jeder Tages- oder Nachtzeit ist man willkommen. Keiner fragt den Besucher, warum er hergekommen sei und wie lange er hier bleiben wolle. Er wird zugleich zu einem Mitglied der Familie. Einem Fremden Gastfreundschaft zu gewähren ist eine religiöse Pflicht. Er darf das Dorf nie unzufrieden verlassen. Wer weiß, vielleicht ist es der Gott Wischnu, der Bewahrer des Universums, in Verkleidung?" (Mohanti 1990, S. 26)
   In Indien kommt hinzu, dass man sich erhofft, durch Gastfreundschaft gutes Karma anzusammeln, das für das Leben nach der Wiedergeburt bessere Bedingungen schafft. In Sanskrit heißt der Gast „athiri" (wörtlich: ohne Termin"), was bedeutet, dass ein Gast jederzeit ohne Voranmeldung kommen kann. Im Christentum gab es die Vorstellung, Jesus könne in der Gestalt eines Fremden oder Bettlers kommen. Im Alten Testament wird von der Beherbergung von Engeln berichtet. In der nordgermanischen Mythologie war Odin der unheimliche Gast, den man begrüßen sollte.
2. Fremde zu beherbergen war eine Überlebensstrategie in unwirtlichen Gebieten (z. B. in der Wüste, in der Kälte der Arktis, in der Einsamkeit der Berge).

Jeder konnte de facto einmal in die Situation kommen, auf die Unterstützung durch andere angewiesen zu sein. Es bestand daher die Pflicht, die Nahrung zu teilen, wenn ein Fremder kam; z. B. feste Regeln bei den Inuit in Kanada und Alaska: Die Nahrung mit Fremden aus der Gruppe oder aus anderen Gegenden zu teilen, auch wenn man misstrauisch war. Kam er in respektvoller Haltung, wurde er ins Iglu eingeladen.

3. Gastfreundschaft wurde als Mittel zum Ausbau von Beziehungsnetzen gesehen (Freunde an anderen Orten, Entwicklung von Handelsbeziehungen). Im Antiken Griechenland und Rom galt die Gastfreundschaft über Generationen hinweg (Symbole als Erkennungszeichen).

Was beinhaltete die Einhaltung der Gebote der Gastfreundschaft? Die Regeln waren sehr kulturspezifisch, umfassten mindestens eine Mahlzeit und eine Unterkunft bis zu unbegrenzter Verpflegung, einem Festmahl für den Gast oder ein Fest für alle. Es kann die Vergabe von Geschenken einschließen, das Schenken von Besitz oder das Anbieten der Frauen (traditionell bei den Tschuktschen, in Teilen Afrikas und Polynesiens). Fast nirgends wurde der Gast am ersten Tag nach Herkunft und Reiseziel befragt. Das Gebot der Gastfreundschaft beinhaltete den Schutz des Fremden vor Überfall, Durst und Hunger.

Ein über lange Zeit bis in die Gegenwart hinein herausragendes Beispiel für Gastfreundschaft war die der Beduinen in der Sahara. Dem Fremden werden nach dem Ehrenkodex der Wüste beträchtliche Rechte eingeräumt, indem er zum Schützling des Gastgebers gemacht wird. Im Überlebenskampf in der Wüste galt Gastfreundschaft als wohltätige Institution. Sie hatte feste Regeln: Gastfreundschaft wird über mehrere Tage hinweg umsonst angeboten. Wichtig ist die Art des Empfangs: Das Lagerfeuer muss die ganze Nacht brennen, wenn der Besucher angekündigt wird, muss ihn der Hausherr empfangen (Lächeln, Gruß). Der Gastgeber fragt nur nach seinem Befinden, nicht nach Ziel der Reise. Gemessen wird nicht, wie reichlich das Essen ist, zur Verfügung Stehendes wird angeboten. Der Gast wird zu einer heiligen Person unter dem Schutz des Gastgebers und des Stammes. Er darf nicht seinen Feinden ausgeliefert werden. Die Verantwortung des Gastgebers endet nicht, wenn der Gast geht, sondern solange das „Salzrecht" gilt (d. h. solange sich Brot und Salz im Magen des Fremden befinden, bzw. bis er anderswo Gastrecht erhält).

Ein arabisches Sprichwort sagt: „Derjenige, dem Gastfreundschaft gewährt wird, ist gleichzeitig ein Scheich, ein Gefangener und ein Dichter"; d. h. er genießt Bevorzugung, muss sich aber nach einem bestimmten Muster verhalten: nicht laut reden, dankbar sein, den Frauen Ehrerbietung zu zeigen, seine Unterkunft zu schonen etc. und er muss dort, wo er hinkommt, die empfangene Gastfreundschaft loben. (Vgl. Chelhod 1990, S. 9 ff.).

In den afrikanischen Gemeinschaften war und ist Gastfreundschaft ein Merkmal traditioneller Solidarität innerhalb der Familie, zwischen den Dorfgemeinschaften, aber auch gegenüber Fremden. Man reichte ihm Wasser und Kokosmilch ohne nach dem Grund seines Besuches zu fragen. Zwei Sprichwörter drücken das gut aus:

> „Der wahre Griot ist jener Fremde, der später die Familie seines Gastgebers in den Himmel lobt."

> „Schau dem Fremden nicht ins Gesicht, sondern auf den Magen".

In einigen Kulturen wurden Regelverstöße gegen das Gastrecht streng bestraft (z. B. mit Ausgrenzung bei den Tschuktschen, bei den Inuit in Kanada u. a.).

Bei den Maori Neuseelands hat Gastfreundschaft einen hohen kulturellen Wert. Der Gast wird während seines Aufenthaltes beherbergt und beköstigt. Es gehörte zum guten Ruf und zur Pflicht, Vorbeireisende einzuladen, wie kärglich die Nahrungsvorräte auch waren. Wenn diese Pflichten vernachlässigt werden, kann ein Maori sein *mana* verlieren, d. h. sein Ansehen und Prestige durch die spirituelle Kraft des *mana*.

Auf der anderen Seite gab es Regeln für den Gast, die er einhalten musste, die kulturell unterschiedlich waren (den Gastgeber zu ehren, Frauen unberührt zu lassen, Waffen abzugeben etc.).

Die zeitliche Befristung der Gastfreundschaft war unterschiedlich, mindestens einen Tag, meist 3–5 Tage. In Europa verfügte Karl der Große im Jahre 802 „Niemand darf einem anderen Haus, Herd und Wasser verwehren" und legte die Zeitdauer auf drei Tage fest, was sich noch heute in Sprichwörtern widerspiegelt.

Dieser ausführliche Blick auf die Traditionen der Gastfreundschaft in anderen Kulturen soll ein Beispiel dafür sein, wie Rituale der Interaktion dem kulturellen Wandel unterliegen.

Selbstverständlich gehört es zu den angenehmen Seiten interkultureller Kontakte, eingeladen zu werden oder selbst einzuladen. Über Generationen tradierte Regeln des Ablaufs werden sich sicher noch weiter erhalten. Zur Entwicklung guter Beziehungen ist es wichtig, Respekt und Höflichkeit als kulturübergreifende Werte zu achten.

Es gibt noch einen weiteren Trend: Mit der Entwicklung des Massentourismus erfolgt eine kommerzielle Vermarktung der Traditionen der Gastfreundschaft. Natürlich gab es bereits in vorigen Jahrhunderten kommerzielle Formen der Gastlichkeit durch die Entwicklung von Herbergen, Hospizen und Hotels. Im Tourismus heute vollzieht sich jedoch eine Reduzierung und Vermarktung der Rituale der Gastfreundschaft. So vermittelt der Willkommenscocktail und Obst und Wein als „Geschenk des Hauses" auf dem Zimmer bei Ankunft des Touristen, der Blütenkranz am Flughafen für die Reisegruppe und die persönliche Begrüßung durch die Hotelleitung die Illusion, wirklich ein persönlicher Gast zu sein (als gäbe es dies alles unentgeltlich) und nicht Partner in einem kommerziellen Geschäft.

In einer Untersuchung zum Mythos „Gastfreundschaft" beschreibt Adelheid Schrutka-Rechtenstamm die Inszenierung von Gastfreundschaft im Tourismus. (Vgl. Schrutka-Rechtenstamm 1997, S. 449 ff.). Für die Bediensteten der Tourismusindustrie heißt dies, durch persönliche Betreuung – Nachfragen nach der Befindlichkeit – und gemütliche Atmosphäre (Gastmahl) die Illusion zu erzeugen, ein altes Ritual zu bewahren. Hierfür werden auch die ritualisierten Gesten eingesetzt: freudige Begrüßung durch Lächeln, geweitete Arme oder Verbeugung. Die traditionellen Interaktionsrituale sind dabei zu bloßen Formen erstarrt. Zugleich findet eine Internationalisierung der Rituale statt. Sie werden in einer Form präsentiert, die die Touristen (in der Regel aus westlichen Industrieländern) verstehen und so finden sich gleichartige Zeremonien in allen Touristenzentren der Welt wieder. Oftmals in die Aufenthalte eingefügte Folklore-Veranstaltungen geben nur einen sehr begrenzten Ausschnitt aus der Gastkultur wieder, in vielen Fällen sind sie mehr Inszenierungen dessen, was die Touristen erwarten.

In all den genannten Interaktionen finden wir nicht nur verbale und nonverbale Botschaften, sondern Informationen in Form von Symbolen, die oft zur Verständigung sehr wichtig sind.

7.4 Symbole und Farben in der Interkulturellen Kommunikation

Symbole finden wir in allen Kulturen. Sie sind verkürzte Botschaften in Form von Zeichen, Farben, Zahlen, Pflanzen, Tieren und anderem. Sie enthalten Bedeutungen, die verbal einer längeren Erklärung bedürfen. (Siehe auch Kap. 1)

Ein besonders sensibler Bereich sind die religiösen Symbole, z. B. das Christliche Kreuz, der Islamische Halbmond und der arabische Schriftzug für das islamische Glaubensbekenntnis, das Rad der Wiedergeburt und die Wiedergabe des heiligen Lautes „Om" im Hinduismus und Buddhismus, Davidstern und siebenarmige Menora (Leuchter) im Judentum etc. Religiöse Bedeutung kann auch eine Farbe haben, wie die Farbe „Grün" im Islam.

In der erwähnten Untersuchung von Asker Kartari in einem Münchener Industriebetrieb mit vielen türkischen Mitarbeitern gibt er dafür ein Beispiel:

Dort trugen alle Mitarbeiter Arbeitskleidung, die unterschiedliche Form und Farbe hatten und die jeweilige Tätigkeit anzeigten. „Der grüne Kittel hat jedoch einen besonderen Status in den Augen der türkischen Mitarbeiter, Ist für Muslime „grün" als Farbe ohnehin heilig, so gewinnt sie im Betrieb an zusätzlicher Bedeutung dadurch, dass die Meister, die am Arbeitsplatz die größte Macht haben, einen Kittel in der *grünen* Farbe des Propheten tragen. „Heiligkeit" und Macht gibt den Meistern dadurch den höchsten Status am Arbeitsplatz" (Kartari 1996, S. 200)

In den letzten Jahrzehnten haben Wirtschaftsunternehmen wiederholt die Erfahrung gemacht, dass in der Werbung eingesetzte Symbole zu interkulturellen Konflikten führten, die bis zum Abbruch der Geschäftsbeziehungen führten.

Thieme führt das Beispiel eines grünen Produktes eines internationalen Unternehmens an, das in Malaysia vom Markt genommen werden musste, weil dort die Farbe „grün" negativ besetzt ist und Krankheit assoziiert. (Vgl. Thieme 200, S. 276)

In der interkulturellen Begegnung können Symbole der Farben und Zahlen wichtig sein. Die ***Farbsymbolik*** in den verschiedenen Ländern und Regionen bezieht sich häufig auf den umgebenden Lebensraum (was sich auch in den Farben der Fahnen wieder findet) oder auf kulturelle Traditionen. Hier einige Beispiele:

Rot

- Farbe der Sonne und des Feuers. Positiv besetzt in kalten Ländern, negativ dort, wo Sonnenhitze Verderben bringt oder Feuer Gefahr;
- Farbe des Blutes (Arbeiterfahnen als Symbol vergossenen Blutes)
- Farbe der Liebe (Deutschland, Nordeuropa, in Indien Hochzeits-Sari)
- Symbol für Leidenschaft in Portugal und Brasilien
- Ärger, Gefahr, Krieg (Finnland, Frankreich, Italien, Pakistan)
- in Südamerika ist Purpurrot die Farbe der Trauer!
- in China gelten Rot und Gelb als Glücksfarben, Rot ist die Farbe der Hochzeit, ein Tabu ist es jedoch, einen Brief mit roter Tinte zu schreiben, denn es drückt aus, dass man dem Adressaten Feuer ins Haus wünscht.

Schwarz

- Farbe der Trauer in der christlich-jüdischen Tradition (aus der Tradition der Israeliten, bei Trauer das Gesicht mit Asche zu bestreuen);
- Schwarz ist in Asien *keine Trauerfarbe!*

Weiß

- Zeichen für Trauer und Tod in Asien (weiße Trauerkleidung in China und Korea)
- Unschuld und Reinheit, generell positiv, auch „Friede" in Portugal und Brasilien
- Farbe der Götter (Gewänder der Priester oft weiß, weiße Engel etc.)

Gelb

- in China Farbe des Kaisers und lebensspendende Kraft
- im europäischen Mittelalter Farbe der Geächteten (Judenhut, Judenstern)

- in vielen europäischen Ländern Symbol für Neid und Falschheit
- in Brasilien bedeutet Gelb: Freude, Sonne, Glück

Blau
- Farbe der Trauer im Iran
- in Deutschland „Treue“
- Symbol für Kälte in Schweden und Finnland
- Ärger und Furcht – Frankreich, Italien, Schweiz
- in England: traurig (to be blue)

Lila, Purpur
- Farben zu Ehren Gottes und des Herrschers in Europa
  (Vgl. hierzu Heller 1989)

Tiere und Pflanzen als kulturelle Symbole

Tiere als Symbole finden wir international (Friedenstaube) oder national (Bundesadler, Berliner Bär, der Gallische Hahn). Besonders in Asien gelten einige Tiere als Verkörperung bestimmter Eigenschaften: Der Elefant als intelligent und weise (im Hinduismus als Gott Ganesha), der Tiger als kraftvoll und schnell, die Schlange, die sich in den Schwanz beißt als Symbol der Unendlichkeit etc. Vögel hingegen haben in Asien oft negative Rollen, wie ja auch in Deutschland der Geier als Pleitegeier. Religiöse Bedeutung haben auch die „unreinen Tiere“ (wie Schwein, Hund und Ratte) und „heilige Tiere“ (wie Kühe, Affen und weiße Büffel).

Im Kontext von interkulturellen Kontakten (Gastfreundschaft) ist es vor allem die Bedeutung von Blumen, die kulturell zu beachten ist. Manche Blumen werden mit Tod und Unglück assoziiert, z. B. violette Blumen in Brasilien, weiße Lilien in England, Kanada und Schweden, weiße und gelbe Blumen in Taiwan und gelbe Blumen in Mexiko. In Frankreich stehen gelbe Blumen für Untreue. Besonders negativ besetzt sind rote Blumen in Mexiko, weil sie nach altem Aberglauben einen bösen Zauber verursachen. Um diesen negativen Einfluss zu bannen, müssen weiße Blumen dazu gestellt werden. (Vgl. Thiele 2000, S. 278)

Für Chinesen und Vietnamesen gelten Trockenblumen als Zeichen von Tod. Wenn es keine frischen Blumen gibt, verschenkt man stattdessen Kunstblumen. Asiatische Immigranten in Deutschland können nicht verstehen, warum sich ihre deutschen Nachbarn Trockenblumen-Sträuße in die Wohnung stellen.

Wir sollten uns bewusst sein, dass es auch in der deutschen Kultur symbolträchtige Tiere und Pflanzen gibt, z. B. Glücksklee, Glückskäfer, Unglücksrabe, Unheil bringende Katzen etc.

Zahlen als Symbole

Zahlen als Symbole in den Kulturen meint die gesprochene Mengenangabe, unabhängig davon, wie diese Zahl festgehalten wird, ob in Schriftform oder auf andere Weise.

In der Geschichte der Kulturen und Religionen wurden Zahlen bestimmte Bedeutungen zugeordnet. Im Alten Babylon hatte die Zahl „7" eine besondere Stellung, die sich aus astrologischen Beobachtungen ergab. Sie hat diese besondere Rolle in allen orientalischen Kulturen erhalten – denken wir an die Genesis in der Bibel: 7 Tage der Schöpfung u. a. Im Judentum hat jede Zahl zugleich eine Entsprechung in einem Buchstaben, so dass jede Zahlenkombination einen doppelten Sinn hat. Die Kabbala ist ein Lehrbuch der Zahlenmystik. Einige Beispiele für überlieferte Zahlensymbolik der verschiedenen Kulturen:

1 = Symbol des Ureinen, Göttlichen (Schöpfergott in der jüdisch-christlichen Tradition und im Islam, die Weltseele Atman im Hinduismus)
2 = Zeichen für Dualismus (Yin und Yang der Chinesen)
3 = neue Integration
(„wenn zwei sich streiten, freut sich der Dritte", „alle guten Dinge sind drei", Heilige Trinität im Christentum; die drei Götter Brahma, Shiva im Hinduismus; astrale Einheit Sonne, Mond ,Venus im Alten Babylon, die drei Schicksalsnornen der Germanen; die heiligen drei Affen, Rolle der drei Aufgaben in Märchen und Mythen; dreifache Wiederholungen und Verwünschungen (Flüche, Islamische Scheidungsformel)
4 = Ordnung (vier Phasen des Mondes, vier Himmelsrichtungen)
7 = Zahl der Weisheit, besondere Zahl in den orientalischen Kulturen seit dem Altertum (Zahl der Planeten, heilige Zahl im Islam, mystische Zahl in der jüdischen Kabbala).
In China ist die Zahl „7" mit dem Leben der Frauen verbunden: Ein Kind ist mit sieben Monaten lebensfähig, 2 × 7 Jahre = Pubertät, 4 × 7 Tage = Menstruation, 7 × 7 Jahre = Klimakterium etc.
8 = Zahl des Paradieses, Unendlichkeit
12 = Tierkreiszeichen (Astrologie seit dem Alten Babylon, Chinesischer Kalender)
13 = Symbol für Unglück, weil sie ein geschlossenes System überschreitet.
In China galt der 13. Monat als „Herr der Bedrängnis", im Christentum war der 13. Apostel der Verräter Judas etc. Es gab aber auch Vorstellungen von einer günstigen „13", z. B. in der Franzosischen Geschichte, wo seit Ludwig XVIII. die Zahl 13 als Glückszahl gilt. In Deutschland, den USA u. a. löst die Zahl abergläubische Furcht aus, so dass sie bei Nummerierungen von Zimmern, Sitzplätzen u. a. ausgelassen wird.
(Vgl. hierzu Endres/Schimmel 1997)

In interkulturellen Begegnungen sollte man vorsichtig mit den Zahlen „4" und „9" umgehen. In Japan und Korea steht die Zahl „4" für Tod, die Zahl „9" in Japan für Leid und Qual, in China und Korea ist die „9" dagegen glücksverheißend. In Korea gelten auch die Zahlen „1" und „3" als Glückszahlen. Man schenkt in China stets eine ungerade Anzahl an Blumen oder Gegenständen, weil gerade Zahlen Unglück bringen können.

Die Zahlenmystik wird auch auf Gegenstände übertragen: So ähneln z. B. im Japanischen die Worte für „Stäbchen" und „Kamm" in der Aussprache dem Wort für „9" (Leid und Tod), deshalb verschenkt man auch keinen Kamm und keine Stäbchen.

Für viele Chinesen ist die Zahl „4" unheilvoll, weil ihre verbale Aussprache an das Wort „Tod" erinnert. Viele Gebäude in China haben deshalb keine vierte Etage. Man versucht, die Zahl „4" in jedem Fall zu vermeiden, z. B. bei Hausnummern, Autonummern oder Telefonnummern (man zahlt gerne mehr für eine Nummer ohne „4").

8. Kapitel:
Bedeutung von Werten in der Kommunikation

Bei Begegnungen mit Menschen aus anderen Kulturen, ob in anderen Ländern oder im Inland, erfahren wir vieles voneinander: Wir kosten fremde Speisen, beobachten auf den Festen ihre Tänze, übernehmen wechselseitig Grußformen, lernen, wann man besser schweigt und wen man wie anredet etc. Das alles gehört zu den äußeren Schichten einer Kultur, den „Häuten der Zwiebel" im Bild von Hofstede. Irgendwann, wenn beide Partner sich bereits etwas kennen, werden Fragen gestellt, die auf den Kern der Kultur zielen, Fragen wie „Was macht deine Familie?", „Bist du glücklich?", „Welche Zukunft wünschst du dir für deine Kinder?" Fragen wie diese zielen auf die inneren Werte einer Kultur, die man nicht einfach aus dem äußeren Verhalten ableiten kann, sondern einfach lernen muss. Umgekehrt erklären sich daraus Verhaltensweisen und Kommunikationsstrategien etc.

Werte sind Zielvorstellungen des individuellen oder gemeinschaftlichen Lebens, die Haltungen, Aktionen und Pläne auslösen.

Wertvorstellungen gehören zur Identität von Einzelnen und von Gruppen und sind weitgehend kulturspezifisch. Begegnen sich Menschen aus unterschiedlichen Kulturen, können sie zu Unverständnis und falschen Reaktionen führen. Erinnert sei an einen bekannten Werbespot, in dem sich zwei alte Freunde wiedertreffen und danach fragen, was der andere erreicht hat. Der eine zieht aus der Brieftasche Fotos, die er vor den anderen aufblättert: „Mein Haus, mein Auto, mein Boot...". Es geht also um *materielle Werte* (Geld, Besitz materieller Güter). Daneben gibt es:

- *soziale Werte* (soziale Beziehungen, Harmonie in Familie und Gemeinschaft)
- *ethische Werte* (grundlegende Eigenschaften und Verhaltensweisen in einer Gemeinschaft, z.B. Solidarität, Ehre, Stolz, Wahrhaftigkeit)
- *religiöse Werte* (Gebote und Verbote in den Religionen, Kulten)

Kulturen unterscheiden sich darin, was als wertvoll betrachtet wird. Während in den westlichen individualistischen Kulturen Geld und materieller Wohlstand weitgehend an der Spitze stehen, sind es in afrikanischen Kulturen vor allem soziale Werte (die Bedeutung der Familie), in asiatischen Gemeinschaften Respekt und gegenseitige Rücksichtnahme und die Achtung der Würde der Alten oder in islamischen Ländern Werte wie Stolz und Ehre. Natürlich wirken verschiedene Wertorientierungen real in den Kulturen nebeneinander, aber es gibt meist durch Traditionen weitergegebene Werte von zentraler Bedeutung.

Es ist nicht zu übersehen, dass die Orientierung auf materielle Werte weltweit durch Globalisierung der Märkte (damit Werbung und Konsumverhalten) zunimmt. Standards für Wohnen und Konsum verbreiten sich relativ schnell, selbst in traditionellen Kulturen (IKEA in China, Mobiltelefone bis in die entlegensten Gemeinschaften, Marken-Mode weltweit). Die Manager der Unternehmen auf allen Kontinenten orientieren sich an den gleichen Statussymbolen (Markenkleidung, Luxusautos, teure Markenuhren). Es verändert sich der Wert materiellen Besitzes. Dennoch haben sich in anderen Kulturen andere Wertorientierungen erhalten, insbesondere in kollektivistischen Gemeinschaften.

Werte werden durch Institutionen weitergegeben, vor allem durch Familie, Kirche und Staat sowie Vereinigungen mit weltanschaulichen Zielen.

Familie und soziale Gemeinschaften
Die ersten Verhaltensorientierungen und Wertvorstellungen werden im Rahmen der Sozialisation durch die Familie an die Kinder gegeben. Die Kinder lernen, dass es wichtig ist, die Alten zu ehren, lernen gutes und böses Verhalten zu unterscheiden. Durch mündlich überlieferte Mythen, Märchen, Sprichwörter und Redensarten, später durch schriftliche Lerninhalte in der Schule und/oder Filme und Fernsehsendungen werden ihnen Vorbilder, Leitbilder und Helden nahegebracht. Die wichtigsten Werte erlernen sie in der Gemeinschaft der Familie oder der sozialen Gemeinschaft, in der sie heranwachsen: Ihre lokale Gemeinschaft, ethnische Gruppe oder Nation. Orientierungen für Werte bieten später auch Politik, Kunst und Medien.

Für den einzelnen Menschen bedeutet jedoch die Zugehörigkeit zu einer bestimmten sozialen Gruppe, einer Nation oder einer Glaubensgemeinschaft nicht zwangsläufig, dass er deren Werte teilt oder sein ganzes Leben lang vertritt. Seine Identität kann auch Ablehnung einschließen.

Der ***Staat*** vermittelt über die Institutionen der Bildung und Erziehung, durch Ideologien und Politik nationale Wertorientierungen. Zu diesen nationalen Werten gehören Patriotismus und Bereitschaft zur Verteidigung des Vaterlandes, Freiheit als Existenzrahmen der Individuen oder der Wert der Demokratie. Der Staat kann die Orientierung auf bestimmte Werte lenken und kontrollieren, z. B. durch landesweite Kampagnen für Alphabetisierung, gegen die Verbreitung von AIDS oder zur Begrenzung der Kinderzahl.

Innerhalb des Staates können ***Parteien und Bewegungen*** für ideologisch begründete Werte werben (Solidarität, Gerechtigkeit, Soziale Verantwortung, Umweltschutz etc.).

Über Organisationen können Werte über Grenzen hinweg verbreitet und angeeignet werden, die Ausdruck einer bestimmten ***Weltanschauung*** sind: Freidenker, Humanismus, Atheismus u. a. Positive Werte wurden durch die Französische Revolution und die Deklaration der Menschenrechte verbreitet, die mit der Forderung nach Gleichheit aller Menschen wichtige Verhaltensorientierungen gaben. Bewegungen und Ideologien können aber auch negative, zerstörerische Werte aufbauen, wenn sie Fremdbilder verbreiten, die Hass erzeugen.

Moderne Medien können einerseits Werte des Staates oder einzelner Gruppen durch ihre Verbreitung unterstützen (das kann soziale oder ethische Werte einschließen), andererseits liegt ihr Schwerpunkt natürlich durch die Konsum-Werbung auf materiellen Werten.

Über lange Zeiträume hinweg tradierte Werte durch die ***Religionen*** bestimmen Zielvorstellungen und Lebenspraxis von vielen Millionen Menschen in der Welt. Diese Wertorientierungen bestimmen das Verhalten zu den übernatürlichen Mächten, zur Natur und zu den Mitmenschen.

Beginnen wir mit der sozialen Einheit, die als erstes für die Orientierung von Werten und Verhalten zuständig ist: die Familie.

8.1 Familie und soziale Werte

Das Beispiel Afrika

Wenn Sie als Tourist oder Geschäftsreisender in Afrika sind und mit anderen ins Gespräch kommen, fällt bald die Bedeutung auf, die Familie für den Einzelnen hat. In diesem Kontext gibt es mehrere Aspekte, die als kultureller Unterschied bewusst werden.

Der Begriff „Familie". In Deutschland ist die „Kleinfamilie", in Afrika „Großfamilie", also drei bis fünf Generationen von Verwandten *(extended family)*. In den Dörfern leben die Großfamilien häufig zusammen, aber auch in modernen Städten fühlt sich der Einzelne mit der Familie und ihren Mitgliedern verbunden. Diese Zusammengehörigkeit bedeutet die Verpflichtung, sich um andere Familienmitglieder zu kümmern (ihnen Arbeit zu besorgen oder zu ihren Ausbildungskosten beizutragen), aber auch die Gewissheit, bei Krankheit und Unglück vom Familienverband aufgefangen zu werden. Familie ist ein zentraler Wert.

Reichtum sind Frauen und viele Kinder. Kinder werden als Geschenk Gottes willkommen geheißen, egal ob Söhne oder Töchter. Kinder gelten auch als Versicherung im Alter.

Die Familie ist mehr als die heute lebenden Mitglieder. Der nigerianische Schriftsteller Obiora Ike auf die Frage, wer zur Familie gehört:

„Die lebenden und die verstorbenen Mitglieder der Familie. Weil wir in einem spirituellen Kosmos leben, in dem die Toten nicht tot sind, regieren unsere großen Väter und Mütter, denen wir mit Ehrfurcht gedenken, noch immer mit, sie sitzen am Tisch und mit unter dem Baobab“ (Ike 2007, S. 197)

In vielen Ländern Afrikas ist Polygamie lange Tradition im Sozialsystem der Agrargesellschaften. Wenn Sie die uns bekannte monogame Ehe verteidigen wollen, wird man entgegnen, dass Polygamie mit festen Regeln verknüpft sei, wie das gleiche Recht auf Zuwendung und Versorgung für alle Frauen. In Europa gebe es „fortlaufende Polygamie“ von mehreren Frauen nacheinander als Ehefrauen oder Geliebte, die aber nicht die gleichen Rechte hätten.

Ehen werden als Verbindungen zwischen den Familienverbänden betrachtet, so dass soziale Aspekte eine Rolle spielen. Für die Braut wird von der Familie des Bräutigams ein Brautpreis an die Eltern der Braut gezahlt, der sie für ihre Aufwendungen und den künftigen Verlust der Arbeitskraft entschädigen soll. Traditionell bestand der Brautpreis aus einer bestimmten Anzahl Vieh oder auch aus Arbeitsleistungen des Bräutigams. Heute sind weitgehend an diese Stelle Haushaltsgeräte, alkoholische Getränke und Geld getreten. In einer Diskussion über den Brautpreis werden Ihnen selbst Frauen entgegnen, dass sie darin einen Ausdruck ihres Wertes sehen, während eine Europäerin „kostenlos“ zu haben sei.

Traditionell werden die Ehen durch die Eltern und die Ältesten arrangiert. Das bedeutet deren Autorität und die Sorge um das Wohl der Jüngeren zu respektieren.

Einen besonders geachteten Platz nehmen die Alten in der Gemeinschaft und an der Spitze der Familie ein. Sie werden in allen wichtigen Fragen um Rat gefragt. Dies zum einen, weil sei Erfahrung und Weisheit verkörpern (in mehreren Ländern Afrikas, z. B. in Mozambique bis in die 80er Jahre, wurde Arbeit nicht nach Leistung, sondern nach dem Alter entlohnt!). Zum anderen gibt es im afrikanischen Weltbild – ein spiritueller Kosmos der verschiedenen Formen von Leben – die besondere Rolle der Ahnen, die man um Beistand bittet. Nach der Vorstellung traditioneller Gemeinschaften ist man erst wirklich tot, wenn es niemanden mehr gibt, der sich an den Namen erinnert. Die Alten sind in das Leben stets einbezogen. Es ist daher für Afrikaner nicht verständlich, warum in Deutschland die Familien ihre „Alten“ in besonderen Heimen unterbringen!

Zu den durch die Sozialisation vermittelten Werten gehören das Bewusstsein für soziale Hierarchien und Entwicklungsstufen, wie sie in Altersgruppen mit festen Regeln (z. B. denen der Massai-Männer) oder in den Pubertätsriten der Jungen und Mädchen *(rites des passages)* in afrikanischen Gemeinschaften zum Ausdruck kommen, die dadurch jeweils einen neuen Status auf einer Stufe neuen Wissens darstellen. (Vgl. Mbiti 1969)

Anhand dieser wenigen Beispiele aus Afrika wird vielleicht schon klar, dass die Begegnung mit Menschen einer anderen Kultur vor allem eines erfordert: Verständnis dafür, dass die Familie als soziale Einheit in unterschiedlichen Formen existiert. In allen Teilen der Welt geht es dabei um grundlegende gemeinsame Funktionen: Um ökonomische Zusammenarbeit, um Reproduktion der Gemeinschaft, um Regeln für Sexualität und um die Pflege und Erziehung der Kinder.

Es gibt aber viele unterschiedliche Normen und Bräuche, wie diese Aufgabe von Ehe und Familie realisiert wird. Einige Beispiele:

In unserer Gesellschaft besteht die Ehe aus einem Zusammenschluss von Mann und Frau, seit einigen Jahren sind auch andere Varianten legalisiert (homosexuelle Paare). In anderen Kulturen sind weitere Formen traditionell entstanden, wie die Polyandrie (eine Frau lebt mit mehreren Männer zusammen, Tradition z. B. in Gebieten Tibets), die Besuchs-Ehe (der Mann wohnt bei seiner Mutter und besucht seine Frau, in einigen Gebieten Indiens verbreitet), die Ehe zwischen zwei Frauen – Gynaegamie (z. B. in Nigeria in 40 Ethnien verbreitet, Heirat aus ökonomischen Gründen, nicht aus sexueller Orientierung) etc.

In Äthiopien gibt es die „Ehe auf Zeit" (von einer Stunde bis 99 Jahre), auch im Islam.

Auch die Frage, wen man heiratet, ist kulturell unterschiedlich festgelegt: Als exogame Verbindung, d. h. Partner aus einer anderen Gruppe oder Gemeinschaft oder als endogame Verbindung, d. h. Partner muss aus der gleichen Gruppe kommen (z. B. aus der gleichen Kaste bei Hindus). Ehen können auch Versorgungs-Verpflichtungen sein (Levitat – bei Tod des Mannes heiratet der Bruder des Verstorbenen dessen Frau oder Sororat – bei Tod einer Frau heiratet der Witwer deren Schwester). Traditionell kann kulturell auch der Brauch bestehen, bevorzugt Cousin und Cousinen zu verheiraten, z. B. in Ägypten.

Während auf den Brautpreis an die Eltern der Braut in Afrika hingewiesen wurde, legt der „dowry" in Indien fest, dass die Eltern eines Mädchens an die Familie des künftigen Mannes einen Preis (Geld, Haushaltsgeräte etc.) zahlen müssen.

Die jeweiligen kulturell tradierten Regeln sind wichtig in Hinblick auf Rollenverteilungen in den Familien: Auf die Arbeitsteilung zwischen Mann und Frau, auf die Wertigkeit von Mann und Frau, auf die Bevorzugung von weiblichen oder männlichen Nachkommen etc. In Ländern, in denen kulturell die Frau wenig Wert hat (z. B. Indien), werden weibliche Säuglinge als Strafe betrachtet und vielfach abgetrieben (Wunsch an die Braut in Indien „Hundert Söhne sollst Du haben"). Auch in anderen Kulturen erhält die Frau erst Achtung, wenn sie Mutter von Söhnen ist. Aus der jeweiligen Rollenverteilung der Geschlechter ergeben sich Regeln für Verhalten.

Das Beispiel „Familie" macht deutlich, dass interkulturelle Verständigung auch bedeutet, gemeinsame kulturelle Grundmuster in den Gesellschaften zu erkennen, sie aber nicht mit den Maßstäben der eigenen Kultur zu messen.

8.2 Traditionelle Wertvorstellungen im Verhalten

Das Beispiel Korea

Das von Goffman beschriebene Konzept des „Gesicht-Wahrens" (im Englischen „face") gilt nicht nur für europäische Gesellschaften. In noch stärkerem Maße prägt es in asiatischen Kulturen das Kommunikationsverhalten. Im Kontext von Kommunikationsstrategien wurde bereits auf die große Rolle hingewiesen, die das Bemühen in der Kommunikation spielt, das eigene und das Gesicht des Partners zu wahren. In Asien geht das vor allem auf die Tradition des Konfuzius zurück.

Die Lehre von Konfuzius

In Japan, Korea und China hat die Lehre von Konfuzius bis in die Gegenwart hinein Verhaltensmuster und Werte geprägt. Konfuzius (551 v. u. Z.) entwickelte eine rationelle Ethik, keine Religion (keine Priester oder Tempel, sondern Lehrmeister).

Im Zentrum steht der Glaube an soziale Harmonie, die durch Beziehungen hergestellt wird, die den Schutz des „Gesichtes", Würde, Ruf, Ehre und Prestige ermöglichen. Die Lehre wurde in Form von Sprichwörtern, Gedanken u. a. weitergegeben.

Ziele der interpersonalen Beziehungen sind:

1. Betonung der Empathie (wäge die Gefühle anderer ab, lerne Zuhören!)
2. Statusbeziehungen (linguistische Codes, paternalistische Führung in Erziehung und Business)
3. Soziale Etikette: Sorge um Ritual und Protokoll
4. Ermutigt indirekte statt direkte Sprache, um das Gesicht des anderen zu wahren. Der indirekte Kommunikationsstil soll Zurückweisung, Verlegenheit und Meinungsverschiedenheit verhindern. (Vgl. Samovar 2001, S. 112)

Den engen Zusammenhang von Verhaltensmustern zu tieferliegenden weltanschaulichen Grundlagen zeigt eine Analyse von Min-Soon-Seo, die das Kommunikationsverhalten der Koreaner in interkulturellen Gesprächen mit Deutschen untersuchte. Sie geht von den Wurzeln der koreanischen Kultur aus, die sie im Konfuzianismus, Buddhismus und Schamanismus sieht.

Sie stellt die Prinzipien des koreanischen Kommunikationsverhalten dem der Deutschen gegenüber und weist auf wichtige Unterschiede hin. Den grundlegenden Unterschied sieht sie zwischen der Direktheit der Deutschen (Verwendung präziser Axiome, Begriffe und Urteile) und der Indirektheit der Koreaner und der Verwendung von Symbolen. Sie führt den metaphorisch orientierten Charakter der koreanischen Sprache auf den Einfluss des Konfuzianismus auf den Kommunikationsstil zurück.

> „Eines der wichtigsten Ziele der koreanischen Kommunikation ist die Bewahrung der Ganzheitlichkeit bzw. Harmonie, die als konfuzianistisches Erbe betrachtet wird. Durch Hierarchiebewusstsein, Unterdrückung des Individuums und Betonung der Gemeinsamkeit und Konfliktvermeidung soll ein allgemein gesichtsschonendes Verfahren erreicht werden" (Min-Soon-Seo 2003,S. 66)

In ihren Gesprächsanalysen beschreibt sie diese einzelnen Elemente.

Hierarchiebewusstsein bedeutet: Koreaner berücksichtigen in der Kommunikation die sozialen Beziehungen des Gesprächspartners zu ihrem Redethema als auch die sozialen Beziehungen der einzelnen Gesprächspartner untereinander, die durch Alter, Geschlecht, Herkunft, Beruf und Reichtum bestimmt werden. In der Sprache gibt es dafür entsprechende Höflichkeitsformen. Die Höflichkeitsform zeigt die soziale Rangordnung, die zwischenmenschliche Beziehung und den Grad der Bekanntschaft an. Der Sprecher muss zudem entscheiden, wen er respektieren soll: Zuhörerschaft, Subjektivität oder Objektivität. Wenn die Zuhörerschaft respektiert werden soll, kann man zwischen 4 Formalstilen und 2 Informalstilen wählen, die jeweiligen Partikel weisen auf den Grad des Respekts hin. Durch unterschiedliche Anredepartikel in der Sprache wird das Hierarchiebewusstsein zum Ausdruck gebracht (Vgl. ebenda S. 69 f.) In Gesprächsrunden von Koreanern führt in der Regel die Person mit dem höchsten Status. Namen haben wenig Bedeutung, eher Titel oder Verwandtschaftsbezeichnungen. (In den Beobachtungen des Gesprächsverhaltens der Deutschen fiel ihr auf, dass ein Junge seinen Vater mit „du" anredete und der Umgang mit dem Großvater zu wenig Respekt zeigte.)

Konfliktscheue weist auf das Ziel koreanischer Kommunikation hin, Konflikte zu vermeiden. Offene Konflikte und Konfrontationen werden negativ bewertet. So ist es nicht üblich, dass Studenten kritisch mit den Aussagen des Professors umgehen, sie schweigen ehrfürchtig.

Indirektheit von Mitteilungen gelten als kultiviert, wohlerzogen und höflich. Man verwendet eher Andeutungen als direkte Äußerungen. Je wichtiger ein Anliegen ist, umso vorsichtiger muss es formuliert werden.

Die untersuchten Beispiele zeigen deutlich, dass der unterschiedliche Kommunikationsstil zwischen Deutschen und Koreanern Missverständnisse hervorrufen kann. (Vgl. ebenda, S. 75)

Es wurde schon anderer Stelle darauf hingewiesen, dass Korea zu den kollektivistischen Kulturen gehört. Das kommt auch in einem starken Gemeinschaftsgefühl zum Ausdruck. Min-Soon-Seo beschreibt die Mentalität der Koreaner mit den Begriffen *Gemeinschaft, Gemeinschaftsgefühl* und *Kooperativität.* Deutsche werden als egoistisch erlebt (Min-Soon-Seo beschreibt Erfahrungen, z. B. angebotene Esswaren nur gegen Geld abzugeben u. a.).

Auf drei beschriebene Kommunikationsstrategien sei noch verwiesen:

1. die Nunchi-Strategie: Eine Verhaltensweise, bei der die koreanischen Interagierenden generell ihrem Gesprächspartner in der Kommunikation den Vortritt lassen (ebenda, S. 126);
2. Lachen als Defensivstrategie, um Höflichkeit zu wahren (ebenda, S. 127)
3. Dissensverhalten: Bei Nichtübereinstimmung verwenden Koreaner eine indirekte, gesichtsschonende Strategie. „Während die deutschen Interagierenden direkte Meinungsäußerungen von Gesprächspartnern in der Kommunikationssituation zitieren, signalisieren koreanische Interagierende dies nur mit einem Lachen“ (ebenda S. 149)

Hinter der Interaktion stehende Werte des Konfuzianismus:
Die Lehre des Konfuzius kam vor fast tausend Jahren aus China nach Korea und wurde zu einer wichtigen Sozialnorm der Gesellschaft. Er ist noch heute im Leben der Koreaner tief verwurzelt und bestimmt die Wertvorstellungen. In seiner Ethik gibt es vier Tugenden; Humanität (Ijn), Gerechtigkeit (I), Korrektheit (Li) und Weisheit (Gi). Diese Tugenden zeigen auf, wie man werden sollte und möchte. Für die sozialen Beziehungen sind noch immer die fünf moralischen Grundformen von Bedeutung, die die Unterordnung zeigen: Die Loyalität gegenüber dem Herrscher, die Unterordnung des Sohnes unter den Vater, der Gehorsam der Frau gegenüber dem Mann, Gehorsam des jüngeren Sohnes gegenüber dem älteren und Treue gegenüber Freunden. Hier liegt eine Quelle des Bewusstseins für Hierarchie. Die überlieferte Sozialordnung prägt auch das Verhalten gegenüber Menschen aus anderen Kulturen (z. B. Achtung des Älteren).

Zentrale Wertvorstellungen in Korea

Eine zentrale Rolle nimmt das Streben nach Glück ein. Es hat vier Aspekte: Ein langes Leben, Reichtum, Gui und viele Söhne. Der Begriff *Gui* ist die Wertorientierung mit dem größten Einfluss. Sie beinhaltet gesellschaftliches Fortkommen. Wie Min-Soon-Seo betont, ist dies im modernen Korea eng mit dem Begriff des sozialen Aufstiegs verbunden z. B. zum Regierungsbeamten. Sie betont den Wandel der gegenwärtigen koreanischen Gesellschaft zwischen Traditionen und Moderne durch internationale Einflüsse. (Vgl. ebenda S. 63)

Große Bedeutung hat aber noch immer das Konzept des Sozialverhaltens *Che-Myon*, das Gesicht wahren. Wie Lim/Choi betonen, ist es für Koreaner erstrebenswert, gute personale Beziehungen zu pflegen. Sie investieren viel Zeit und

Energie, um den Wünschen der Anderen entgegenzukommen und sich selbst als wünschenswerte Partner darzustellen. Hinter allen Interaktionen und Entscheidungen steht der Wunsch, „Gesicht“ zu wahren oder das Image zu verbessern. Immer, wenn Koreaner etwas tun, das die Aufmerksamkeit anderer auf sich zieht (Auto kaufen, Schule oder Arbeitsstelle aussuchen, Partner auswählen etc.) denken sie an „face“. (Vgl. Lim/Choi in: Gudykunst 1996, S. 122 ff.)

In jeder Interaktion mit einem koreanischen Partner sind diese kulturell tradierten Vorstellungen zu berücksichtigen, um Verhaltensweisen nicht falsch zu interpretieren.

8.3 Der Wert „Ehre“ in der Kommunikation: das Beispiel Türkei

Es könnte so erscheinen, als ob es ein Verhalten, das die Persönlichkeit des anderen achtet, nur in Asien gibt. Tatsächlich gibt es in fast allen Kulturen ähnliche Verhaltensmuster, auch wenn man sie anders bezeichnet. Wenn man in einer Kommunikation bemüht ist, die Ehre des anderen nicht zu verletzen, ist das im Kern die gleiche Intention. Der Begriff „Ehre“ ist alt und weit verbreitet. In der deutschen Geschichte galt als „Mann von Ehre“, wer zuverlässig und redlich ist.

Von noch tiefgehender Bedeutung ist der Begriff „Ehre“ jedoch vor allem in vom Islam geprägten Kulturen des Nahen Ostens.

Für einen Araber ist es notwendig, ehrenhaft zu sein, da er immer auch seine Sippe repräsentiert. Verhält er sich gegen den Ehrenkodex, entehrt er seine Familie. Seine eigene Ehre und die Familienehre kann er durch großzügiges Verhalten anderen gegenüber und durch die Anzahl von Söhnen aufwerten. In besonderem Maße hängt seine Ehre vom moralischen Verhalten seiner Frauen (Ehefrau und Töchter) ab. Verhält sich eine Frau ehrlos (schamlos), macht sie ihm und der ganzen Familie Schande und muss bestraft werden, damit die Ehre wieder hergestellt wird. Die arabische Sprache hat zwei Begriffe für „Ehre“: *sharaf* ist die Ehre im allgemeinen Sinne, *ird* die Ehre im Zusammenhang mit Sexualität. Der Erhalt der Ehre ist in arabischen Familien, auch in Europa, die Aufgabe der Männer. Ähnliche Vorstellungen vom Begriff der „Ehre“ gibt es in türkischen Gemeinschaften, wo sie auch leben. In unserem Kontext können wir das komplexe Phänomen des Ehrbegriffes nicht ausführen, wir wollen stattdessen betrachten, welche Auswirkungen dieser Wert auf Kommunikationsverhalten hat. Von Werner Schiffhauer liegt eine Studie vor, in der er dieses Wertproblem in der Interkulturellen Kommunikation türkischer Zuwanderer in Deutschland untersucht hat. (Vgl. Schiffhauer 1986) Im Folgenden wichtige Grundgedanken:

In den türkischen Gemeinschaften ist der Begriff der Ehre *(namus)* zweigeteilt: Die Ehre des Mannes liegt in seiner Stärke, seine Frau zu schützen; die Ehre der Frau zeigt sich in der Jungfräulichkeit vor der Ehe und Tugendhaftigkeit in der

Ehe. Der Mann vertritt die Familie im Gemeinwesen und andererseits die Normen der Gemeinschaft in der Familie. Zu seiner Ehre gehört deshalb unangefochtene Autorität (Begriff *saygi* = Forderung nach Gehorsam). Der Begriff *seref* = Ehre in der Gemeinschaft gilt nur für Männer. Von den Frauen und Söhnen wird gefordert, sich so zu verhalten, dass die Familie sich nicht zu schämen braucht (*utang* = sich schämen in der Familie).

Diese zentralen Normen bestimmen auch, wer was wann zu wem sagen darf und worüber man nicht spricht. Allgemein anerkennt man eine schön formulierte Rede, in die zahlreiche bildhafte Metaphern eingebaut sind, während man Schweigen mit Misstrauen betrachtet.

Es gibt strikte Redetabus für Männer:

- man spricht nicht über die Frauen der Familie, allgemein nicht über Gefühle;
- nicht über Männer der eigenen Familie, denen man Achtung schuldet;
- nicht über den verstorbenen Vater;

man sagt nichts, was die Ehre des anderen Mannes beflecken könnte, denn es ist wichtig, ehrenhaft zu sein und als ehrenhaft zu gelten. (Vgl. Schiffhauer 1986, S. 35 f.) Man unterscheidet die offizielle und die inoffizielle Rede. In einer offiziellen Rede des Mannes werden die konkreten Sachverhalte ins Allgemeine überhöht und über konkrete Situationen kaum etwas ausgesagt. In einer inoffiziellen Rede wird über konkrete Ereignisse berichtet, die ausgeschmückt werden.

Erst wenn ein Mann verheiratet ist – damit in der Position des Haushaltsvorstandes – hat er das Recht auf öffentliche Rede. Frauen sind von der öffentlichen Rede ausgeschlossen. Im engen Kreis unter sich sprechen sie freimütig über ihre konkreten Erlebnisse, auch über ihre Ehemänner, ohne die Erfahrungen zu verallgemeinern. Männer reden unter sich meist bei Besuchen oder im Kaffeehaus, Frauen bei gemeinsamer Arbeit. Von einem „anständigen Mädchen" erwartet man, dass sie nicht laut redet oder lacht und sich in der Öffentlichkeit nicht auffällig benimmt.

Schiffauer beobachtete, wie sich die Normen der dörflichen Türkei durch die Migration nach Deutschland verändern. In der Fremde ist der Vater oft nicht anwesend, so dass er nicht mehr als Vertreter der Norm auftreten kann. Junge Männer sprechen daher freimütiger über ihre Interessen und Zukunftspläne. Frauen werden selbstsicherer, was sich in Gesprächen über ihren Frauenkreis hinaus zeigt. Sie wagen es, in der Öffentlichkeit zu sprechen. Für die Zuwanderer der zweiten Generation ändert sich die Orientierung für das Verhalten noch stärker, da sie das Kommunikationsverhalten des Gastlandes kennen gelernt haben. Dennoch bleibt weiter ein Gebot, durch die Rede niemanden in seiner Ehre zu verletzen (was in gewissem Sinne der Norm des „Gesicht-Wahrens" in Asien entspricht).

Wenn wir die unterschiedlichen ethischen Werte in den Kulturen betrachten, stellen wir vielfach eine Verschränkung mit religiösen Normen fest. Ohne den religiösen Hintergrund erscheint uns manche Wertorientierung seltsam und unerklärlich. Deshalb ein kurzer Blick auf religiöse Hintergründe.

8.4 Ethische Werte in den Weltreligionen

Religionen geben den Menschen Wertorientierungen, die meist ihr ganzes Leben bestimmen. Man schätzt, dass es 670 Religionen in der Welt gibt. In den Religionsgemeinschaften finden die Gläubigen Sinnhaftigkeit für ihr Leben und ein Gerüst moralischer Werte, um zu wissen, wie man sich richtig oder falsch verhält.

Allein den fünf Weltreligionen Christentum, Judaismus, Islam, Hinduismus und Buddhismus hängen ca. 4,6 Milliarden Menschen an. Welche ethischen Werte und Verhaltensorientierungen verbinden sie?

Der Wertekanon der monotheistischen Weltreligionen enthält grundlegende Gemeinsamkeiten, die in den Zehn Geboten Moses' in der Thora im Judentum und der Bibel im Christentum sowie im Koran des Islam vorgegeben sind: Das Gebot des Friedens, die Achtung vor dem Leben, Barmherzigkeit und Nächstenliebe, die Respektierung des Eigentums und Verhaltensregeln (vor allem gegenüber den Anhängern des gleichen Glaubens). Religiöse Orientierungen haben das Arbeitsverhalten geprägt (Protestantische Ethik, Islamisches Bankwesen und Almosensteuer),die Verantwortung des Menschen für sein Tun ist Teil der Werte. Diese Werte sind auch in allgemeine Handlungsorientierungen außerhalb der Religionsgemeinschaften in die Gesellschaften eingegangen (z. B. Arbeitsethos, der Wert der Gleichheit, Nächstenliebe als Solidarität).

Für die Kommunikation, auch interkulturell, ist es wichtig, Speisetabus zu beachten (z. B. das Verbot von Schweinefleisch und Alkohol im Islam und das Verbot von Fleisch von Schweinen und Schalentieren im Judentum) und angemessenen Respekt vor religiösen Hierarchien zu zeigen.

Im Hinduismus wird das Leben der Gläubigen davon bestimmt, dass jeder Mensch dem Kreislauf von Leben – Tod – Wiedergeburt unterworfen ist und sein individueller Weg durch den ethischen Standard des *Karma* bestimmt wird. Für einen gläubigen Hindu ist es daher wichtig, nicht nur Ansehen und Wohlstand zu gewinnen, sondern auch spirituelle Weisheit in Vorbereitung auf sein nächstes Leben. Mit dem Hinduismus verbunden ist die soziale Gliederung nach Kasten (vier Kasten und die Schicht der Kastenlosen, Unberührbaren), in die der Mensch als Ergebnis seines Karmas hineingeboren wird und die er Zeit seines Lebens nicht verlassen kann. (Den Kasten sind bestimmte Berufsgruppen zugeordnet). Dies hat Auswirkungen auf Kontakt und Kommunikation: Niemand darf von einem Menschen Essen oder Wasser annehmen, der in der Kastenordnung unter ihm steht, niemand darf einen Brunnen benutzen, aus dem Darlits („Unberührbare") Wasser schöpfen, Man heiratet innerhalb seiner Kaste. Inder können sich an hand der Namen und Berufe als Angehörige einer bestimmten Klasse identifizieren.

Im Umgang mit Indern wird es als Zeichen des Respekts gewertet, wenn man die vorgegebenen Regeln respektiert (einschließlich des Speisetabus für Rindfleisch).

In der Lehre Buddhas – die sich aus dem Hinduismus heraus entwickelte – kann der Einzelne durch Meditation, Yoga und Askese Erlösung aus dem Kreislauf der Wiedergeburt finden. Die Ethik des Buddhismus beinhaltet fünf Gebote, die denen der monotheistischen Religionen ähnlich sind: Nicht stehlen, nicht töten, nicht lügen, keine Rauschgetränke, kein unerlaubter Verkehr. Ziel des Lebens ist die Erlösung, die der Einzelne durch Spiritualität und ein einfaches, genügsames Leben erreichen kann.

Buddha hat in seiner Lehre vom *Achtfachen Pfad* die ethischen Grundsätze formuliert. Hier sind auch Gebote formuliert, die die Beziehungen der Menschen betreffen. Dazu gehören: Entsagung, andere Lebewesen nicht schädigen; vollkommene Rede, d. h. keine Lüge, Nachrede oder Geschwätz; vollkommenes Handeln, d. h. kein unsittliches Handeln.

Eine interkulturelle Begegnung mit Buddhisten ist stets von Toleranz und Genügsamkeit geprägt und läuft ohne Aggressionen ab. Hier sind die nonverbalen Signale besonders wichtig.

Werte wie Achtung vor dem Alter, Bewahrung der Natur und andere finden wir überall in der Welt, auch in kleinen Gemeinschaften, z. B. der Indianer, afrikanischer Gruppen oder Indios. Sie sind dort Teil der kulturellen Identität. In der Interkulturellen Kommunikation geht es vor allem darum, sich in die neue Gedankenwelt und Emotionen hineinversetzen zu können.

Abbildungen Religion im Alltag:

Altar für den Hindu-Gott Ganesha in der Stadt (Indien)

Maskentanz „Egun Eleru" der Ahnengeister (Nigeria)

9. Kapitel:
Das Fremde in der Interkulturellen Kommunikation

9.1 Was ist Fremdheit?

Fremd sind uns Menschen oder Orte. Die Fremde als Ort kann selbst gewählt sein (Tourismus, Business, Studium, Immigration und Auswanderung) oder ein unfreiwilliger Aufenthaltsort geworden (Exil, Gefangenschaft).

Der fremde Mensch kann uns bereits durch sein Aussehen, eine unvertraute Sprache und unterschiedliche Verhaltensmuster auffallen. Er verkörpert eine fremde Lebenswelt.

Gudykunst bezeichnet Menschen als Fremde, die einer anderen Gruppe angehören und uns unbekannt sind. In unseren Interaktionen begegnen wir Personen, die uns in unterschiedlichem Maße mehr vertraut oder mehr fremd sind. In interkulturellen Situationen sind es vor allem Menschen mit dem höchsten Grad an Fremdheit und dem niedrigsten Grad an Vertrautem. Diese Fremdheit kann sich aber auch auf andere in der innerkulturellen oder interethnischen Kommunikation beziehen. Eine der wichtigsten Funktionen, wenn wir mit einem Fremden kommunizieren, besteht daher darin, die Ängste zu reduzieren. (Vgl. Gudykunst 2003, S. 24)

Der Fremde, der uns heute begegnet, kann unterschiedlicher Herkunft sein: Er kann aus einer anderen Weltregion kommen, einem anderen Land, er kann einer anderen sozialen Klasse oder Kaste angehören, einer anderen Religion angehören, zu einer anderen ethnischen Gemeinschaft gehören, zu einer Subkultur oder er ist der uns kulturell Fremde im eigenen Land.

Historisch geprägte Haltungen zum Fremden
Das Beispiel der Entdeckung Amerikas

Die Begegnung mit Fremden fand zu allen Zeiten statt. In der Geschichte entstanden bereits bei vielen Völkern feste Vorstellungen, was man von dem Fremden zu erwarten hat und führten zur Bildung von vorgefassten Verhaltensmustern. Fremde kamen in eine Gemeinschaft als Entdecker oder Eroberer und Kolonisatoren; sie bedeuteten Krieg oder Handel, sie blieben oder zogen weiter. Der Gegensatz zwischen den Kulturen, die sie verkörperten, war oft extrem.

Ein Beispiel dafür ist die Zeit der europäischen Entdeckungen, eine unmittelbare Begegnung von einander bisher unbekannten Völkern. Es war jedoch keine unbefangene Begegnung. Die europäischen Seefahrer waren auf der Suche nach Gold und günstigen Handelsbedingungen und hatten die Bilder jener Zeit von den Menschen ferner Erdteile im Kopf, die sie seltsame Wesen und Monster (Amazonen und Kannibalen) erwarten ließen.

Abbildung Kolumbus trifft auf Bewohner der „Neuen Welt"
(Theodor de Bry: Amerika oder die Neue Welt)

Die in diesem Kontext wichtigste „interkulturelle Begegnung" war die Entdeckung Amerikas. Am 12. September 1492 traf die Karavelle von Kolumbus auf Land (eine Koralleninsel der heutigen Bahamas, die sie „San Salvador" nannten). Die Männer mit Kolumbus trafen auf Einheimische, die sie Tainos nannten (sie gehörten zu den Aruak-Indianern). Die beiden sich begegnenden Parteien konnten gegensätzlicher nicht sein: Die Spanier in farbenfrohen Wämsern, Pluderhosen, Baretten aus Samt und Eisenwaffen und auf der anderen Seite lächelnde, unbekleidete Wilde. Kolumbus beschrieb sie später als „sanftmütig". Er schrieb in sein Bordbuch:

„Sie gehen so nackt umher, wie ihre Mütter sie geboren haben, auch die Frauen, alle, die ich sah, waren junge Leute, niemand älter als 30 Jahre. Sie sind sehr gut gewachsen, haben schöngeformte Körper und sehr gute Gesichter. Ihr Haar ist nicht kraus, sondern glatt und dicht wie eine Pferdemähne." (Der Spiegel, 2/1992, S. 95)

In einem symbolischen Ritual am Strand, das die Einheimischen mit Neugier betrachteten, nahmen die Spanier die Insel samt ihren Bewohnern für das spanische Königspaar in Besitz. Die technische Überlegenheit der Spanier wurde bereits an ihren Eisenwaffen sichtbar. Da sich die beiden Gruppen sprachlich nicht verständigen konnten, nahm man Gebärden zu Hilfe. Die Spanier bedeuteten, dass sie Gold suchten und die Tainos wiesen sie nach Süden an die Nordküste Kubas. Nach zwei Monaten fanden die Spanier Gold auf einer Inselgruppe, die sie „Isla Espanola" nannten (heute Haiti, Dominikanische Republik).

Der erste Kontakt zwischen den Bewohnern der alten und der Neuen Welt (erst Amerigo Vespucci erkannte 1501, dass es sich um einen neuen Kontinent handelte) verlief also friedlich und prägte in Europa das Bild vom friedlichen, schönen Wilden in paradiesischer Unschuld. Das fremde Körperbild der Tainos war anziehend, nicht abstoßend. Die Tainos waren friedfertig und gastfreundlich. Kolumbus schrieb: „Wir bemerkten zwei oder drei Siedlungen, und das Volk kam an den Strand, rief uns an und dankte Gott. Einige brachten Wasser, andere brachten uns essen." (Bitterli 1991, S. 88) Aber die positive Beziehung zwischen den Spaniern und den Einheimischen schlug bald in ein Gegenteil um, denn im Mittelpunkt stand die Suche nach Gold. Bei der zweiten Expedition 1493 kam eine Armada mit 17 Schiffen mit 1200 Männern, darunter 200 gut ausgerüsteten Infanteristen, zusätzlich mit irischen Bluthunden, 200 Goldsuchern, 30 gepanzerten Reitern und fünf Geistlichen. Was dann an Gewalt und Tod über die Indios hereinbrach, ist allgemein bekannt.

In unserem Kontext stellt sich die Frage, mit welchen Argumenten die Spanier ihre Gewalt gegen die friedfertigen Fremden rechtfertigten. Abgesehen von wirtschaftlichen Motiven wurde dieses gewaltsame Vorgehen damit begründet, dass sie „anders" waren und den in Europa gängigen stereotypen Abgrenzungen entsprachen:

1. wurden sie als Kannibalen bezeichnet (was nicht den Tatsachen entsprach);
2. als Heiden und damit von der Gemeinschaft der Christen ausgegrenzt und als minderwertig bezeichnet.

Die Haltung zu Fremden war hier – wie auch später in unzähligen Beispielen des Kontakts oder der Eroberung von Gebieten anderer Kontinente – nicht allein auf Erfahrung gegründet, sondern auf vorgefassten Bildern.

In früheren Jahrhunderten war in Europa ein Fremder schon eine Person aus der anderen Region. Sein Erscheinen war ambivalent, konnte Gefahr oder Gutes bedeuten. Man musste ihm mit Misstrauen begegnen. Hinter ihm standen die Stereotypen Feind, Gott und Gast. Um die von ihm ausgehende Gefahr für die Gemeinschaft abzuwenden, gab es strikte Regeln. Man nahm ihn in die Gemeinde hinein (Gastrecht für drei Tage), sicherte aber durch Rituale, dass kein Schaden von ihm ausgehen konnte. Im „Handwörterbuch des Deutschen Aberglaubens" sind eine Vielzahl von Regeln für den Umgang mit Fremden zu finden.

Prinzipiell anders war die Situation mit jenen Fremden, die nicht nur kurzzeitig vorbeikamen. Der Soziologe Georg Simmel nennt ihn „Der Fremde nicht als der Wandernde, der heute kommt und morgen geht, sondern als der, der heute kommt und morgen bleibt" (Simmel 1992, S. 764) Bei Simmel ist der Fremde wirtschaftlich der Händler, der Waren von außerhalb bringt, aber kein Bodenbesitzer ist. Durch den Handel kommt er in die Gemeinschaft hinein. Simmel kennzeichnet seine Situation durch folgende Merkmale:

- Er ist sowohl nah als auch fern, er ist Mitglied der Gemeinschaft, aber seine Wurzeln sind draußen. Dadurch kann er eine Objektivität gewinnen, die aus diesem Abstand kommt. Man kann ihm gegenüber offener sein. Zugleich birgt diese Freiheit auch die Gefahr, bei Konflikten als der „Hetzer" von außen verantwortlich gemacht zu werden.
- Mit dem Fremden kann es eine Verbindung über Gemeinsamkeiten geben: „Der Fremde ist uns nah insofern wir Gleichheiten nationaler, berufsmäßiger oder allgemein menschlicher Art zwischen ihm und uns fühlen; er ist uns fern, insofern diese Gleichheiten über ihn und uns hinausreichen und uns beide nur verbinden, weil sie überhaupt sehr viel verbinden." (ebenda, S. 769) Andererseits gibt es eine Art der Fremdheit, bei der es keinerlei Gemeinsamkeiten auf allgemeiner Ebene gibt und deshalb auch keine Beziehung (Simmel verweist auf das Beispiel der Barbaren für die Griechen, d. h. Menschen außerhalb der griechischen Welt.).
- Fremde werden nicht als Individuen, sondern als die Fremden eines bestimmten Typus überhaupt empfunden, als Landfremde, Stadtfremde, Rassefremde. Sie werden auch nur als Teil einer Gruppe behandelt (Simmel nennt die mittelalterliche Judensteuer in Frankfurt, die nicht nach individuellem Einkommen berechnet wurde, sondern generell für alle Juden gleich war.).

Das Bild des Fremden ist in der Geschichte also nicht nur durch Ängste oder Erwartungen bestimmt, sondern auch durch wirtschaftliche und andere Nützlichkeitserwägungen positiv oder negativ besetzt. In vornationaler Zeit war es leicht, jemanden als „fremd" einzuordnen, da es klare Selbstbilder der sozialen Gruppen gab, sei es durch Kleiderordnung, was und wie sie aßen (Speisevorschriften) und wie sie sich zu benehmen hatten. Die Differenzierung in Gruppen war sichtbar.

Zur Abgrenzung durch das Äußere gehörten auch Gesten und Körpersprache. Um die soziale Stellung an Hand der Gesten zu erkennen, unterschied man zwischen Gesten des Klerus, Gesten der Herrschenden und Gesten der Arbeitenden.

Eine derartige Zuordnung des Fremden nach äußeren Kriterien ist heute nur noch bedingt möglich. Eine feste Kleiderordnung gibt es nur in bestimmten Berufen oder zu ausgewählten Anlässen. Wenn wir einem Mann im Armani-Anzug oder abgetragenen Jeans oder einer Frau im Prada-Kostüm oder billigem Minirock begegnen, können wir sie nicht mit Bestimmtheit sozial zuordnen. In der gegenwärtigen Diskussion um das Tragen von Burka oder Kopftuch durch Frauen muslimischer Zuwanderer ist es gerade der Aspekt der Fremdheit, der Unsicherheit in der deutschen Gesellschaft hervorruft. Fragen wie „Was will die Frau damit ausdrücken, warum verbirgt sie ihre Identität?“ etc. machen sie betont zu Fremden.

9.2 Fremdheit in der Kommunikation

In der Interkulturellen Kommunikation ist immer ein Partner dem anderen fremd. Es gibt aber Unterschiede auf der Skala von *vertraut bis fremd*.

Dieser Fremde kann sehr unvertraut sein, wenn er aus einer geographisch weiten Ferne kommt, eine fremde Religion hat und nur seine eigene, fremde Sprache spricht (z. B. ein Maori aus Neuseeland). Er kann uns vertraut sein, weil er ein Fremder in unserer Nähe ist, der die Sprache spricht (z. B. der türkische Gemüsehändler an der Ecke).

Da man in jeder Kommunikation kulturelle Gemeinsamkeiten untereinander sucht, ist diese Unterscheidung in der Praxis höchst relevant. Auch in Hinblick auf die Reduktion der Unsicherheit dem Fremden gegenüber ist dies entscheidend. Um das Verhalten des Gegenüber vorher zu ahnen, muss man wichtige Aspekte bereits in der ersten Begegnung wissen, z. B. begrüßt man sich in seiner Kultur mit Handgeben, welches Verhältnis zur Zeit ist dort üblich, wie die Einstellung zu Frauen etc. Um seine Unsicherheit in der Kommunikation zu überwinden, benötigt man viel Geduld.

Die mögliche Kommunikation mit dem Fremden beginnt mit der Wahrnehmung. Sie erfolgt auf der Grundlage der eigenen Kultur, auf dem erlernten Wissen und den übermittelten Vorurteilen in der Gesellschaft. Wir haben Erwartungen an den fremden Partner (Business, Flirt, Sport) und Emotionen (Ängste, Hoffnungen). Das führt dazu, dass unsere Wahrnehmung verzerrt ist, die ins Bild passenden Informationen werden eher akzeptiert. Unsere Sicherheit in der Kommunikation wird davon beeinflusst, ob wir uns auf vertrautem Gebiet befinden oder in der

Fremde. Hinzu kommen noch psychologische Effekte, wie den sog. „Halo-Effekt“, den Helga Losche so beschreibt:

> „Dieser läßt eine vordergründig ins Auge fallende Eigenschaft zum Maßstab für alle weiteren werden, d. h. auch andere. Selbst überwiegende Merkmale werden je nach Ersteindruck als positiv oder negativ eingeordnet. (Losche 1995, S. 73)

Deutsche betonen dies oft durch die Redewendung „Der erste Eindruck ist der Beste“. So werden äußerlich attraktiven Personen auch positive innere Eigenschaften zugeschrieben oder wird eine ranghohe Persönlichkeit automatisch für klug gehalten. Tatsächlich reagieren wir durch den Halo-Effekt auf ein verzerrtes Bild. Das kann auch bedeuten, Ängste zu vergrößern, die eine Kommunikation fast unmöglich machen (z. B. „Angst vorm schwarzen Mann“, Angst vor großen Männern, vor dem möglichen Klappmesser in der Tasche). Selbst unbedeutende Gesten erhalten dann eine andere Bedeutung.

In der interkulturellen Begegnung ist „Fremdheit“ ein Beziehungsverhältnis. Fremdheit ist keine Eigenschaft, sondern erst in der Beziehung erweist sich, was warum fremd ist. Was der eine auf Grund seiner Biographie und seiner Wahrnehmungsmuster als „fremd“ erlebt, muss ein anderer mit einer anderen Fremderfahrung durchaus nicht als fremd empfinden. Fährt z. B. ein deutscher Tourist mehrere Jahre hintereinander in den gleichen Urlaubsort in Spanien, so fühlt er sich dort „fast wie zu Hause“ und nimmt seine Umgebung nicht mehr als fremd wahr. Abends in der Taverne mit den Dorfbewohnern Wein zu trinken, vermittelt einen Hauch von Vertrautem.

Aber auch der Fremde hat seinen Wahrnehmungsfilter und seine persönlichen Erfahrungen: Ein türkischer Gastarbeiter wird in seiner deutschen Umgebung vieles nicht mehr als fremd empfinden, das ihn noch vor zwei Jahrzehnten erstaunt hat.

Die Beziehung zu einem Fremden oder einer fremden Umgebung wird durch die konkrete Situation und einen bestimmten Zeitpunkt jeweils anders definiert.

Die unterschiedlichen Möglichkeiten, wie das Fremde wahrgenommen wird, hat Ortfried Schäffter als Modi des Fremden beschrieben:

- *Das Fremde als das Auswärtige, das Ausländische,* d. h. als etwas, das sich jenseits einer räumlich bestimmbaren Trennungslinie befindet. Diese Perspektive erhält gleichzeitig eine starke Betonung des „Inneren“ als Heimat oder Einheitssphäre.
- *Das Fremde als Fremdartiges,* z. T. auch im Sinne von Anormalität, von Ungehörigem oder Unpassenden.
- *Das Fremde als das noch Unbekannte* bezieht sich auf Möglichkeiten des Kennenlernens und des sich gegenseitig Vertrautmachens von Erfahrungsbereichen, die prinzipiell erreichbar sind.

- *Das Fremde als das letztlich Unerkennbare,* das ... außen, bei dem Möglichkeiten des Kennenlernens prinzipiell ausgeschlossen sind.
- *Das Fremde als das Unheimliche* zieht seine Bedeutung aus dem Gegensatz von Geborgenheit und Vertrautem (vgl. Schäffter 1991, S. 14)

Aus diesen Modi ist es die günstigste Situation für eine interkulturelle Kommunikation, wenn wir den oder das Fremde als das noch Unbekannte definieren, mit dem wir uns durch Interaktion vertraut machen.

Kontakt und Kommunikation mit dem Fremden sind an Vorbedingungen geknüpft:

1. an historische Erfahrungen mit Fremden (Kriege, Unterdrückung, Allianzen);
2. an eine Bereitschaft zum Kontakt durch allgemeine Interessen (Wirtschaft, Politik) oder individueller Motivation (z. B. fremde Sprache erlernen);
3. an Erwartungen hinsichtlich des Ergebnisses (Verbindlichkeit);
4. an Fähigkeiten zur Kommunikation (Sprache, Offenheit).

Ein sehr wichtiger Faktor ist, welche Rolle die andere Kultur in unserem Weltbild spielt. Ist die eigene Kultur universaler Maßstab *(Ethnozentrismus)* oder wird jede Kultur als einmalig betrachtet, so dass alle Merkmale von Kulturen relativ sind.

Das Weltbild des *Kulturrelativismus* entstand im 20. Jahrhundert durch intensive Forschungen der Anthropologen nach den vielen Aspekten kultureller Unterschiede in den verschiedenen Gebieten der Welt, als Theorie entwickelt von Frans Boas in den USA, fortgeführt von Melville Herskovitz und Bronislaw Malinowski in Großbritannien.

Heute kommt in gewisser Weise diese Haltung denen zugute, die sich mit dem Anderssein des Fremden nicht auseinandersetzen wollen. Mit der Aussage „Jede Kultur ist eben anders, ich mische mich nicht ein!“ wird die Frage nach dem „Warum?“ vermieden. Es wird auch vermieden, darüber nachzudenken, ob es Grenzen der Nicht-Einmischung gibt (z. B. bei Steinigungen von Frauen, bei Genitalverstümmelung von Mädchen oder dem Töten von Albino-Kindern, um sie als Amulette zu benutzen). Der Umgang mit Fremdheit zwingt zum Nachdenken darüber, ob es bei aller kulturellen Vielfalt universale Werte gibt. Gelten die Menschenrechte, Produkt europäischer Geschichte, auch außerhalb Europas? Kann man Gleichheit erwarten, wenn religiös Ungleichheit vorgegeben ist, wie in den Kasten des Hinduismus? Sind Begriffe wie *Freiheit, Gleichheit, Solidarität* kulturspezifisch? In interkulturellen Begegnungen werden oft Rangordnungen spürbar, die sich aus der Position eines der Partner herleiten (Chef eines Unternehmens) oder aus der vorgestellten Überlegenheit, z. B. Person aus einem Industrieland gegenüber einem Dorfbewohner eines Dritte-Welt-Landes, dessen tatsächlicher Rang in seiner eigenen Kultur nicht bekannt ist.

Die Grenzen zwischen „fremd" und „vertraut" werden sich verschieben, wenn ein Kontakt zu Fremden dauerhafter wird und die Kommunikation intensiver. In jeder interkulturellen Verständigung ist der Anteil der Interpretation der Botschaften des anderen zu Beginn eines Kontakts sehr hoch. Inwieweit das durch Wissen ersetzt wird, hängt nicht nur von der Bereitschaft des Einzelnen ab, sondern auch von seinem kulturellen Umfeld. Bochner betonte, dass Menschen, die in multikulturellen Gemeinschaften aufwachsen, generell weniger ängstlich gegenüber Fremden sind.

9.3 Wovon wird unser Verhalten zum Fremden bestimmt?

Die individuelle Wahrnehmung des Fremden

Im Alltag können wir immer wieder beobachten, wie unterschiedlich Menschen auf Fremdheit reagieren. Anschauliche Beispiele dafür liefert das Fernsehen in Sendungen über deutsche Auswanderer in Übersee oder über ungezogene Teenies, die in Familien in anderen Kulturen (sei es ein Himba-Kraal in Namibia oder bei gläubigen rumänischen Bergbauern) zum „kulturellen Vergleich" geschickt werden. Die Reaktionen reichen von Abscheu und Ablehnung bis euphorische Begeisterung über das Neue, Unbekannte. Man könnte auf ererbte Eigenschaften schließen, die zu so unterschiedlichen Verhaltensweisen führen. Tatsächlich belegen soziologische Studien, dass es zwei Grundhaltungen zum Leben „in der Fremde" gibt. Sie sind allerdings nicht genetisch angelegt, sondern Resultat von individuellen Erfahrungen in der Kindheit und Jugend. Psychologen gehen davon aus, Menschen können entweder Ängste, Abneigungen und Abwehr gegenüber eine bestimmte Gruppe von Fremden entwickelt haben (z. B. übernommene Aussagen von „Zigeunern", die Kinder oder Wäsche stehlen) oder auch überhöhte und euphorische Erwartungen an Fremde/die Fremde stellen, weil sie sie mit Berichten assoziieren, die sie in der eigenen Biographie gehört haben (z. B. Geschichten der Alten über amerikanische Soldaten in der Nachkriegszeit, die Kekse und Schokolade an deutsche Kinder verschenkten). In jeder Biographie gibt es eine Vielzahl von eigenen Erlebnissen und Berichten und Erzählungen anderer über Fremde, die unbewusst individuelle Fremdbilder prägen, unabhängig davon, ob sie gesellschaftlich bestätigt werden. Jeder Mensch entwickelt seine Haltung zu Fremdheit sowohl durch psychische Muster aus der Kindheit als auch durch die Fremdbilder, die in der Gesellschaft, in der er lebt, vorherrschen.

Der Ethnopsychologe Mario Erdheim definiert zwei Grundpositionen der Haltung zum Fremden: *Exotismus* als Bejahung und Begeisterung für alles Fremde und *Xenophobie* als Angst vor dem Fremden, die auch in Fremdenfeindlichkeit umschlagen kann. Erdheim führt in seiner Argumentation psychologische und soziale Ursachen für die Haltung zum Fremden zusammen. In der Psychogenese, der psychischen Entwicklung des individuellen Menschen, ist die Entstehung der Bilder der Fremdenrepräsentanz davon abhängig, wie die frühkindliche Entwicklung der Abspaltung von der Mutter verlief und inwieweit angsterregende Erfahrungen dem Fremden zugewiesen wurden. Erhält sich diese psychische Abwehr, so wird „der Fremde zum Inbegriff des Bösen, Gemeinen, Hässlichen. In die kulturell elaborierten Bilder des Barbaren, Vandalen, Juden oder Türken werden jene frühkindlichen Phantasien hineingenommen und erhalten den Schein einer Objektivität, worüber ein allgemeiner Konsens hergestellt werden kann" (Erdheim 1992, S. 160) Xenophobie kann also in der frühkindlichen Phase ihre Wurzeln haben. Ein positives Bild vom Fremden kann erst in der Phase des Erwachsen-Werdens entwickelt werden, wenn sich das innere Bild von der Familie gefestigt hat und die Neugier und Faszination des Fremden, Unbekannten einsetzen kann.

> „Xenophobie und Exotismus erhalten erst in der Adoleszenz ihre entscheidende Ausprägung, und zwar erst durch ihren Stellenwert im Antagonismus zwischen Kultur und Familie ... Xenophobie ist dann diejenige Haltung, die die Ablösung von der Familie dadurch verhindert, dass alles Fremde gehasst und vermieden werden muss; Exotismus zieht zwar den Jugendlichen in die Fremde, fördert in diesem Sinne die Trennung von der Familie und ihren Werten, konserviert aber im Untergrund die alten Bindungen."

Beides sind Vermeidungsstrategien.

> „In der Xenophobie meidet man das Fremde, um das Eigene nicht in Frage stellen zu müssen, im Exotismus zieht es einen in die Fremde, und man muss deshalb zu Hause nichts ändern." (ebenda S. 261)

Die individuellen psychischen Prozesse verlaufen jedoch nicht isoliert von sozialen Erfahrungen, da jeder Mensch auch Mitglied von Gruppen und von einer Gesellschaft ist. In der Soziogenese, in seiner sozialen Entwicklung, erlernt der Einzelne die in seiner Kultur gültigen Bilder des Fremden und die entsprechenden Einstellungen. In der Geschichte gibt es viele Beispiele dafür, dass bestimmte fremde Gruppen oder Völker bejubelt oder verteufelt wurden. Die Bilder vom Fremden sind Bewusstseinsphänomene, die sich aus individuellen (oft unbewussten) eigenen Erfahrungen und aus in der Gesellschaft produzierten Bildern zusammensetzen.

Die individuelle Haltung zum Fremden zeigt sich in den Verhaltensweisen in der interkulturellen Begegnung. Der eine ist auf die neue Kultur neugierig, ist begeistert vom fremden Essen, von der Bekleidung, von der gesamten Lebensweise oder einzelnen religiösen oder weltanschaulichen Ideen – der andere findet alles in der anderen Kultur schrecklich, eklig, angsteinflößend und möchte den Kontakt sofort abbrechen. Der eine begegnet dem Fremden überschäumend freundlich, der andere möchte jede Begegnung vermeiden oder den Kontakt so schnell es geht abbrechen, weil er dem Fremden nicht traut und sich bedrängt fühlt. In gewisser Weise sind beide Haltungen extrem, denn der eine öffnet sich dem Fremden gegenüber kritiklos und euphorisch, während der andere in jede Geste und jede Handlung des Fremden etwas Bedrohendes hinein interpretiert. Die interkulturelle Begegnung ist daher stark emotional aufgeladen.

Das problematische ist, dass der fremde Partner dem gleichen Mechanismus unterliegt, so dass eine konfliktfreie Verständigung oft sehr schwierig ist und nicht auf Anhieb gelingt. Da man sich insbesondere in der Anfangsphase einer interkulturellen Situation nicht über die wechselseitige Befindlichkeit austauscht, bleibt oft unklar, wo die Ursachen für diese Spannungen liegen. Wenn jemand als Student, Manager oder Tourist mit einem Fremden Kontakt aufnimmt, weiß er nicht, welche Erfahrungen dieser seinerseits mit „Deutschen" und den Bildern von ihnen gemacht hat. Eine Interkulturelle Kommunikation kann zu einem Tanz auf dem Eis werden, wenn man sich dieser komplizierten Situation nicht bewusst ist. Die beste Handlungsstrategie ist Nachfragen bei Unklarheit.

Soziale Identität und Fremdwahrnehmung

In jeder interkulturellen Begegnung stehen sich Individuen gegenüber, die sich wechselseitig als fremd wahrnehmen. Dem liegt die Differenzierung zwischen Selbstbild und Fremdbild zugrunde. Diese Kategorisierung wird zum Teil durch unbewusste Faktoren bestimmt: Durch Gruppeninteressen, durch Fremdbilder in unserem Kopf und durch unsere psychische Disposition gegenüber Fremden.

Jeder Mensch besitzt ein Selbstbild, aus dem er sein Selbstwertgefühl ableitet. Um ein positives Selbstwertgefühl zu entwickeln, benötigt er ein positives Selbstbild. Es beinhaltet sowohl seine individuellen Eigenschaften als auch seine Mitgliedschaft in verschiedenen Gruppen (Klassenkameraden, Kollegen, Sportsfreunde, Vereinsmitglieder etc.). Das Selbstbild ist Ausdruck der Identität eines Menschen. Es umfasst sowohl seine individuelle (personale) wie auch seine kollektive (Gruppen-) soziale Identität. Die Bedeutung der sozialen Identität für das Individuum und die Beziehungen, die es zu anderen aufbaut, hat der Sozialpsychologe Henri Tajfel in seiner Theorie der Sozialen Identität entwickelt, die von John Turner und anderen weiterentwickelt wurde.

Zur personalen Identität zählt man vor allem individuelle Merkmale des Menschen, wie z. B. körperliche Merkmale, Eigenschaften, Geschmack, Interessen etc. Natürlich beeinflusst diese individuelle Identität Verlauf und Zielrichtung einer interkulturellen Begegnung, aber darüber hinaus gibt es noch andere Determinanten. Diese liegen in der sozialen Identität des Menschen, denn er ist als soziales Wesen zugleich Teil der Gesellschaft und gehört verschiedenen Gruppen an. Der einzelne Mensch ist mit seiner Gruppe (in der Regel mit mehreren Gruppen, die unterschiedlichen Stellenwert für ihn haben) emotional verbunden und teilt deren Werte und Anschauungen. Wertebildend können insbesondere religiöse Gemeinschaften sein, politische Parteien und Bewegungen, Peergroups der Jugendlichen, Familien oder auch Geschlechtergruppen (nachweisbar reagieren Frauen empathischer und sensibler auf Fremde und neigen eher zur Solidarität mit ihnen als Männer). Der einzelne Mensch handelt in seinen Beziehungen zu anderen nie nur als Individuum, sondern beeinflusst durch die Werte und Orientierungen der Gruppen, der er angehört.

In der Interkulturellen Kommunikation geht es einerseits um interpersonale Beziehungen (Herr X ist mit einem türkischen Kollegen befreundet) und andererseits um Intergruppenbeziehungen (die Gruppe der türkischen Arbeiter in einem Betrieb entwickelt Beziehungen zur Gruppe der deutschen Kollegen). Der Einzelne ist Teil der Gruppe und wird von den anderen auch als Teil der Gruppe wahrgenommen (z. B. ist für den Souvenirverkäufer im Ausland der einzelne Tourist, mit dem er gerade verhandelt, in diesem Kontext individuell, aber er sieht ihn in erster Linie als Teil der Gruppe der Touristen).

Es gibt Situationen, in denen die personalen Beziehungen keine Rolle spielen, z. B. wenn sich zwei Mannschaften in Sportwettkämpfen gegenüber stehen oder Soldaten feindlicher Armeen. In den Beziehungen zwischen Gruppen haben beide ein festes Bild von den anderen. Innerhalb der Gruppe gibt es so etwas wie einen Gruppenkonsens darüber, was man von der anderen Gruppe halten soll. Von dem Einzelnen wird erwartet, dass er sich diesem Gruppenkonsens anschließt (z. B. die Ablehnung einer bestimmten Fremdgruppe). Hinsichtlich der Meinungsbildung übt die Gruppe auf den Einzelnen einen Uniformitätsdruck aus. Andererseits gibt ihm das Sicherheit im Verhalten, da er die Gruppenmeinung hinter sich weiß. In Berlin ist das zu beobachten in der wechselseitigen Ablehnung von türkischen und Russland-Deutschen Jugendlichen und anderen ethnischen Gruppen.

Der Fremde als Mitglied seiner Gruppen sieht den Einzelnen als Person in Einheit mit der Gruppe, die meist als übergeordnet betrachtet wird („er ist ein cleverer Geschäftsmann, aber leider Chinese“ und ähnliche Wertungen!).

In der Interkulturellen Kommunikation gibt es kein „Ich-Du“, sondern immer ein „Wir-Sie“, eine *Ingroup* und eine *Outgroup.* Das „Wir“ sind Familie, Freunde, Kollegen, Landsleute, das „Sie“ sind Fremde, Ausländer und Feinde der Gruppe. Auf beiden Seiten unterscheidet der Wahrnehmungsfilter zwischen Eigenen, Vertrauten und Fremden, Unbekannten.

Steven Bochner hat interkulturelle Konflikte untersucht und fand zwei allgemein auftretende Faktoren in der Haltung zum Fremden:

1. Der Fremde wird entpersonalisiert, indem man ihn einer Gruppe zuordnet;
2. Die Bedeutung der Territorialität, d.h. es wird als Bedrohung empfunden, wenn der Fremde in den persönlichen „Schutzraum" eindringt (auch wenn es unbeabsichtigt erfolgt) und mit Angst und Abwehr reagiert. Die Bereitschaft, dem Fremden böse Absichten zu unterstellen und feindselig zu reagieren ist immer da; auch wenn es keine negativen Erfahrungen gibt. (Vgl. Bochner 1982, S. 34)

Ein unvorbelasteter Umgang von Selbst- und Fremdgruppe ist nur gesichert, wenn beide ein gemeinsames Ziel verfolgen (eine Erfahrung, die Sozialpsychologen zur Deeskalation von Gewalt einsetzen).

Die Haltung einer Gruppe zu einer anderen wird auch durch Meinungsbildner wie Staat, Religion und Medien gefördert (z.B. die Haltung zu Homosexualität durch rechtlichen Status).

Der Umgang, die Kommunikation zwischen Individuen, wird zum großen Maße nicht durch persönliche Beziehungen und individuelle Merkmale bestimmt, sondern durch die Mitgliedschaft in unterschiedlichen sozialen Gruppen. (Vgl. Tajfel 1982, S. 70)

Wie entsteht eine Gruppenidentität?

Eine Gruppe kann sich nur als Einheit definieren, wenn es andere Gruppen gibt. Sie benötigt die Abgrenzung zu anderen Gruppen zur Selbstdefinition. Eine Gruppe definiert sich durch drei Komponente: Das Wissen darum, dass man zu einer Gruppe gehört, die Vorstellung der Mitgliedschaft kann eine positive oder negative Wertkonnotation besitzen und die Gruppenmitgliedschaft kann von Emotionen begleitet sein (wie Liebe oder Hass, Zuneigung oder Ablehnung) (ebenda S. 70)

Wir können uns das gut vorstellen, wenn wir an die Gruppe „Nation" denken. Wir definieren uns als Deutsche im Gegensatz zu Nicht-Deutschen (Franzosen, Italienern) und betrachten dies als eine positive oder negative Tatsache.

Die Zuordnung zu Gruppen und die Abgrenzung zu anderen erfolgt auf der Basis von Ähnlichkeiten und Unterschieden. Sie ergibt sich nicht aus der Ähnlichkeit von Personen (z.B. welche Werte sie besitzen), sondern aus der angenommenen Ähnlichkeit von Merkmalen einer Gruppe. Im Prozess der sozialen Kategorisierung werden Eigen- und Fremdgruppen voneinander abgegrenzt. In Hinblick auf Fremdbilder und Fremdgruppen stellt die soziale Kategorisierung ein Ordnungssystem dar, durch die das Individuum seine Identität definieren kann. Die Definition erfolgt durch Zuordnung bzw. Ausschluss (z.B. Deutscher-nicht Franzose).

Der Einzelne möchte zur Gestaltung eines positiven Selbstbildes einer positiv anerkannten Gruppe gehören. Kann dies die Gruppe nicht gewährleisten, kann er sie verlassen (real oder durch psychologische Distanzierung). Negative Zuschreibungen können von Gruppen auch positiv umgeformt werden, wie es in der Losung „Black is beautiful“ für die Afro-Amerikaner zum Ausdruck kommt.

Indem wir Personen nicht als Individuen, sondern als Mitglieder einer Gruppe wahrnehmen, ist dies mit Verallgemeinerungen verbunden, die wir als Soziale Stereotype bezeichnen.

9.4 Bilder in unserem Kopf

Eine Freundin erzählt, dass sie Urlaub in Neuseeland machen will und sich für die Traditionen der Maori interessiert. Obwohl Sie noch nie einen Maori kennen gelernt haben, haben Sie sofort ein Bild vor Ihrem inneren Auge: Ein braunhäutiger, kräftig gebauter Polynesier mit vielen Tätowierungen, der mit den Augen rollt und Ihnen zur Begrüßung die Zunge herausstreckt. Natürlich werden nicht alle Maori diesem Bild entsprechen, aber wenn nicht, dann sind es eben Ausnahmen!

Bevor wir Angehörige einer anderen Kultur treffen, haben wir bereits eine Vorstellung davon, wie sie aussehen und wie sie sich verhalten. Wir haben Vorinformationen von Reisenden und Second-hand Berichte durch Medien und Touristik-Werbung.

Walter Lippmann prägte 1922 in seinem Buch „Public Opinion“ den Begriff *Stereotyp* für diese *Bilder in unserem Kopf* in Anlehnung an die Schablonen im Druckereibetrieb.

Der Begriff stereo typos = feste Klasse betont das Starre, Wiederkehrende. Stereotype sind verallgemeinerte und vereinfachte Kategorisierungen sozialer Gruppen. Lippmann sah in ihnen eine Hilfe für das Individuum, sich in der komplexen Welt zurecht zu finden. Durch diese Kategorisierung wird die uns umgebende Welt geordnet und fremde Gruppen werden eingeordnet.

Stereotype können neutral sein („alle Schweden sind groß“) oder wertend; sie können ein positives Bild erzeugen (z. B. das von glücklichen schönen Südseeinsulanern) oder ein negatives (z. B.„ Zigeuner stehlen“). Durch die Stereotype soll jeweils das „Typische“ ausgedrückt werden.

Häufig werden die Begriffe „Stereotyp“ und „Vorurteil“ gleichgesetzt. Gordon Allport, einer der bekanntesten amerikanischen Verhaltensforscher, benutzt den Begriff „Vorurteil“ sowohl für positive wie auch für negative Vorstellungen. Das entscheidende Merkmal des Vorurteils ist für ihn, dass es nicht auf eigener Erfahrung basiert, die einmal damit verbundene Kategorisierung aber vom Individuum sehr ungern durch neue Informationen überprüft wird. (Wir können bei Touristen beobachten, dass sie mit einem vorgeprägten Bild eines Landes und seiner Bewohner in ein Gastland einreisen und dieses Bild sofort bestätigt sehen, wenn es nur ein einziges Ereignis gibt, das es zu bestätigen scheint.)

Tajfel sieht in Stereotypen ein vereinfachtes geistiges Bild von einer Kategorie von Personen und Ereignissen, das von einer großen Anzahl von Menschen geteilt wird. Im allgemeinen Sprachgebrauch wird der Begriff „Vorurteil" jedoch als negative Einschätzung einer fremden Gruppe verstanden. Es handelt sich um vorgefasste Urteile, die man eigentlich überprüfen müsste, was man aber nie tut. Sie werden von einer Generation zur nächsten übertragen. Sie sind sehr stabil und langlebig. Vorurteile vereinfachen Erfahrungen („das Körnchen Wahrheit"), überzeichnen sie und übertragen sie auf alle Mitglieder einer Gruppe. Es gibt auch individuelle Vorurteile, die einfach auf Unwissenheit beruhen, aber das für uns wichtigere sind soziale Vorurteile, die zwar individuell geäußert werden, aber gesellschaftlich sanktioniert sind. Sie richten sich gegen Gruppen, die tatsächlich oder vorgeblich von der gesellschaftlichen Norm abweichen – sei es im Aussehen, in der Rasse, Religion oder in der politischen oder sexuellen Orientierung. Welche Gruppen dies jeweils sind, ist von der konkreten gesellschaftlichen Situation abhängig. Soziale Vorurteile werten das Selbstwertgefühl auf, weil sie eine Überlegenheit der stigmatisierten Gruppe gegenüber ermöglichen. Sie dienen auch der Anerkennung in der eigenen Gruppe (z. B. Ausländerfeindlichkeit in rechtsradikalen Jugendgruppen). Sie sind emotionsgeladen (Hass auf die Gruppe X). Eine Funktion von Vorurteilen ist es, ein Abwehrmechanismus gegen reale oder angenommene Gefahren zu sein (z. B. Angst vor kultureller Überfremdung, vor Gewaltkonflikten) und als Projektion von Ängsten und Aggressionen zu dienen.

Stereotype haben eine Funktion bei der Erhaltung des eigenen Wertsystems. Durch die Zuordnung von Personen zu sozialen Kategorien ist es einfacher, über sie zu urteilen, da es bereits einen allgemeinen sozialen Konsens gibt. So wird die Meinung „Mario ist laut" durch die Aussage „Mario ist Italiener" und das Stereotyp „alle Italiener sind laut" auf einer allgemeinen Ebene ungeprüft bestätigt. Wie Turner betont, führt Stereotypisierung zur Entpersönlichung und Homogenisierung von Mitgliedern der Outgroup. Die einzelnen Personen werden als austauschbar wahrgenommen und wenn sie tatsächlich dem Stereotyp überhaupt nicht entsprechen, erklärt man sie zur Ausnahme.

Interessant ist, dass es von der eigenen Gruppe nur positive Stereotype gibt („Deutsche sind pünktlich" sagen auch Deutsche im Ausland von sich).

Der Psychologe Thomas F. Pettigrew (University of California, Santa Cruz) hat in seinen Arbeiten herausgearbeitet, dass es neben „offenen Vorurteilen" auch „verdeckte Vorurteile" gibt, die sich nicht in verbaler oder tätlicher Gewalt äußern, sondern z. B. darin, jemanden nicht einzustellen, nicht auszuzeichnen etc., der in diese Zielgruppe eingeordnet wird. (Vgl. Pettigrew 1994)

Neben Selbstbild und Fremdbild wird manchmal das Metabild betont, d. h. wir haben ein Bild davon, wie andere uns sehen und reagieren darauf.

Stereotype haben eine gesellschaftliche Funktion. Entstehung und Verbreitung von Stereotypen gegenüber Fremdgruppen werden durch gesellschaftliche Bedingungen gefördert:

- um die eigene Gruppe positiv von Fremdgruppen zu unterscheiden, also zur Aufwertung des eigenen Selbstbildes;
- um geplante oder ausgeführte Handlungen gegenüber Fremdgruppen zu rechtfertigen und sie für Missstände verantwortlich zu machen;
- unangenehme und unbeliebte Ereignisse und Entwicklungen in der Gesellschaft mit der Anwesenheit und dem Handeln von Fremdgruppen zu erklären.

Stereotypisierung sozialer Gruppen kann kollektives Handeln und Gewalt nach sich ziehen, insbesondere dann, wenn dieses Handeln ideologisiert wird. Beispiele dafür, dass Fremdgruppen als Ursache von bedrohlichen Ereignissen gesehen wurden, gab es in der Geschichte genug. denken wir an die Hexenjagden im Mittelalter oder an die Verfolgung der Juden mit dem Argument, sie hätten die Pest verursacht (oder sie seinen an Krisen schuld).

Es ist auch klar, dass das Ringen um Machtpositionen oder wirtschaftlichen Vorteil gegenüber Konkurrenten durch vorhandene Stereotype untermauert wird. Problematisch ist der hohe Grad an Verallgemeinerung von einzelnen Ereignissen zu Bedrohungen. Ein aktuelles ideologisiertes Stereotyp ist „Alle Muslime sind gefährlich, denn es gibt islamische Terroristen."

Soziale Stereotype, Fremdbilder, Feindbilder

In unserem Zusammenhang der interkulturellen Begegnung scheint mir der Begriff *Fremdbild* als synonym für Stereotyp sinnvoll, weil er auf die Kurzform, das im Gedächtnis gespeicherte Bild, verweist. Dieses Bild ist kein objektives Abbild der Wirklichkeit, sondern verzerrt und überhöht. Auf Bildern mit physiognomischen Darstellungen von Menschen bestimmter Rassen oder Nationalität werden diese auf wenige Merkmale reduziert (das Bild des Juden mit sinnlichen Lippen, gebogener Nase; die Zigeunerin als Verführerin mit Glutaugen etc.). Das Fremdbild im Sinne eines Stereotyps setzt sich aus einem ganzen System von Bildern zusammen, die untereinander verbunden sind. Erscheint z. B. das Bild einer tanzenden Zigeunerin in der Zeitung, wird ein ganzes Bilderfeld „Zigeuner" aktiviert, wie „Wahrsagerin, umherziehende Planwagen etc." Dieses Bildsystem ist nicht neutral, sondern wertend. Es genügt bereits ein einziges Bild, um bei den Mitgliedern einer sozialen Gruppe eine verzerrte Information zu den Roma und Sinti zu geben. Treffen neue Informationen ein, werden sie auf der Folie des vorhandenen Bildes interpretiert. Informationen, die dem entgegen stehen, werden von einem Filter ausgesondert.

Fremdbilder gibt es in allen Gesellschaften. Sie beziehen sich auf den regionalen Nachbarn oder sozialen Konkurrenten. Jeder einzelne, jede soziale Gruppe und jede Gesellschaft definiert, was und wer als fremd, anders und bedrohlich einzustufen ist. Fremdbilder bilden die Folien für das selbstproduzierte Selbstbild, das sich dadurch positiv abhebt (faul vs. fleißig, schmutzig vs. sauber). Fremdbilder in verschiedenen Gesellschaften unterscheiden sich, aber das Kern-Stereotyp selbst kommt immer wieder (denken wir an die verschiedenen Versionen des Feindbildes „Islam" in der Geschichte!). Fremdbilder bilden einen verfügbaren Fond, auf den in Krisenzeiten erneut zurückgegriffen werden kann.

Wer verbreitet Fremdbilder?

Fremdbilder sind keine individuellen Stereotype, sondern soziale, d. h. sie sollen massenhaft Menschen beeinflussen. Interessengruppen können sehr unterschiedlich sein, wofür es in der Geschichte viele Beispiele gibt: Religionen (wechselseitige Fremdbilder Christentum↔Islam, Gläubige↔Ketzer), herrschende Politiker (insbesondere Konstruktion von Feindbildern in Krisensituationen oder vorgestellten Feindgruppen wie Juden im Nationalsozialismus.) Kurz: Fremdbilder werden von Meinungsmachern definiert und durch Literatur, Schulbücher, Presse oder Massenmedien verbreitet. Sie werden aber auch für wirtschaftliche Zwecke eingesetzt, insbesondere in der Werbung, in der wir viele tradierte Klischees finden.

Es sind soziale Gründe, die zur Verbreitung und Verfestigung von Fremdbildern führen. Sie sind niemals objektiv, da dahinter immer Gruppeninteressen stehen. Die Zuschreibung von Merkmalen für eine bestimmte Gruppe in einem Fremdbild hängt auch davon ab, ob es sich um eine sozial angesehene Gruppe handelt. Jean-Claude Deschamps hat die Machtbeziehungen zwischen Gruppen untersucht und betont, dass es die herrschenden Gruppen sind, die die Merkmale festlegen, die als Norm gegenüber anderen Gruppen gelten. (Vgl. Deschamps 1982, S. 89 f.)

Können sich Stereotype/Fremdbilder verändern?

Stereotype und Vorurteile sind sehr resistent gegenüber Veränderungen der gesellschaftlichen Realität. Sie bilden sich unter bestimmten historischen Situationen heraus und werden später nicht erneut hinterfragt. So geistert das in der deutschen Romantik entstandene Traumbild von Indien noch heute durch die Medien wie ebenso das Bild des Kannibalen in Afrika.

In einer Schülerbefragung von Apeltauer in Norwegen zum Bild der Deutschen standen im Jahre 2002 als Merkmale „Hitler, Krieg, Nazis" jeweils an der

Spitze, obwohl viele Schüler inzwischen persönliche Kontakte zu Deutschen hatten. Die realen negativen Erfahrungen ihrer Eltern mit den Besatzern der Deutschen Wehrmacht in der NS-Zeit sind offenkundig noch immer tief im kollektiven Gedächtnis eingegraben und wurden durch Medienberichte bestätigt. (Vgl. Apeltauer 2002, S. 99 ff.)

Hier handelt es sich um eine besondere Form der Stereotype: das *Feindbild.* Feindbilder sind eine Form von Vorurteilen, die mit starken Emotionen und häufig auch Realitätsverlust einhergehen. Die Feindgruppe wird als gefährlich, brutal, als das Böse schlechthin aufgebaut und ist durch Sachinformationen kaum zu verändern. Es kommt zu Spiegelbildern von Fremdbildern, d. h. die andere Gruppe reagiert ihrerseits mit Feindbildern, so dass sich der Prozess stufenweise immer stärker ideologisiert. Ausgangspunkt sind reale Konflikte und Krisen, die durch Propaganda aufgebauscht werden. Gesellschaftlich bewirken Feindbilder eine Manipulation der Meinungen. Die Öffentlichkeit ist in Hinblick auf Informationen über den Feind abhängig von Politikern und Massenmedien. Sie werden zu Zeiten militärischer Bedrohung, bei Bedrängung der wirtschaftlichen Ressourcen, bei massiven politischen Auseinandersetzungen großer Machtblöcke (Bilder im Kalten Krieg!) und bei ideologischen Kämpfen um Einflusssphären in der Welt konstruiert und durch Staat, Medien oder Religionen verbreitet. Besonders in Karikaturen kommt das stark überhöhte Feindbild zum Ausdruck.

Feindbilder können aber auch reine Konstruktionen sein, um eine Gruppe für gesellschaftliche Missstände verantwortlich zu machen und damit einen Vorwand für Verfolgung und Vernichtung ihrer Mitglieder zu haben, wie es mit dem Bild des Juden im Nationalsozialismus geschah. Das Feindbild war im Zentrum der rassistischen Propaganda: Auf Plakaten, in Schulbüchern, Filmen, in der Presse etc. wurden sie mit abschreckenden Bildern als Parasiten, sinnliche Verführer deutscher Mädchen, die Weltkugel in der Gier nach Geld umspannend dargestellt, um das negative Bild der Propaganda zu unterstreichen.

9.5 Völkerstereotype

In der Interkulturellen Kommunikation geht es in erster Linie um *nationale Stereotype* (oder auch ***„Völkerstereotype"*** genannt).

Wie kann man ermitteln, welche Völkerstereotype vorherrschen? Es gibt verschiedene Methoden:

- Fragebögen mit freier Assoziation von Merkmalen von Nationen
- Eigenschaftslisten; die nach Katz und Braly benannte „Eigenschaftsliste" stellte eine bestimmte Auswahl von vorgegebenen Eigenschaften zur Auswahl.

- Bogardus-Skala: Frage nach Kontakt- und Integrationsbereitschaft zu ausländischen Gruppen. Diese Methode wird häufig bei Befragungen der Ausländerverwaltungen benutzt (Fragen wie: „Würden Sie mit einem ausländischen Kollegen ein Bier trinken gehen?"; „Würden Sie sich mit einem Türken anfreunden?"; „Würden Sie akzeptieren, wenn Ihre Tochter einen Ausländer heiratet?").

Insbesondere nach dem II. Weltkrieg setzten Forschungen ein, die die Beziehungen der Menschen verschiedener Nationen zueinander untersuchten.

Ein Beispiel für eine umfangreiche Studie zu internationalen Bildern ist eine Studie, die William Buchanan und Headley Cantril im Auftrage der UNESCO durchführten. In ihrer repräsentativen Umfrage von jeweils Tausend Personen aus Australien, Großbritannien, Frankreich, Deutschland, Niederlande, Norwegen, Italien, Mexiko und die USA – erfragten sie Selbstbilder und nationale Fremdbilder der jeweiligen Nationen. Die Studie erschien 1953 unter dem Titel „How nations see each other". Theoretische Grundlage war die Definition von Stereotypen durch Walter Lippmann und das Konzept von Hayakawa vom Leben in zwei Welten. Er geht davon aus, dass wir alle sowohl in einer verbalen Welt leben (das über das Wort erworbene Wissen durch Sozialisation und Medien) als auch in der Welt unserer eigenen Erfahrungen. Beide stehen zueinander in Beziehung wie eine Landkarte zu den Territorien, die sie abbildet. Solange beide Bilder übereinstimmen, fühlt sich der Einzelne in Sicherheit, wenn er jedoch mit einer falschen „Landkarte" (Bilder voller Vorurteile) aufwächst, gerät er in Schwierigkeit, wenn er mit der Realität konfrontiert wird. (Vgl. Kayakawa 1939, S. 21 ff.)

Methodisch lag der Umfrage die sog. Eigenschaftsliste zugrunde. Es wurden 12 Eigenschaften genannt, nach denen die Beurteilung der Nationen erfolgen sollte:

fleißig	intelligent	praktisch	überheblich
großzügig	grausam	rückständig	tapfer
beherrscht	herrisch	fortschrittlich	friedliebend

Einige Beispiele der ermittelten Vorstellungen der Nationen voneinander:

- Deutsche sehen sich selbst als fleißig, intelligent, tapfer, praktisch, fortschrittlich, friedliebend;
- sie halten die Franzosen für intelligent, überheblich, herrisch, friedliebend, grausam rückständig;
- die Deutsche betrachten Russen als rückständig, grausam, fleißig, herrisch, tapfer und praktisch;

- die Amerikaner werden von den Deutschen als fortschrittlich, großzügig, praktisch, intelligent und friedliebend beschrieben, was sich mit dem Selbstbild der Amerikaner (plus: tapfer) deckt.

Die Völkerstereotype waren offensichtlich von der Art der Beziehungen der Länder abhängig, aber auch durch äußere Ereignisse (Erfahrungen des Weltkrieges) beeinflusst. (Vgl. Buchanan 1953, S. 91 ff.)

Ein interessantes Beispiel für Völkerstereotype in Kinderzeichnungen bot die Ausstellung „Hakenkreuz und Butterfly" des Instituts für Auslandsbeziehungen Stuttgart 1981. Hier einige Beispiele aus dem Ausstellungskatalog::

Abbildungen Völkerstereotype Deutschland-Japan

Wie japanische Schüler Deutschland sehen:

Beethoven trifft Hitler

Deutsche Märchenwelt: Schneewittchen

Wie deutsche Schüler Japan sehen:

Japanerinnen im Haus

Beispiel Frankreich

Es ergibt sich die Frage, ob insbesondere historisch tradierte Feindbilder eine Chance haben, sich zu verändern. Nehmen wir als Beispiel das „klassische Feindbild" der Deutschen: die Franzosen. Nach den Erfahrungen von drei großen Kriegen und den Propagandabildern auf beiden Seiten haben sich hier Feindbilder verfestigt. Denken wir an die Lieder, Gedichte und Karikaturen, mit denen Deutsche mehrerer Generationen eine negative Einstellung zum westlichen Nachbarn erlernen sollten. Charakteristisch dafür ist das Gedicht von Ernst Moritz Arndt „Was ist des Deutschen Vaterland?", in dem es heißt:

> „Das ist des Deutschen Vaterland,
> Wo Zorn vertilgt den welschen Tand,
> Wo jeder Franzmann heißet Feind,
> Wo jeder Deutsche heißet Freund …"
> (Arndt, E. M.: Des Deutschen Vaterland)

Auch bei Herder, Fichte und Wieland finden wir anti-französische Reden oder Gedichte. Es gab einen realen Hintergrund für das Feindbild Frankreich, nämlich die Bemühungen um ein deutsches Selbstbewusstsein in Hinblick auf die Schaffung eines einheitlichen deutschen Nationalstaates auf der Basis der deutschen Sprache. Im Kontext der Befreiungskriege von der Fremdherrschaft Napoleons eskalierte der Hass auf die Franzosen.

In Hinblick auf die beiden Weltkriege des 20. Jahrhunderts steht außer Zweifel, dass Frankreich und Deutschland militärische Gegner waren und die Schrecken der Kriege bei beiden Völkern die bestehenden historisch tradierten Feindbilder verfestigten. Die Frage aber ist, was wurde aus diesen Feindbildern in der Zeit nach dem II. Weltkrieg?

Die Regierungen Frankreichs und der BRD waren sich darin einig, dass alles getan werden müsse, um die tiefen Gräben des Hasses und der Feindbilder zuzuschütten. Der 1963 von de Gaulle und Adenauer unterzeichnete Elysée-Vertrag lieferte dafür einen Rahmen. Das in diesem Rahmen gegründete Deutsch-Französische Jugendwerk sollte mit seinen Projekten helfen, dass die junge Generation trotz der Vorurteile ihrer Großeltern freundschaftlich zueinander finden. Begegnungsstätten, Schüleraustausch und insbesondere Untersuchungen zum Fremdbild Frankreich bzw. Deutschland in den Schulbüchern waren wichtige Schritte zum Abbau von negativen Bildern (Ich verweise auf Krauskopf 1985 und auf Broszinsky-Schwabe 1992). In einer Studie von Niklas und Gabriel 1996 wird die Einstellung junger Deutscher und junger Franzosen zum Nachbarland ermittelt. Das Ergebnis war, dass beide Gruppen ohne Berührungsängste aufeinander zu gingen. In Befragungen, die Studenten der Kulturwissenschaft in Berlin von

1994 bis 2000 zu Selbst- und Fremdbildern im Alltagsverhalten durchführten, war das Bild der Franzosen positiv an der Spitze: lebensfroh, genießend, charmant, galant, offen für alles Schöne, Esprit. Die meisten der Befragten konnten sich ein Zusammenleben vorstellen.

Das Bild von Frankreich und den Franzosen ist ein Beispiel dafür, dass Feindbilder sich zwar lange erhalten, wenn die Realität sich verändert hat, aber es dann einen Wechsel zu einem positiven Fremdbild geben kann. Das Bild heute ist vielfach real erlebte Erfahrung, aber auch das Bild der Werbung, für Wein, Käse, Gauloises, Mode, exquisite Kosmetik. Auch ein Stereotyp? In der Kommunikation heute miteinander lösen sich Generationengegensätze allmählich auf.

Abbildungen Stereotypen in der französischen Werbung

Gitanes (Zigeunerin)

Rum „La Negrita"

9.6 Kulturschock

Begegnungen zwischen Menschen aus einander fremden Kulturen finden im Inland und in anderen Teilen der Welt statt und sind nicht immer unproblematisch. Die Spannungsbreite zwischen Begeisterung und Ängsten wurde gerade im Kontext von Fremdbildern erörtert, aber ernste psychische Probleme können auch im direkten Kontakt mit Menschen einer anderen Kultur entstehen. Bei einem längeren Auslandsaufenthalt als Geschäftsmann, Angestellter einer internationalen Organisation oder einem längeren Studium kann der Einzelne an einen Punkt kommen, wo ihm alles fremd erscheint und er verzweifelt, weil er nichts Vertrautes findet: Das Klima ist ungewohnt, das Essen nicht nach seinem Geschmack, die Leute verstehen ihn nicht und seine heimatlichen Werte scheinen hier überflüssig. Auf die fremde Kultur reagiert er mit den Symptomen eines *Kulturschocks.*

Der Begriff ***Kulturschock*** wurde erstmals 1960 von dem Anthropologen Kalvero Oberg verwendet. Es ist ein psychischer Zustand, wo plötzlich für den Einzelnen in der fremden kulturellen Umgebung alle bekannten Werte und Verhaltensmuster ihre Gültigkeit verloren zu haben scheinen. Die Symptome sind Heimweh, Depression, Nervosität, übertriebene Sauberkeit, sich Zurückziehen, unerklärliche Anfälle von Weinen, Verlust der Fähigkeit zum effektiven Arbeiten bis zu aggressivem Verhalten in der neuen Umwelt. Kulturschock ist keine Krankheit, sondern eine Abwehrreaktion gegenüber den Einflüssen einer fremden Kultur. Ferraro, der die Erfahrungen amerikanischer Geschäftsleute im Ausland beobachtet hat, geht davon aus, dass dieser Schock für Aufenthalte über 6 Monaten normal ist, bei kürzeren Aufenthalten aber nur einige Symptome auftreten.

Nach Oberg verläuft der Kulturschock in einer U-förmigen Kurve:

Ankunftsphase (Euphorie) ↓			Leben in beiden Kulturen beginnt
		Allmähliche Annäherung →	
	Alltagsorganisation →		

1. Phase: Oben links, in der Ankunftsphase, wird alles Neue als aufregend und exotisch empfunden (Man nennt dieses euphorische Stadium „Honeymoon-Phase"). Da der Neuankömmling in der Regel zuerst in einem Hotel nach westlichem Standard lebt, erlebt er den Aufenthalt noch nicht als fremd.

2. Phase: Nach einigen Wochen, wenn der Alltag im fremden Land organisiert werden muss, gibt es erste Probleme beim Einkaufen, in der Arbeit, auf dem Marktplatz – es treten erste Verständigungsprobleme auf. Sie erscheinen unüberwindlich. Plötzlich wird sich der Neuankömmling der kulturellen Unterschiede bewusst und sieht sie voller Skepsis oder sogar Ablehnung. Man trifft sich mit Landsleuten und bestärkt sich wechselseitig darin, dass es überall schmutzig und laut ist und die Einwohner ungebildet sind (Der Tiefpunkt des „U" ist erreicht). In dieser zweiten Phase brechen einige ihren Aufenthalt ab.

3. Phase: In der dritten Phase kommt es zu einer allmählichen Annäherung an die fremde Kultur. Man hat erste Sätze in der Landessprache gelernt und kann die Alltagsprobleme, die vorher unüberwindlich schienen, selbst lösen.

4. Phase: In der vierten Phase geht es wieder aufwärts in der Annäherung, man beginnt in beiden Kulturen zu leben. Lokale Bräuche werden als solche erkannt und akzeptiert. Auch wenn es immer noch interkulturelle Verständigungsprobleme gibt, verschwinden die Ängste. Wer dieses vierte Stadium erreicht hat, kann die neue Kultur als eine Bereicherung annehmen.
(Vgl. Oberg in: Ferraro 2002, S. 144 f.)

Ferraro weist zugleich auf ein anderes damit verbundenes Problem hin: Den Kulturschock bei der Rückkehr in die Heimatkultur (re-entry-shock). Nun beginnt man Dinge und Verhaltensweisen, die man kennen gelernt hatte, zu vermissen. Man sieht in der eigenen Kultur unangenehme Seiten, die man vorher gar nicht wahrgenommen hatte. Man betrachtet die eigene Kultur nicht mehr als die beste aller Kulturen. Man kann die Unterschiedlichkeit der Kulturen erkennen und vergleichen.

Gibt es Rezepte gegen Kulturschock?

Man findet in der Literatur verschiedenartige Ratschläge, wie man diese psychische Krise bewältigen kann, die sich aber im Kern ähnlich sind. Ich verweise hier auf Ferraro:

1. Man kann den Schock reduzieren durch ein Verständnis davon, was Kultur ist. Wenn Kultur erlernt wurde, kann man auch die fremde Kultur erlernen. Wenn man erkennt, dass alle Kulturen eine innere logische Struktur haben, wird man sie nicht mehr als „primitiv" oder „dumm" abstempeln.
2. Ein wichtiger Schritt, mit dem Kulturschock umzugehen, ist, sich mit den lokalen Mustern der Kommunikation vertraut zu machen, sowohl mit den verbalen wie mit den nonverbalen. Das Erlernen der Landessprache ermöglicht ein besseres Verständnis der Partner und öffnet Wege zu anderen Bereichen der Kultur. Die nonverbalen Signale zu entschlüsseln, verkleinert das Risiko von Frustrationen und Missverständnissen.
3. Man muss kulturelles Selbstbewusstsein entwickeln. Bevor man eine andere Kultur versteht, muss man zunächst verstehen, wie die eigene Kultur beeinflusst, was wir sind und was wir tun.

4. Es ist unerlässlich, vor Beginn des Aufenthaltes so viele Informationen wie möglich über die Landeskultur zu sammeln, die Quellen sind vielfältig verfügbar. Je mehr Einzelheiten vorher bekannt sind, umso geringer wird der Schock über Unerwartetes sein. (Vgl. ebenda, S. 147 f.)

Bochner sieht eine erfolgreiche Handlungsstrategie darin, teilweise Mitglied der „Sie-Gruppe" zu werden, ohne jedoch die kulturelle Identität seiner eigenen ethnischen Gruppe aufzugeben. Bei einer Hinwendung zur fremden Kultur wird diese ein Stück weit in die eigene Kultur hineingelassen und dadurch das starre Verhältnis von Ingroup und Outgroup aufgebrochen. Man muss die Fremdgruppe neu definieren.

In der deutschsprachigen Literatur finden wir ähnliche Ratschläge, insbesondere die Forderung nach Empathie, d. h. sich in die Lage des Partners hinein zu versetzen. Vielfach wird empfohlen, dem Kulturschock entgegen zu wirken, indem man sich körperlich gesund hält. Generell wird die Beschäftigung mit der Kultur des Gastlandes als positive Steuerung gegen den Kulturschock vorausgesetzt.

Hinweisen möchte ich auf die Strategien für Manager, die Beniers entwickelt hat, insbesondere die Empfehlung, sich auf Neues einzulassen (neue Bekanntschaften, neues Essen, Kleidung etc.) und am Selbstkonzept zu arbeiten. (Vgl. Beniers 2006, S. 99)

Wir sollten davon ausgehen, dass bei einem ersten längeren Auslandsaufenthalt ein Kulturschock nicht zu vermeiden ist, dass aber bereits das Wissen darum hilft, den Prozess zu erkennen und damit umzugehen.

10. Kapitel: Verbesserung interkultureller Handlungskompetenz

10.1 Interkulturelle Kompetenz entwickeln

Am Beispiel eines interkulturellen Missverständnisses in Indien möchte ich verdeutlichen, welche Aspekte der Kultur in der Zusammenarbeit wechselseitig als fremd empfunden wurden. Ein Deutsch-Indisches Jointventure eines deutschen Automobilwerks in Indien im Jahre 1994:

Florian Becker-Ritterspach hat die interkulturellen Probleme untersucht. Kurz gefasst, entsprachen die im indischen Werk zu beobachtenden Verhaltensweisen nicht den Erwartungen der deutschen Manager. Es gab allgemeine Probleme im Arbeitsalltag, die sich bezogen auf Ordnung, Sauberkeit und Qualität, auf Systematik, Flexibilität, Zeit- und Zielorientierungen bei der Bewältigung der Arbeitsaufgaben sowie um Offenheit und Aufrichtigkeit im Kommunikationsverhalten. (Vgl. Becker-Ritterspach 2003, S. 48)

Sicher wäre es am einfachsten gewesen, die entstandenen Probleme auf die indische Mentalität zu schieben, aber eine exakte Analyse ergab, dass die Komplikationen einen vielfältigen kulturellen Hintergrund hatten.

Es waren besonders Fragen der Arbeitsorganisation, die zu Komplikationen führten:

1. Die Vorstellungen von Hierarchien im Arbeitsprozess. Während die deutschen Manager das Konzept einer flachen Hierarchie mit möglichst wenig Funktionen (designations) vertraten, forderten die indischen Mitarbeiter mehr Stufen und die Einhaltung des Senioritätsprinzips, d. h. die Achtung der Erfahrungen älterer Mitarbeiter durch höhere Positionen.
2. Die Gestaltung des Verhältnisses von Arbeitern (operators) und Vorgesetzten (supervisor) beruhte auf unterschiedlichen Vorstellungen: Während die Deutschen eine kooperative Zusammenarbeit beider Parteien anstrebten, verstanden sich die indischen Supervisor als Vorgesetzte der Arbeiter (als white-collar job sahen sie sich den blue-collar jobs der Arbeiter überlegen).
3. Die Vorstellungen von Verantwortungsübernahme und die Delegation von Entscheidungen: Die Ursachen für die divergierenden Vorstellungen ließen sich bei näherer Betrachtung in der indischen Kultur finden.
4. Traditionell werden möglichst viele Hierarchiestufen bevorzugt, um ein berufliches Fortkommen zu sichern, das hohes familiäres Ansehen verschafft.

Es werden deshalb viele Tätigkeitsbezeichnungen eingeführt, die nicht unbedingt mit höherer Bezahlung verbunden sind, aber mit mehr Ansehen. Das deutsche Konzept war für die Inder eine Art Gleichmacherei. Zudem ist in Indien Alter mit einem höheren Status verknüpft.

5. Die Haltung der Supervisor als Vorgesetzte der Arbeiter, die selbst jede praktische Tätigkeit ablehnen, erklärte sich aus der Tatsache, dass sie vom deutschen Management als eine dem deutschen Meister ähnliche Zwischenposition gedacht waren. Dies konnte aber in Indien nicht funktionieren, da die berufliche Bildung in beiden Ländern verschieden ist. Während das deutsche Bildungssystem aus aufeinander aufbauenden Stufen besteht, haben die Ausbildungsstufen in Indien keinen Bezug aufeinander. Die Berufe *craftsmen, technican engineer* und *college-engeneering graduates* drücken eine professionelle und soziale Distanz aus. Die letzten beiden sind white-collar jobs, d.h. diese Mitarbeiter wurden nicht dazu ausgebildet, praktisch mit Hand an zu legen, wie im Vergleich der deutsche Meister. Die Wurzeln für dieses Bewusstsein liegen im indischen Kastensystem und dem durch die Briten vermittelten hierarchischen Bildungssystem.
6. Auch die Zurückweisung von Verantwortungsübernahme ist aus der Sozialisation verständlich. Das indische Erziehungsziel ist die Joint-Hindu-family, die patriarchisch und hierarchisch strukturiert ist: Vater – Sohn, ältester Bruder – jüngerer Bruder. Entscheidungen werden bis ins Erwachsenenalter (Heirat) von den Eltern getroffen. Disziplin und Gehorsam sind Pflicht, Eigeninitiative wird oft missbilligt und daher als Verhalten nicht angestrebt. Die Manager des Automobilwerks standen vor der Aufgabe, für diese Probleme Lösungen zu finden. Sie entwickelten eine hybride Hierarchie nach dem indischen Familienmodell: Die Teams wurden als Familieneinheiten zusammengestellt mit dem „Vater" an der Spitze. So konnten traditionelle Vorstellungen das Arbeitsverhalten entsprechend ändern. (Vgl. Becker-Ritterspach 2003)

Wie an diesem Beispiel gut sichtbar wird, können die auftretenden Probleme in der interkulturellen Zusammenarbeit nur durch Verständnis und Einfühlung in die dahinter stehenden kulturellen Strukturen gelöst werden. In diesem Fall waren Kenntnisse über Familienstruktur, Rolle des Alters, soziale Hierarchien, das Bildungssystem und den traditionellen Begriff von „Verantwortung" erforderlich. Hierbei haben sich die deutschen Manager als kompetent erwiesen. Man bezeichnet dies als *Interkulturelle Kompetenz.*

Interkulturelle Kompetenz ist die Fähigkeit, mit Menschen aus anderen Kulturen konfliktfrei zu kommunizieren und sie auf der Grundlage ihres Wertesystems zu verstehen. Diese Fähigkeit kann man erlernen, indem man sich neues Wissen, Fähigkeiten und Handlungsstrategien aneignet. Ein kompetenter Kommunikator muss die Situation analysieren können und eine angemessene Verhaltensstrategie auswählen. Er muss dafür motiviert sein, über grundlegendes Wissen und über bestimmte Kommunikationsfähigkeiten verfügen. Was benötigt man, um kompetent mit einem Partner aus einer anderen Kultur kommunizieren zu können?

1. Eine Grundvoraussetzung ist ein bestimmtes Maß an *Wissen* über andere Kulturen, sowohl allgemeine Kenntnisse (wie Sprachen) als auch spezielle Kenntnisse über eine bestimmte Region oder ein einzelnes Land. Zentral sind Kenntnisse über die Sicht auf die Welt und die Beziehung zur Natur, Offenheit gegenüber den vertretenen Religionen und ihren Verhaltensorientierungen, Zeitverhalten, soziale Hierarchien und Rollen (wie Geschlechterrollen und Stellung des Alters), Ausdrucksformen von Identität (Lebensweise, Sitten), Normen, Gebote und Tabus im Verhalten, wichtige Aspekte der Körpersprache, die zu Missverständnissen führen können und Regeln für das Verhalten in bestimmten Situationen. In all diesen Bereichen können Erfahrungen von Fremdheit, Unverständnis und Unsicherheit gemacht werden.
2. Notwendig sind *Einstellungen* gegenüber der anderen Kultur. Dazu gehört zunächst, sich seiner eigenen Kultur mit all ihrer Besonderheit bewusst zu sein und sich selbst als Produkt der Sozialisation in dieser Kultur zu sehen. Die eigene Kultur wird nicht als universelle Norm bei der Betrachtung fremder Kulturen angelegt. Um die andere Kultur in ihrer Einmaligkeit zu verstehen, ist es allerdings ebenso wenig hilfreich, sie unkritisch und voller Begeisterung nur positiv zu verklären und der eigenen Kultur als Negativfolie gegenüber zu stellen.
   Wichtig ist, zu erkennen, ob das gewonnene Bild der Kultur des Gastlandes auf Stereotypen und Vorurteilen beruht, die man bereits aus der Heimat mitgebracht hat. Sie können die Wahrnehmung positiv oder negativ beeinflussen. Erster Schritt dazu ist, sie als vorgestellte Bilder der erlebten Realität unvoreingenommen gegenüber zu stellen. Kulturen sollten als gleichwertig anerkannt werden, nicht als Stufen, die sich unter oder über der eigenen Kultur befinden. Im Zentrum der Betrachtung anderer Kulturen sollten Toleranz und die Anerkennung des Rechtes auf Anders-Sein (UNESCO: „The Right to be different") stehen. Neugier auf Neues und Erfragen des „Warum?", des kulturellen Hintergrunds von unbekanntem Verhalten, hilft, den emotionalen Stress innerhalb des interkulturellen Kommunikationsprozesses zu reduzieren.
3. Sich kompetent in einer interkulturellen Situation zu verhalten, erfordert darüber hinaus die Entwicklung bestimmter *Fähigkeiten*. Dies sind insbesondere die Fähigkeit des Abbaus von Angst und Unsicherheit durch den Erwerb neuer Kenntnisse über die fremde Kultur. Man muss auch feststellen, ob diese Angst auf realen Erfahrungen beruht oder auf eingebildeten Erlebnissen. Vorschnelle Kritik oder Urteile versachlichen die Situation nicht. Gibt es bereits die Erfahrung des Kulturschocks, muss man sich bewusst machen, dass es ein

normaler Prozess ist, dass sich nach der ersten Euphorie und Faszination auch negative Erfahrungen im Alltag oder in der beruflichen Tätigkeit einstellen können. Beides gehört zum Prozess kultureller Anpassung.

Zu den benötigten Fertigkeiten gehört auch, verbale oder nonverbale Signale des Anderen dekodieren zu können, die dahinter stehenden Botschaften zu erkennen. Dazu sind Kenntnisse der Körpersprache erforderlich, was auch ein Bewusstwerden der eigenen Körpersprache und ihres Einsatzes in der Kommunikation einschließt.

Von besonderer Bedeutung ist die Fähigkeit zur *Empathie*, d.h. sich in den anderen hineinversetzen zu können.

Natürlich wird dies nie völlig gelingen, weil wir die individuellen Erfahrungen und Gedanken des Anderen nicht kennen, aber wir können uns seine Emotionen vorstellen: Wie er uns und seine Situation wahrnimmt und wie er darauf möglicherweise reagieren wird. Wichtig sind auch unsere eigenen Fähigkeiten zur sozialen Interaktion, unser Respekt für den Kommunikationspartner, die Sensibilisierung unser Wahrnehmung des Anderen.

Eigene Handlungsstrategien entwickeln:
Aus eigener Erfahrung oder Übermittlung von anderen kann man sich Situationen vorstellen, die Unsicherheit auslösen und für die man kein „Rezept" hat, z. B. wie spricht man die fremden Namen richtig aus, was tue ich, wenn ich den Anderen einfach nicht verstehe, wenn ich den Eindruck habe, falsch gekleidet zu sein, nicht die richtigen Worte finden kann etc.?

Es ist wichtig, sich für diesen Fall Handlungsmuster anzueignen, die eine gespannte Situation auflösen. Wenn man weiß, wie man bei Angst (z. B. Angst als Partner aus einer anderen Kultur zu versagen) reagieren sollte, kann man damit umgehen. Grundlage solcher Strategien ist allerdings auch das Wissen darüber, ob und wie man in der anderen Kultur über Kommunikationsprobleme, Ängste und Irritationen spricht. In Kurzform könnte man vier Stufen unterscheiden, die man gehen muss, um kompetent mit Menschen aus anderen Kulturen umgehen zu können:

1. Seine eigene Kultur und seine eigene Identität erkennen;
2. Was ist in der fremden Kultur anders?
3. Gibt es Gemeinsamkeiten zwischen beiden Kulturen?
4. Worin unterscheiden sich die beiden Kulturen? Mit wie viel Fremdheit kann ich leben, wieweit kann ich in die andere Kultur hineingehen, sie adaptieren, ohne die eigene Identität aufzugeben?

Die grundlegenden Anforderungen an Kenntnisse und Fähigkeiten für den Umgang mit Menschen aus anderen Kulturen gelten in gleicher Weise für längere Auslandsaufenthalte wie für einen ständigen Aufenthalt in der eigenen multikulturellen Gesellschaft. Im Folgenden ist jedoch eine Unterscheidung angebracht, da es darum geht, *wie* man denn das nötige Rüstzeug für die interkulturelle Kommunikation erwerben kann.

In den vergangenen fünf Jahrzehnten wurden vor allem als Vorbereitung auf längerfristige berufliche Auslandsaufenthalte Trainingskurse zur Vermittlung von Interkultureller Kompetenz entwickelt. Diese Entwicklung begann in den USA in den 50er und 60er Jahren, als eine wachsende Zahl von US-Amerikanern im Rahmen von Wirtschaftsunternehmen in andere Länder und Kontinente reiste. Es hatte sich bald gezeigt, dass ohne eine entsprechende Vorbereitung interkulturelle Konflikte auftraten, die die Beziehungen und den wirtschaftlichen Erfolg belasteten. In Europa erforderten einige Zeit später Projekte der Entwicklungshilfe, die Einbindung in internationale Organisationen und zunehmend auch der Ausbau der Wirtschaftsbeziehungen über Europa hinaus entsprechende Weiterbildungsprogramme. Hinzu kamen in Deutschland Projekte der interkulturellen Arbeit im Rahmen der Integration ausländischer Mitbürger, für die Qualifizierungen erforderlich waren. Der inhaltliche Vorlauf der USA erklärt, dass die Art der Programme und die Erfahrungen mit ihnen weitgehend übernommen wurden, so Cross Cultural Training, Culture Awareness Training, Culture Assimilator, Intercultural Management, Global Manager Training etc.

Die Programme unterscheiden sich in ihrer Zielrichtung in:

- Kulturübergreifendes Training:
  Es dient zur allgemeinen Sensibilisierung für die Wahrnehmung fremder Kulturen und die Kommunikation mit ihnen (für Aufenthalte in mehr als einem Land).
- Kulturspezifisches Training:
  Gezielte Vorbereitung auf einen längeren Aufenthalt in einem bestimmten Land. Eine weitere Zielrichtung ist das kontextgebundene Training, also die Vorbereitung auf eine Tätigkeit in einem bestimmten Berufsfeld, wie Wirtschaft, Bildung, Gesundheitswesen etc.

Die beiden grundlegend unterschiedlich angelegten Programme zur Kompetenzvermittlung kulturübergreifend bzw. kulturspezifisch sind nach verschiedenen Methoden strukturiert: Sie sind entweder informationsorientiert oder auf Interaktionen der Teilnehmer gerichtet, also auf passives oder aktives Lernen. (Vgl. Lüsebrink 2005, S. 78; Schugk 2004, S. 250)

Verbreitete Trainingsmethoden sind für die informationsorientierten Programme:

- *Culture Assimilator*: Im Trainingsprogramm wird von den sog. *Critical Incidents* ausgegangen, häufig auftretenden unbeabsichtigten interkulturellen Missverständnissen, für die die Teilnehmer nach Lösungen suchen oder von den sogenannten *hotspots.* (Heringer verweist auf die sog. *hotspots,* das sind „brenzlige“ Situationen im interkulturellen Kontakt, z. B. bei der Begrüßung. (Vgl. Heringer 2004, S. 164 ff.)
- *Cultural Awareness Programm:* Das Training zielt darauf, für Kulturunterschiede zu sensibilisieren und Verhalten zur Anpassung an fremde Kulturen zu vermitteln;
- *Linguistic Awareness of Cultures-Training (LAC):* Beschreibung typischer interkultureller Interaktionsformen mit linguistischen Kategorien, die sprachliche Gründe für Missverständnisse und deren Ursachen untersuchen. (Vgl. Müller-Jacquier, Schugk, Heringer, Lüsebrink, Möller, Benier, Krumbier, Ferraro u. a.)

Die vier inhaltlichen Orientierungen sind mit unterschiedlichen Methoden verbunden:

1. kulturübergreifend – informatorisch
   (Vorträge, Foto- und Filmmaterial, Lehrbriefe zu kulturellen Unterschieden, Fallstudien)
2. kulturspezifisch – informatorisch
   Landeskenntnisse zu Kultur und Geschichte des Einsatzlandes, Fremdsprachenvermittlung, nonverbale Codes, Erfahrungsvermittlung zum Verhalten etc.
3. kulturübergreifend – interaktionsorientiert
   Geeignet für multikulturelle Gruppen. In den Trainingsinhalten soll die Erfahrung der Interkulturalität vermittelt werden. Methoden sind Rollenspiele, Simulation (Teilnehmer nehmen fremdkulturelle Rolle ein), internationale Workshops, Selbstbewertungstests.
4. kulturspezifisch – interaktionsorientiert
   Geeignet für bi-kulturelle Workshops (z. B. mit Teilnehmern aus dem Zielland), Rollenspiele, Simulation etc. (Vgl. Interkulturelle Spiele siehe Losche, Rademacher u. a.)

Das Trainingsprogramm kann auch bestimmte inhaltliche Schwerpunkte durch Orientierung auf ein bestimmtes Praxisgebiet erhalten (z. B. Projekte mit Frauen oder mit Kindern, in beruflichen Einsatzfeldern wie Gesundheitsprävention etc.).

Ein anderer Ansatz ist es, Störungen in der Interkulturellen Kommunikation als kommunikationspsychologischen Prozess darzustellen und Lösungen durch Selbstreflexion zu suchen. Bekannt wurden die Modelle von Friedemann Schulz von Thun. (Vgl. Kumbier, Schulz von Thun 2006, Schulz von Thun 1981)

Eine besonders anregende Form, körpersprachliche Unterschiede in den Kulturen und dadurch bedingte Missverständnisse szenisch umzusetzen, hat Galli entwickelt. Er lässt Teilnehmer aus unterschiedlichen Kulturen Schlüsselszenen gestalten und erfahrbar machen, z. B. Szenen wie „Essensrituale", „Verhältnis zu Geld", „Familienleben" und andere. (Vgl. Galli 2000)

Trainingskurse zum Erwerb Interkultureller Kompetenz wurden ursprünglich für die Vorbereitung auf längerfristige Auslandsaufenthalte entwickelt (und dies ist nach wie vor die Mehrzahl der Kurse), aber inzwischen wurden vor allem Formen aus dem Interaktionsbereich (wie Planspiele, Rollenspiele und anderes) auch zunehmend in der interkulturellen Arbeit im Inland erfolgreich eingesetzt.

Allen verschiedenen Methoden ist gemeinsam, das sie die Erkenntnis vermitteln, das es nicht ausreicht, die fremde Sprache zu lernen, um zu erfahren, was Menschen in einer anderen Kultur denken oder mitteilen wollen. Missverständnisse entstehen überwiegend nonverbal.

Individuelle Kompetenz – Erkenne dich selbst

Unser bisheriger Schwerpunkt lag auf dem Erwerb von Wissen und sozialer Kompetenz im Umgang mit Partnern aus anderen Kulturen. Daneben gibt es aber noch die Ebene der personalen, individuellen Kompetenz, d. h. ist der Kommunikator durch seine eigene Persönlichkeit in der Lage, sich dem anderen gegenüber angemessen zu verhalten und ihn zur Kommunikation zu ermuntern. Ist er psychisch belastbar bei Unsicherheit?

Samovar betont die Notwendigkeit der Selbstanalyse als ein Schlüssel, Kommunikation zu verbessern. Er fordert:

> Kenne dich, kenne die Art deiner Wahrnehmung und wie du auf dieser Grundlage handelst, kenne deine Kultur, deren Produkt du bist, kenne deine Haltung (deine Vorbehalte, Vorurteile, deinen Ethnozentrismus), kenne deinen Kommunikationsstil (welches Bild bietest du anderen, wie präsentierst du dich?).

Er empfiehlt, den eigenen Kommunikationsstil zu evaluieren:

dominant	→	spricht häufig, unterbricht und kontrolliert das Gespräch
dramatisch	→	sehr expressive Sprache, oft Übertreibungen
streitsüchtig	→	argumentativ und häufig feindlich

lebhaft	→	energisch, ausdrucksvolle Gesten und Gesichtsausdruck
beeindruckend	→	äußert Gedanken und Gefühle auf bedächtige Art
aufmerksam	→	guter Zuhörer, bietet verbal und nonverbal Ermunterung
offen	→	enthüllt persönliche Informationen, zeigt Emotionen, Gefühle
freundlich	→	bietet positives Feedback und Ermunterung an.

Er empfiehlt, direktes Feedback bei den Partnern zu erfragen, z. B. „Unterbreche ich zu oft?", Was sagt der Ton meiner Stimme aus?" und ähnliches. (Vgl. Samovar 2001, S. 281 f.)

Besonders entscheidend sind die Fähigkeiten eines „Vermittlers" dort, wo es bereits zu interkulturellen Konflikten gekommen ist (ein Thema, auf das hier nicht eingegangen werden kann). Die Arbeit des *Interkulturellen Mediators* erfordert nicht nur die Kenntnis von mindestens zwei Sprachen, sondern auch von kulturellen Mustern wie *Zeit, verbale Gewalt, Geschlechterrollen* u. a. und vor allem Fähigkeiten wie Empathie.

Interkulturelle Kompetenz zu erwerben ist ein weites Feld und nicht alles kann man lernen. Wir können die Sprache und die Körpersprache eines fremden Landes trainieren, können uns die Kommunikationsregeln und die Unterschiede im Kommunikationsstil aneignen, aber die Fähigkeit zur Empathie ist nicht im gleichen Sinne erlernbar. Sich in den emotionalen Status eines anderen Menschen hinein zu versetzen, hängt von der eigenen Persönlichkeitsstruktur ab. Was man trainieren kann, ist die eigene Wahrnehmung zu verfeinern.

Unsere interkulturelle Handlungskompetenz kann sich auf verschiedene Tätigkeiten im Ausland oder in unserer eigenen Gesellschaft beziehen.

10.2 Interkulturelle Handlungskompetenz auf internationaler Ebene

Wirtschaftliche Zusammenarbeit

Dieser Bereich ist zweifellos der wichtigste, wenn es um erfolgreiche interkulturelle Kommunikation geht, da hier falsches Verhalten Verlust an Geld und Ansehen bedeutet. Sich hier auf andere Kulturen einzustellen, steigert zudem das Image des Unternehmens oder sogar des Landes. Worauf kommt es an?

Natürliche und kulturelle Umwelt kennen

Der Betriebswissenschaftler Eberhard Dülfer hat für Manager deutscher Unternehmen im Ausland sehr anschaulich analysiert, welche Einflüsse auf Wirtschaftsprojekte berücksichtigt werden müssen. Er entwickelte ein Schichtenmodell, das die verschiedenen Einflussbereiche darstellt. Leider kann das in diesem Rahmen nur sehr verkürzt vermittelt werden.

Unternehmen (Manager)
Aufgaben – Umwelt
rechtlich – politische Normen
soziale Beziehungen und Bindungen
kulturell bedingte Wertvorstellungen
Stand der Realitätskenntnis und Technologie
natürliche Gegebenheiten

Andere Faktoren, die in die Betrachtung eingehen, sind sowohl globale Wirtschaftsfaktoren als auch die Organisationskultur. (Vgl. Dülfer 2006, S. 218) Er verweist ebenso auf Zwischenformen und Veränderungsprozesse. Die einzelnen Schichten beeinflussen sich untereinander. Im kulturellen Bereich führt zudem der Einfluss weltweiter Medienkommunikation dazu, dass sich selbst in früher monolithisch strukturierten Gebieten ein sozio-kultureller Wandel abzeichnet, der Mischformen (hybride Formen) hervorbringt. Eine statische Betrachtung der Beziehungen zwischen traditionellen Kulturen und modernen Industrieländern ist daher nicht ausreichend.

Der in unserem Kontext relevante Bereich der *kulturell bedingten Wertvorstellungen* umfasst Glaubensvorstellungen, Werte, überlieferte Verhaltensnormen, ideologische Postulate und Erziehungsgrundsätze sowie individuelle Motive und Lebensziele. Dülfer betont die Differenzierung der Wertvorstellungen nach sozialer Gruppenzugehörigkeit über die nationale Prägung hinaus. (Vgl. ebenda S. 216) Von besonderem Interesse für unseren Rahmen sind seine Ausführungen zur Zeit und zur Arbeitseinstellung.

Die Gegensätzlichkeit der für die Arbeit relevanten Wertvorstellungen zeigt Dülfer am Beispiel von Subsistenzwirtschaften, wie z. B. in Afrika. Die Arbeitsmotivation ist eine andere im Vergleich zur europäischen Industriegesellschaft: der Einzelne produziert mit seiner Gruppe die Güter des Eigenbedarfs. Es bestehen traditionelle Formen der gegenseitigen Hilfe. Arbeit wird kollektiv geleistet, was kollektive Mußezeiten einschließt. Autoritäten zur Kontrolle der Arbeit kommen nicht von außen, sondern aus Familie und Stamm. Das Verhalten wird durch naturreligiöse Vorstellungen und einem zyklischen Zeitverständnis bestimmt (d. h. nach der Ereigniszeit jahreszeitlicher Abläufe). Zeitverlust bei der Arbeit wird nicht als Problem gesehen, da er beim nächsten Zyklus ausgeglichen werden kann – eine Vorstellung, die für Europäer sehr schwer zu akzeptieren ist.

Von besonderer Bedeutung sind die von Dülfer sehr genau nachgezeichneten Auswirkungen der Religionen auf das Arbeitsverhalten. Wer in ein anderes, insbesondere außereuropäisches Land geht, muss davon ausgehen, dass Religion nicht nur Privatsache ist, sondern das gesamte gesellschaftliche Leben beeinflusst. Ein Beispiel sei hier erwähnt: In Japan, einem wichtigen Wirtschaftspartner, bekennen sich 89 Mio. Menschen zum Shintoismus, 86 Mio. zum Buddhismus (viele Japaner leben mit beiden Religionen, z. B. ist die Hochzeit nach shintoistischem Brauch, während Beerdigungen nach den Regeln des Buddhismus ablaufen) und hinzu kommen Wertvorstellungen des Konfuzius. Die Grundthese des Shintoismus, dass der Mensch gut ist, bedingt eine positive Einstellung zum Leben. Dazu gehört, dass es keine strikte Trennung von Arbeitszeit und Freizeit gibt. Auch nach den Grundsätzen des Buddhismus gibt es keine Arbeitsethik, da der Mensch einen freien Willen hat. Für den Shintoismus kennzeichnend ist der Ahnenkult. Das japanische Konzept der Familie und die Rolle des Familienahnen werden auf das Unternehmen und den Unternehmensgründer übertragen. Shintoistische und buddhistische Priester beten in japanischen Betrieben für das Wohl der Mitarbeiter. Bei Unfällen und Misserfolgen werden Zeremonien durchgeführt.

Die religiösen Gebote bestimmen auch zeitliche Festlegungen für wirtschaftliche Verhandlungen. So ist die Zeit vom 29. April bis zum 5. Mai arbeitsfrei, da man in dieser Zeit zu den Gräbern der Ahnen reist.

Die Strukturierung des Lebens durch religiöse Verpflichtungen finden wir natürlich auch in anderen Religionen, z. B. Im Islam (Ramadan, die 5 täglichen Gebete).

Zur Vorbereitung auf ein Projekt im Ausland reicht es also nicht aus, sich über die Gegebenheiten der natürlichen Umwelt (Klima, Bodenschätze) zu informieren, sondern für eine erfolgreiche Zusammenarbeit gehören Kenntnisse der kulturellen Lebenswelt.

Strategien der internationalen Unternehmenspolitik

Durch globale Wirtschaftsprozesse der letzten Jahrzehnte ging eine Veränderung der Unternehmensstrukturen einher. Neben Betriebe mit einem heimatlichen Stammbetrieb treten immer mehr Unternehmen mit mehr als einem Stammland, so dass Mitarbeiter aus mehr als einem Land zusammenarbeiten und unterschiedliche Verhaltensmuster aufeinandertreffen. Es gibt zudem immer mehr global vernetzte Unternehmen, die Mitarbeiter aus mehreren Ländern beschäftigen, für die universelle Normen gelten. (Vgl. Meier 2004, S. 106) Modernes Personalmanagement muss die Qualifizierung für diese neuen Anforderungen berücksichtigen. Zu den Anforderungen an Fachkräfte im Ausland gehören nicht nur fachliche und persönliche Eignung, sondern auch Interkulturelle Kompetenz, z. B. Bereitschaft zum Erlernen von Fremdsprachen und Sensibilisierung für fremde Kulturmuster.

Unterschiede im Management

Für unterschiedliches Managementverhalten in Europa ist die umfangreiche Studie von Susanna Müller hervorzuheben, die Führungskräfte aus 25 Mitgliedsländern der Europäischen Union (zuzüglich Rumänien und Lichtenstein) zur Spezifik des Führungsstils und ihren Erfahrungen mit den Partnern befragt hat.

Auch ihr Ausgangspunkt ist, dass zu viele Projekte an der Vernachlässigung des kulturellen Faktors scheitern (Beispiel: „Pepsodent“ in Südostasien: Werbung mit „Weiß“ hat keinen Erfolg, da durch das Betelkauen dort schwarze Zähne als Schönheitsideal gelten.).

Sie hat Kulturstandards in folgenden Bereichen erfragt:

- Prozess der Entscheidungsfindung
- Zeitkonzept: Arbeitsplanung, Zukunftsplanung
- Verhältnis von Organisation und Improvisation
- Personalpolitik (Einstellungskriterien, Geschlechterrollen)
- Arbeitseinstellung, Motivation, Qualitätsbewusstsein
- Kommunikation:
    - Wege des Informationsflusses und Diskussionsverhalten
    - Umgang mit Gefühlen
    - Umgang mit Lob und Tadel, Kritik
    - Problemlösung und Konfliktmanagement
    - Präsentation und Verhandlungsführung
    - Marketing und Vertrieb
- Technologietransfer (Vgl. Müller 2005, S. 18)

Auf dieser Basis werden die EU-Länder verglichen.

Hier nur zwei Beispiele des innereuropäischen Vergleichs, Ausschnitte:

Spanien: Zentraler Wert in Spanien ist die Familie. In kleineren Unternehmen wird Familienmodell auf die Firma übertragen. Einstellung erfolgt nach Sympathie und Vertrauen, erst dann nach Qualifikation. Sozialer Wert „confianza“ (Vertrauen) schließt gegenseitigen Respekt und Sinn für „orgullo“ ein, die Ehre, den Stolz des anderen. Der Chef ist wohlwollender Autokrat, der seinen Status bewusst betont, persönliche Verantwortung und Risiko trägt. Er hat das alleinige Recht, Kritik zu üben, Widerrede ziemt sich nicht. (ebenda, S. 40)

Finnland: Finnischer Führungsstil ist freundschaftlich, kameradschaftlich, unbürokratisch und zielorientiert. Verantwortung des Einzelnen ist Eigeninitiative und Selbständigkeit. Kein Statusdenken, starkes Gleichheits- und Wir-Gefühl. Ein Wort ist bindend. Sprichwort „Sprich nur, wenn du etwas zu sagen hast." Kommunikation verläuft stark relationell und mit einem hohen Grad von Respekt und Toleranz gegenüber der Persönlichkeit des Gesprächspartners. Offene Kritik und Streitgespräche wertet man als totale Verletzung gesellschaftlich akzeptierter Angemessenheit. (ebenda, S. 141–148)

Kulturspezifische Geschäftspraktiken

Samovar führt vier Geschäftspraktiken an, die sich zwischen den Kulturen unterscheiden. Das ist zunächst das Protokoll für den ersten Geschäftskontakt, der sich schon in der Art des Mediums unterscheidet, von der telefonischen Verabredung bis zum formalen Brief. In Ägypten wird der Kontakt am besten über Personen vermittelt, die man kennt; in lateinamerikanischen Ländern wird ein Kontakt mit einem hoch stehenden Vertreter über einen Vermittler ausgehandelt, ebenso in Saudi-Arabien; auch in Afrika wird der Kontakt über Freunde oder einen Vermittler hergestellt, in China muss man sich vor der Einreise anmelden, in Italien fragt man vorher schriftlich in italienischer Sprache an etc. Hat man endlich einen Termin bei einem ranghohen Vertreter des gewünschten Unternehmens, ist entscheidend, ob man die Praxis des jeweiligen Grußverhaltens kennt. Die saloppe Art, auf den Partner zuzugehen wie in den USA, ist in anderen Kulturen nicht üblich. In Saudi-Arabien schüttelt man wiederholt die Hände, redet sich mit Titeln an und überreicht Visitenkarten. In Japan sind die Visitenkarten unbedingt erforderlich, weil der Geschäftspartner Informationen über den anderen benötigt, um die korrekte Anrede zu wählen (meishe). In China ist Pünktlichkeit oberstes Gebot, man grüßt mit einer leichten Verbeugung und einem kurzen Händedruck. Der Gast bleibt dabei stehen und wird dann zum Platz geleitet. Man überreicht die Visitenkarten, die Familienname, Titel, Position in seiner Firma u. a. auch in chinesischer Sprache enthalten müssen. In Nepal legt man die Handflächen vor dem Oberkörper aneinander und verbeugt sich kurz. In Finnland begrüßt man zuerst die Frauen (Umarmung und Küsse nur innerhalb der Familie!) und nennt Namen und Titel. Oft werden Gäste in die Sauna eingeladen, wodurch Rangordnungen abgebaut werden.

Bei einem ersten Geschäftsbesuch sind in vielen Ländern Geschenke üblich, wie z. B. in Japan. Geschenke werden nicht in Anwesenheit des Gebers geöffnet. In vielen Ländern gibt es Sitten, an denen man den Status erkennt (z. B. betritt in arabischen Ländern der Ranghöchste zuerst den Raum). Diese kulturspezifischen Verhaltensregeln könnte man noch weiter fortsetzen, aber sicher kann man sie vorher erfragen, um nicht als unhöflich zu gelten.

Ähnlich unterschiedlich sind die Regeln für Verhandlungen. Es wurde bereits darauf hingewiesen, dass der Plan von deutschen Geschäftsleuten, so schnell es geht zum Abschluss zu kommen, allgemein in anderen Ländern nicht gern gesehen ist. Arabische Partner lieben es zu handeln, Mexikaner lieben Diplomatie und Takt, wie generell in Lateinamerika Emotionen wichtiger sind als Logik etc. (Vgl. Samovar 2001, S. 200 ff.)

Beniers, der zusammengestellt hat, wie Manager mit Leuten aus anderen Kulturen umgehen sollten, betrachtet die Verhandlungsführung auf vier Dimensionen:

1. Interessen der Verhandlungspartner;
2. das Gesprächsklima;
3. das Verfahren;
4. die Machtbalance zwischen den Partnern. (Vgl. Beniers 2006, S. 76)

Er betont auch, dass bestimmte Fähigkeiten und Fertigkeiten in der beruflichen Praxis für den Erfolg wichtig sind, wie z. B. Toleranz, Offenheit, Neugier und Akzeptanz gegenüber Fremden, befremdlich Neuen entwickeln, also Abbau von Vorurteilen. (Vgl. ebenda, S. 57)

Sehr aufschlussreich ist in Hinblick auf die Rolle von Stereotypen im globalen Geschäftsleben eine Untersuchung von Richard Glahn, der die Selbst- und Fremdbilder in Deutschland, Asien, Australien, Arabien, Indien, Nordamerika, Südamerika, Nordeuropa, Mitteleuropa, Südeuropa, Osteuropa und Südafrika verglichen hat (die er jeweils als eigene Kulturkreise bezeichnet). Er entwickelt dabei, welche der genannten Kulturkreise gut zusammenarbeiten bzw. wo es ein Spannungsverhältnis gibt.

Er konnte ermitteln, welche Eigenschaften Deutsche an ausländischen Geschäftspartnern schätzen und welche Eigenschaften der Deutschen geschätzt werden (vor allem Zuverlässigkeit und Gründlichkeit). Jeder der genannten Kulturkreise hat seine Besonderheiten, aber als eine Grundvoraussetzung für erfolgreiches Handeln ergab sich Sympathie, freundliches Auftreten und höflicher Umgang. (Vgl. Glahn 2005, S. 148 ff.)

Die hier nur kurz skizzierten Regeln für den Umgang mit Partnern aus anderen Kulturen gelten natürlich nicht nur für die Wirtschaftskontakte. Viele Erfahrungen können auch auf Begegnungen in anderen Bereichen übertragen werden.

Kulturkontakte im Ausland

Kulturkontakte im Ausland haben in den letzten Jahren erheblich zugenommen.

1. Im Rahmen von *Studium und Ausbildung.* Austauschprogramme für Schüler, Sprachschulen, Praktika oder Studienaufenthalte im Ausland werden in der Regel durch Fremdsprachenvermittlung und ein gewisses Maß an Landes-

kenntnissen vorbereitet. Dennoch kommt es immer wieder zu Frustrationen, wenn der Student das Verhalten des Professors oder der Kommilitonen nicht deuten kann oder der Austauschschüler Verhaltensweisen seiner Gastfamilie nicht versteht und nicht teilt. Oft treffen gerade deutsche Schüler im Ausland auf Vorurteile, die erst allmählich im Zusammenleben abgebaut werden können. Wechselseitig ist die Kenntnis anderer kultureller Codes noch nicht ausreichend, um Missverständnisse zu verhindern.

2. Ein kurzfristiger Aufenthalt zu internationalen Konferenzen oder Workshops oder eine längere *Berufstätigkeit im Ausland* ist in den vergangenen Jahrzehnten für immer mehr Personen Normalität geworden, sei es in Internationalen Organisationen, Entwicklungsprojekten oder Regionalbüros. Allein im Rahmen der Europäischen Union, die seit 2007 insgesamt 27 Mitgliedsländer umfasst, in denen ca. 497 Mio. Menschen leben, entstanden neue Aufgabenfelder und Tätigkeitsbereiche, die mit möglichst kompetenten Mitarbeitern besetzt werden müssen. Im Rahmen der innereuropäischen Zusammenarbeit werden zunehmend Projekte in den verschiedenen Bereichen entwickelt, die Menschen zusammenführen. Auch der gewachsenen Grad an Arbeitsmobilität hat zu einem starken Anstieg von Kontakten geführt. Auch hier reichen Fremdsprachenkenntnisse und ein allgemein höfliches Auftreten nicht aus, sondern ohne Kenntnisse über die wirtschaftliche und kulturelle Spezifik der Mitgliedsländer ist Zusammenarbeit und Entscheidungsfindung für gemeinsame Aufgaben nicht möglich. Besonders groß ist noch immer eine weitverbreitete Unkenntnis über die Kulturen Osteuropas, auch deren Sprachen.
3. Ein in Hinblick auf kulturspezifische Kenntnisse sehr sensibler Bereich ist der ***Tourismus.*** Trotz wirtschaftlicher Regression ist die Tourismusbranche immer noch ein wichtiger Wirtschaftszweig. Nach dem Rekordjahr 2007 mit ca. 900 Mio. Urlaubern in allen Teilen der Welt, waren es 2009 immerhin 880 Mio. Reisende. (Vgl. www.UNWTO.org Zugang 08.08.10)
   Die wichtigsten Tourismusländer sind Frankreich, Spanien, die USA, China, Italien, Großbritannien, Deutschland, Ukraine, Türkei und Mexiko (internationale Ankünfte zwischen 81,9 Mio. Menschen in Frankreich, 24,4 Mio. Urlauber in Deutschland bis zu 21,4 Mio. Menschen nach Mexiko) (wikipedia/org/wiki/Tourismus, 11.05.2010)
   Die Reiseziele der Deutschen liegen zu einem Drittel in Deutschland, es folgen Reisen nach Spanien, Österreich, in die Türkei. Von den Reisen sind 6,1 % Fernreisen.
   Das bedeutet für unseren Kontext, das ca. zwei Drittel der Reisen in ein Land gingen, dessen Kultur und/oder Religion fremde Verhaltensmuster und Wertorientierungen hat.
   Bedeutet Tourismus Interkulturelle Kommunikation? Sicherlich für die Mitarbeiter der Tourismusindustrie, die für ihre Tätigkeit immer besser ausgebildet

werden. Aber wie steht es um den Touristen selbst? Ob und wie intensiv er Kontakt zu Personen des Reiselandes hat, ist zunächst abhängig von der Art der Reise. Sicher wird der Individualtourist, der Kulturstätten besuchen will oder der Rucksack-Tourist, der seine Reise mit einem bestimmten Hobby oder Interesse verbindet (z. B. Vogelkunde), sich auf Kontakte mit Menschen eines anderen Landes gut vorbereiten und neugierig auf neue Begegnungen sein. Der durchschnittliche Tourist, der vor allem fremde Landschaften und Tiere erwartet (oder die vier „S" – See, Sand, Sonne, Sex) muss im Grunde mit den Angehörigen des Gastlandes nicht kommunizieren. Für eine Verständigung wendet er sich an den Reiseleiter oder Dolmetscher. Der Abbruch einer interkulturellen Kommunikation hat für ihn keine Folgen. Er hat Kontakt mit einem eingeschränkten Personenkreis (Kellner, Händler, Busfahrer) und beide Seiten wissen wenig voneinander. Wie lange und manchmal hart der Tourist für den Urlaub gearbeitet hat, ist seinem Auftreten nicht zu entnehmen (er besitzt „Schätze" wie Fotohandy, Kamera und Goldschmuck). Andererseits weiß der Tourist wenig darüber, dass der Job des Partners im Touristengewerbe meist eine große Familie ernähren muss.

Abbildung Besteigung des Kilimandscharo als Touristenziel (Uhuru Peak)

Abbildung Souvenirladen auf Sansibar

Inzwischen gibt es eine Reihe von kritischen Stimmen zum respektlosen Verhalten von Touristen gegenüber den Normen der Kultur des Gastlandes, z. B. mangelnder Respekt und Höflichkeit vor allem Alten gegenüber, Nicht-Beachten von Tabus (zwanglose oder freizügige Kleidung beim Moschee- oder Kirchenbesuch). Ein Minimum an Kenntnissen über die Geschlechterrollen in der fremden Kultur, allgemeine Vorstellungen von den vertretenen Religionen und deren Verhaltenskodex, die Existenz unterschiedlichen Zeitverständnisses und vor allem körpersprachlicher Signale der anderen zu verstehen (und auch die, die man selbst aussendet) würde Missverständnisse und Missbilligung im Gastland reduzieren!

Tourismus ist nur bedingt mit einem besseren Verständnis fremder Kulturen verbunden. Die für die Touristen inszenierten Kulturveranstaltungen sind häufig nicht wirklich Ausdruck der Identität, sondern dessen, was der Tourist erwartet. Häufig werden Stereotypen bestätigt. Tatsächlich ist individueller Kontakt oft nicht möglich, da der Tourist aus Sicherheitsgründen seine Ferienanlage gar nicht allein verlassen will. Mit geringen Sprach- und Landeskenntnissen sind Ängste vorprogrammiert.

10.3 Interkulturelle Kommunikation in der multikulturellen Gesellschaft

Zuwanderung nach Deutschland

Der Prozess der weltweiten Migration ist ein Kennzeichen der gesellschaftlichen Veränderungen seit Mitte des vorigen Jahrhunderts. Natürlich gab es zu allen Zeiten Wanderungen von Menschen auf der Suche nach Arbeit, Sicherheit und Wohlstand, aber niemals in diesem Ausmaß. Zuwanderung heute erfolgt nicht vorrangig nur in die westlichen Industriestaaten, sondern auch in die Vereinigten Arabischen Emirate, Kuwait, Jordanien, Israel und Singapur. Die Migranten kommen vorwiegend aus den Ländern Afrikas, Asiens und Lateinamerikas und den jeweiligen Krisenherden in der Welt.

In Deutschland begann nach dem II. Weltkrieg die Zuwanderung von Flüchtlingen und Vertriebenen aus den ehemaligen Ostgebieten (Polen, Sowjetunion, Tschechien, Rumänien), bis Anfang der 50er Jahre ca. 12 Mio. Menschen. Bis 1996 kamen 3,7 Mio. Aussiedler deutscher Herkunft hinzu. Seit 1990 müssen Aussiedler ihre Zugehörigkeit zur deutschen Volksgruppe nachweisen (Ab 1992 wurden jährliche Quoten für die Aufnahme festgelegt und die Aufnahme auf Personen begrenzt, die vor dem 1.1.1993 geboren wurden.).

Nach dem Bundesvertriebenengesetz von 1953 galten Vertriebene als Volksdeutsche und wurden aufgrund ihrer ethnischen Abstammung und kulturellen Orientierung politisch, wirtschaftlich und sozial in die bundesdeutsche Gesellschaft integriert. Hinzu kamen von 1949 bis 1995 ca. 6,2 Mio. Menschen aus Ostdeutschland. Auf der Grundlage des ethnisch begründeten deutschen Nationalstaates war die Abstammung entscheidend. (Vgl. Münz 1997, S. 22 ff.) Dies war kulturell gesehen ein innerkulturelles Problem. Wichtige Gruppe in Hinblick auf Integration sind die sog. Russland-Deutschen, insbesondere die Jugendlichen.

Dies änderte sich in den Jahren nach 1955, als mit der Zuwanderung von Gastarbeitern Menschen fremder Kulturen kamen, mit denen eine Verständigung erreicht werden musste. Grund dafür war der Bedarf an Arbeitskräften mit dem Einsetzen des „Wirtschaftswunders". Die BRD schloss zwischen 1955 und 1968 Abkommen mit Italien, Spanien, Griechenland, der Türkei, Marokko, Portugal, Tunesien und Jugoslawien. Im Jahr 1960, als die Zahl der offenen Stellen höher war als die Zahl der Arbeitslosen, waren die Hälfte der Gastarbeiter Italiener. Im Jahr 1973 betrug der Ausländeranteil an der Bevölkerung ca. 7 %.

Auch in der DDR war der chronische Arbeitskräftemangel Ursache für Staatliche Abkommen über Arbeitsmigration. Die Gastarbeiter kamen überwiegend aus außereuropäischen Staaten: Kuba, Vietnam, Angola und Mozambique. Ihr Anteil war allerdings nicht so hoch, in den 80er Jahren nie mehr als 200.000. Ihre Verträge basierten auf dem Rotationsprinzip, d. h. ihr Aufenthalt war begrenzt und Familiennachzug nicht vorgesehen.

In der BRD wurde mit dem wirtschaftlichen Rückgang 1973 ein Anwerberstop erlassen, durch Familiennachzug stieg die Zahl der Ausländer weiter an. Hinzu kamen Asylbewerber (politisch oder religiös Verfolgte), die nach dem § 16 des Grundgesetzes einen Aufenthaltsstatus erhalten.

In den Statistiken der BRD wurde zunächst zwischen Deutschen und Ausländern unterschieden, seit dem Mikrozensusgesetz von 2005 wurde das Konzept *„Bevölkerung mit Migrationshintergrund"* eingeführt, das folgende Gruppen erfasst:

1. Ausländer: Zugewanderte der 1. Generation, hier Geborene der 2. und 3. Generation
2. Deutsche: Zugewanderte Deutsche (Spätaussiedler) und eingebürgerte Ausländer.

Daten:

- Im Jahre 2007 hatten in Deutschland 15,4 Millionen Menschen einen Migrationshintergrund. Davon waren 8,1 Millionen Deutsche, darunter 2,8 Mio. (Spätaussiedler und 7,3 Mio. Ausländer. Der Anteil der Personen mit Migrationshintergrund an der Gesamtbevölkerung beträgt 18,7 %, bei Kindern unter fünf Jahren liegt dieser Anteil sogar bei einem Drittel.
- Von den Personen mit Migrationshintergrund lebten 2007 mehr als ein Drittel seit mehr als 20 Jahren in Deutschland, ein Viertel seit mindestens 9 Jahre.
- Die ausländische Bevölkerung verteilt sich stärker auf jüngere Jahrgänge im Vergleich zur Altersstruktur der deutschen Bevölkerung.
- Mit einem Anteil von einem Viertel stellten Ende 2008 türkische Staatsangehörige die größte Gruppe der ausländischen Staatsangehörigen. Danach folgen Italiener (7,8 %), Polen (5,9 %). Nach dem EU-Beitritt von Bulgarien und Rumänien war ein deutlicher Anstieg von Staatsangehörigen aus diesen Ländern festzustellen.
- Fast zwei Drittel der in Deutschland lebenden Ausländer hatten zum Jahresende 2008 ein unbefristetes Aufenthaltsrecht. Jeder fünfte Ausländer war im Inland geboren.
- Zu den Ausländergruppen gehören auch die Vietnamesen, die ca. 83.605 Personen umfassen (sie gelten in der Integration als unkompliziert).
  (Vgl. Integrationsreport. Grunddaten der Zuwanderungsbevölkerung in Deutschland. Bundesamt für Migration und Flüchtlinge. 2009)

Assimilation oder Akkulturation?

Migranten gelten als integriert, wenn die Mehrheitsgesellschaft sie nicht als Fremde ausgrenzt und sie sich ihrerseits in das wirtschaftliche und soziale Leben der Aufnahmegesellschaft eingliedern. Aufenthaltsregelungen und Arbeitserlaubnis bilden den Rahmen für politische und wirtschaftliche Integration und damit für die Teilhabe am sozialen Leben. Soziale Integration bezeichnet die Einbindung des Zuwanderers oder einer Gruppe in eine andere soziale Gruppe oder in eine Gemeinschaft (Staat).

Mit der sozialen Integration verbunden ist die *kulturelle Integration.* Es gibt zwei Modelle: *Assimilation* und *Akkulturation/kulturelle Adaption*:

Assimilation bedeutet völlige Einbindung in eine neue Kultur und damit die Aufgabe der eigenen kulturellen Identität. In der Geschichte erfolgte sie meist zwangsweise durch Übernahme einer neuen Sprache, kultureller Mustern und oft auch der Religion.

Akkulturation hingegen ist ein Prozess der schrittweisen Übernahme von Elementen einer neuen Kultur bei Erhalt der eigenen kulturellen Identität der Herkunftskultur. Akkulturation vollzieht sich meist im Zuge längerer Auslandsaufenthalte oder durch Migration. Aus Kulturen, die bis dahin monokulturell waren, entstehen allmählich multikulturelle Gesellschaften.

Die kulturelle Integration begleitet die soziale Integration durch den Arbeitsmarkt und das Alltagsleben in der neuen Gesellschaft. Sie beginnt mit dem Erlernen der Sprache und die allmähliche Änderung von Werten und Verhaltensnormen bis zur beiderseitigen Akzeptanz im privaten Bereich (Mischehen sind von beiden Seiten erlaubt) und der Identifizierung des Migranten mit dem Gastland, das Lebensmittelpunkt wird (evt. Staatsbürgerschaft).

Seit den 80er Jahren gibt es in Deutschland Diskussionen um die Integration von Zuwanderern. Die Positionen in der Öffentlichkeit gehen auseinander: Die einen fordern Assimilation, d. h. Beherrschen der Sprache und Übernahme deutscher Sitten, Verhaltensmuster und Werte, die anderen beschränken kulturelle Integration auf die deutsche Sprache, akzeptieren jedoch die Beibehaltung der kulturellen und religiösen Wertorientierungen des Ursprungslandes. Darüber, wieweit ein Minimalkonsens gemeinsamer Grundwerte geht, wird noch gestritten. Der Prozess erfordert ein Auf-einander-Zugehen von beiden Seiten: Der Migrant muss ein bestimmtes Maß an Sprachkenntnissen erwerben und verbindliche Verhaltensweisen übernehmen, die Deutschen müssen der Kultur der Zuwanderer gegenüber Respekt und Offenheit zeigen. Die Diskussionen um die türkische Kultur (Kopftuchdebatte, Ehrenmorde und Moscheenstreit) zeigen, dass die Unkenntnis über die Kulturen und Religionen auf beiden Seiten groß ist. Die kulturelle und religiöse Vielfalt (allein über 180 Kulturen in Berlin) benötigt Dialog in der Gesellschaft.

Der Grundkonsens konzentriert sich heute in der Regel auf die Forderungen nach Achtung des Grundgesetzes, nach der Anerkennung deutscher Gesetze und dem Beherrschen der deutschen Sprache.

Wenn es um Integration von Zuwanderern geht, sollte zunächst unterschieden werden, ob der Einzelne nur einen vorübergehenden Aufenthalt in Deutschland plante oder Deutschland die neue Heimat werden soll.

Die Integrationsbereitschaft wird jeweils unterschiedlich sein. Die Gruppe der Zuwanderer ist nicht homogen: weder ethnisch, religiös noch sozial. Als Zielgruppen für Integrationsmaßnahmen könnten wir unterscheiden in:

1. Die sozial heterogene Gruppe der Politischen Flüchtlinge und Asylsuchenden aus verschiedenen Teilen der Welt (z. B. Irak, Iran, afrikanische Länder etc.). Unter ihnen sind sowohl ungelernte Arbeiter als auch Intellektuelle (in

Deutschland leben ca. 130.000 Asylbewerber). Ihre Zukunft und Lebensplanung ist ungewiss, so dass sie sich teilweise integrieren wollen.

2. Die große Gruppe derer, die als Gastarbeiter aus einem ländlichen Milieu als Arbeiter der 1. Generation nach Deutschland kamen (wie die Mehrheit der türkischen Zuwanderer). Sie hatten von Anfang an Probleme mit der für sie fremden Kultur. Studien zeigen, dass viele einen Kulturschock bekamen, weil hier Frauen anders gekleidet gehen und selbstbewusst leben und arbeiten, weil den Alten gegenüber nicht genug Respekt gezeigt wird, weil ihre Religion des Islam hier fremd war etc. Dazu kamen ihre Verständigungsschwierigkeiten, da sie vorher kaum Deutsch gelernt hatten und manche bis heute über ein für die Kommunikation mit Deutschen zu geringes Maß an Sprache verfügen. Man muss hierbei berücksichtigen, dass viele der Gastarbeiter nicht geplant hatten, für immer in Deutschland zu bleiben, sondern nach einer bestimmten Zeit in ihre Heimat zurückzukehren. Diese Rückkehr verzögerte sich bei den meisten immer mehr, so dass heute viele von ihnen (z.T. als Rentner) mit ihren Familien in der BRD leben. Sie benötigen in der Gesellschaft auf verschiedenen Ebenen Unterstützung.
3. Die Gruppe der aus der Türkei nachgezogenen Ehefrauen. Sie kommen vorwiegend ebenfalls aus dem ländlichen Milieu, verfügen meist über wenig Kenntnisse der deutschen Sprache und fühlen sich mit ihren traditionellen und religiösen Werten in Deutschland fremd. Sie sind kaum in der Lage, ihren Kindern bei deren Integration zu helfen (können z.B. keine Schularbeiten korrigieren). Spezielle Deutschkurse für diese Gruppe der Frauen ist ein notwendiger Schritt zur Integration von Familien. Da sie oft in Stadtteilen wohnen, die über eine eigene türkische Infrastruktur verfügen, ist der Kontakt mit deutschen Mitbewohnern nicht unbedingt erforderlich.
4. In Hinblick auf Integration ist die wichtigste Gruppe die der Kinder und Jugendlichen der Zuwanderer (insbesondere aus der Türkei und Russlanddeutsche). Im Zentrum der Bemühungen, gute Chancen für eine berufliche Integration zu schaffen, sind die Kinder der 2. und 3. Generation der Gastarbeiter. Ein Drittel der Menschen mit Migrationshintergrund ist in Deutschland geboren. Schlüssel für soziale und kulturelle Eingliederung ist die Sprachkompetenz. Kinder und Jugendliche benötigen für einen erfolgreichen Weg zu Bildung und Ausbildung Hilfe von zwei Seiten: Unterstützung in ihren Familien (Spracherwerb ab Kindergarten, gute schulische Leistungen als Zielvorstellung für die Gestaltung der Zukunft) und Förderung durch Kommune und Staat.

   Die Benachteiligungen von Kindern und Jugendlichen aus Zuwanderergruppen wurden vielfach öffentlich diskutiert. Durch Integrationskurse und eine besondere Förderung im Schul- und Ausbildungsbereich wurden in den letzten Jahren Integrationshilfen geschaffen. Die Bundesregierung hat durch einen Nationalen Integrationsplan 2008 Bedingungen für die Verbesserung der Bildung, Ausbildung und der Chancen auf dem Arbeitsmarkt geschaffen. Unter den Kindern der 2. Generation sind bereits heute viele, die ihren Weg in die eigene Berufstätigkeit gegangen sind, sei es als Geschäftsleute, Handwerker, Ingenieure, Journalisten, Anwälte etc.

Aspekte wirtschaftlicher und sozialer Integration von Migranten heute

Es ist nicht zu übersehen, dass die multikulturelle Gesellschaft nicht komplikationslos ist.

Auf Seiten der Zuwanderer gibt es Probleme durch unzureichende Sprachkenntnisse in Alltag und zu wenig Kenntnisse über kulturelle Verhaltensweisen in Deutschland, so dass es zu Missverständnissen oder Konfrontationen kommen kann. Auf Seiten der deutschen Gesellschaft besteht in vielen Bereichen Unkenntnis über die kulturellen Muster der Zuwanderer, Intoleranz gegenüber dem „Anderssein“ und insbesondere eine Unsicherheit gegenüber der Religion des Islam. Auf beiden Seiten ist die Bereitschaft notwendig, sich wechselseitig mit der Kultur der anderen Gruppe zu beschäftigen.

Es gibt bereits gut organisierte Begegnungen wie der „Tag der Offenen Moschee“, interreligiöse Dialoge, Projekte interkultureller Jugendarbeit und vieles mehr. In all den Fragen des täglichen Zusammenlebens sind aber auf beiden Seiten Unsicherheit und Unkenntnis zu beobachten.

In diesem Sinne lässt sich die Frage, wer interkulturelle Kompetenz erwerben sollte, nicht auf einzelne Berufsgruppen einschränken. Wir wollen dennoch einige Bereiche herausgreifen, in denen dies unumgänglich ist.

1. Führungskräfte in Betrieben und Geschäftsunternehmen mit multikultureller Belegschaft; generell Personalabteilungen von Betrieben
2. Mitarbeiter im juristischen Bereich (Richter) und Polizei
3. Pädagogen und Erzieher auf allen Bildungsstufen (inkl. Kindergarten), Dozenten
4. Mitarbeiter im interkulturellen Freizeitbereich (Sport, Jugendarbeit, Musikszene);
5. Führungskräfte und Mitarbeiter im Öffentlichen Dienst, insb. Verwaltungen
6. Fachpersonal in Einrichtungen des Gesundheitswesen und der Altenpflege und viele andere Bereiche.

Die bereits vorgestellten Trainingsprogramme sind sicher für Berufsgruppen verschiedener Art in Modifikationen anwendbar. Im Bereich der Pädagogik haben sich mit der Entwicklung von der Gastarbeiterforschung und Ausländerpädagogik der 60er bis 80er Jahre bis zur Interkulturellen Pädagogik Mitte der 80er Jahre Konzepte entwickelt, die der jeweiligen sozialen Situation entsprachen (von den Kindern der Gastarbeiter bis zu den in Deutschland geborenen Kindern der 2. und 3. Generation). Dazu gibt es eine Fülle an Literatur, auf die ich nur verweisen kann. Ich möchte auf zwei besonders sensible Bereiche kurz eingehen:

1. Öffentliche Verwaltungen:
Für Migranten ist der Kontakt mit Verwaltungen – Beratungsgespräche in der Ausländerbehörde, im Arbeitsamt, Sozialamt etc. unvermeidbar. Behördenkommunikation ist asymmetrisch, d. h. Ausländer stehen der Macht der Behörde als Antragsteller gegenüber und fühlen sich unterlegen. In einer empirischen Untersuchung, die Astrid Porilla und Jan D. ten Thije in einer „Gesprächsfibel für interkulturelle Kommunikation in Behörden" 2008 ausgewertet haben, werden Ursachen für interkulturelle Missverständnisse benannt. Sie liegen im sprachlichen Bereich (unzureichende Kenntnis der deutschen Sprache, Schwierigkeiten einen Dialekt zu verstehen, unbekannte Wortbedeutung, zu komplizierter Satzbau) bis zu nonverbalen Irritationen bei ungewohnten Verhaltensmuster. (Vgl. Porill/Thije 2005)

2. Betreuung von Kranken aus anderen Kulturen
Das ist ein weiterer sehr sensibler Bereich. Dies betrifft auch insbesondere ältere Migranten oder Frauen, die sich in der deutschen Kultur fremd fühlen. Natürlich wurde in diesem Bereich in den vergangenen Jahren viel getan, um das Personal auf die kulturellspezifischen Bedingungen dieser Patienten vorzubereiten. Als Studie möchte ich die Arbeit von Verena Dreißig „Interkulturelle Kommunikation im Krankenhaus" von 2005 erwähnen, die empirisch auf Befragungen von Patienten und Fachpersonal beruht. Auch hier sind sprachliche Schwierigkeiten die wichtigste Ursachen für Unverständnis auf Seiten der Patienten und des Klinikpersonals, aber auch nonverbale Unterschiede. Hier werden Laiendolmetscher wie Angehörige oder Mitpatienten eingeschaltet, im Idealfall gibt es zweisprachige Mitarbeiter. Zurückhaltung besteht auf der einen Seite manchmal gegenüber Patienten fremder Hautfarbe, die ihrerseits überempfindlich und zurückhaltend reagieren. Als wichtige kulturelle Differenzen erwiesen sich die starke Familienbindung und das Besuchsverhalten in türkischen Familien, der Grad an sozialer Nähe und Distanz, die religiösen Gebräuche (das 5malige Gebet zu bestimmten Zeiten) sowie die anderen Essgewohnheiten. Ein besonderes sensibles Gebiet ist der Umgang mit Tod und Trauer und den entsprechenden Ritualen.

Es zeigte sich, dass auch gegenseitige Vorurteile die Beziehungen belasten: Auf Seiten der Türken „Die Deutschen sind alle Nazis" und auf Seiten der Deutschen „Türkische Paschas unterdrücken Frauen" (Vgl. Dreißig 2005, S. 184)

Diese beiden Beispiele mögen genügen, um zu zeigen, wie wichtig Kenntnisse der anderen Kultur und Empathie sind, um das Zusammenleben zu erleichtern.

Ich möchte hervorheben, dass es gerade in diesem sensiblen Bereich des Miteinander Bemühungen um Sachinformationen gibt, wie z. B. eine Broschüre des Deutschen Roten Kreuzes zum Umgang mit Tod und Trauer bei Muslimen in Krankenhäusern, in der Themen wie Scham, Rolle des sozialen Kontakts und Vorschriften des Islam für den Fall des Todes behandelt werden.

Wenn der Patient die Unterstützung möglichst vieler Angehörigen und Freunde bei Krankheit und Not als notwendige Unterstützung braucht, so ist dies – auf der theoretischen Ebene – Ausdruck seiner kollektivistischen Kultur, was für deutsche Patienten oft nicht verstanden wird. Auf der Ebene der Leitung medizinischer Einrichtungen erfordert das jedoch, für diese Verhaltensmuster die notwendigen Bedingungen zu schaffen.

Interkulturelles Zusammenleben in unserer Gesellschaft ist etwas, das in die Zukunft hineinreicht. Dafür müssen auf beiden Seiten vorhandene Unkenntnis und Vorurteile beseitigt werden. Das „Inter" der Interkulturellen Kommunikation bedeutet, dass es einen gemeinsamen Bereich gibt, der von allen gestaltet wird und in dem gemeinsame Verhaltensmuster gelten, sei es im Arbeitsbereich, im öffentlichen Raum. Für Bildung und Erziehung der Kinder aus allen beteiligten Kulturen ist dies noch eine große Aufgabe.

Abbildung Karneval der Kulturen, Berlin 23. Mai 2010

Ausblick:

Kulturelle Globalisierung und Interkulturelle Kommunikation

Abbildung Fanta-Werbung in Indien

Was bedeutet Globalisierung für die Kulturentwicklung und Interkulturalität?

Ist „Globalisierung“ = „Internationalisierung“?

Im 20. Jahrhundert gab es in den 70er und 80er Jahren das Konzept der „Internationalisierung von Kultur“, dem der zunehmende Prozess des Austausches kultureller Objekte über den Warenmarkt und die grenzüberschreitende Verbreitung von Medienprodukten zugrunde lag. Sie wurde als zweiseitiger Prozess beschrieben:

Einerseits vor allem als Verbreitung von US-Kultur (Popmusik, Filme, Fernsehserien) und als Gegenreaktion eine starke Besinnung auf die nationale Kultur.

Die in der Mitte der 90er Jahre einsetzende und inzwischen differenzierte Diskussion um kulturelle Globalisierung geht darüber hinaus und hinterfragt nationale Grenzen. In der globalisierten Welt fließen Waren, Informationen, Technologien und Medien über nationale Grenzen hinweg und transportieren kulturelle Inhalte. Das Neue an der kulturellen Situation ist, dass durch die Neuen Medien, insbesondere durch das Internet, für Millionen von Menschen täglicher Blick in fast alle Kulturen der Welt möglich ist („windowing“). Kulturelle Produkte verbreiten sich weltweit: Die gleiche Seifenoper ist in mehreren Ländern zu sehen, die Werbung für Produkte aller Art scheint über die Grenzen hinweg Menschen mit ganz unterschiedlichen Traditionen zu erreichen. Globalisierung geht offensichtlich mit einer neuen kulturellen Vielfalt umher.

Da Kultur grenzenlos zu werden beginnt, hatte dies Folgen für die Betrachtung von Kultur. Kritiker von Interkulturalität und Multikulturalität verwerfen die hinter diesen Begriffen stehenden festen kulturellen Grenzen – Interkulturalität sei per se die Begegnung von starren Kulturen wie Nationalkultur, Multikultur sei ein Nebeneinander von festen kulturellen Einheiten. Als Konzepte entwickelt wurden neue Betrachtungen von Kultur:

1. *Transkulturalität:* Die Entwicklung einer Patchwort-Identität
   Der Begriff geht auf den Philosophen Welsch zurück, der davon ausgeht, dass sich in einer mobilen Welt mit Migrationen und Grenzüberschreitungen „Eigenkultur“ und „Fremdkultur“ nicht mehr voneinander trennen lassen. Das Individuum, das Anteile aus verschiedenen Kulturen in sich vereint, muss seine Identität neu definieren z. B. Migranten. Transkulturalität geht auf diese Weise über Interkulturalität hinaus.
   Vielfach wird die Veränderung der Identitäten in der Postmoderne als Wandel vom Statischen zum Flüssigen beschrieben. (Lützeler) Es findet ständig eine Auflösung und Neuformierung von Identität statt.
2. *Globalisierung* und lokale Kulturen (*Glokalisierung)*
   Es findet zunehmend eine Mischung globaler Einflüsse mit lokaler Kultur statt, eine Verbindung des Ortsspezifischen mit dem Globalen (häufigstes Beispiel ist die Popmusik). Wagner spricht von einer neuen Betonung des Lokalen.
   Zukrigl betont, dass Menschen in Kulturen der Entwicklungsländer globale Waren und Ideen neu interpretieren und adaptieren…
   Ulrich Beck betont, dass nur global zu produzieren (also alles einheitlich) für die Konzerne keinen Gewinn bedeuten würde, sie benötigen lokale Bindungen. Der Coca-Cola-Konzern bezeichnet seine Strategie als globale Lokalisierung. Global heißt dann *translokal.*

Dies sei aber keine Renaissance des Lokalen, sondern etwas Neues. Beck verwendet das Beispiel der Wendung der Bayrischen Weißwurst zur „Weißwurst Hawaii". (Vgl. Beck 2003, S. 87) Das bedeutet: Lokale Traditionen gehen nicht unter, sondern werden neu belebt.

3. Es entwickelt sich eine *Kulturelle Melange als Kreolisierung* und *Hybridisierung* als Kennzeichen kultureller Globalisierung. Die globale Melange bedeutet Vermischung verschiedener kultureller Stile, Formen und Traditionen zu etwas Neuem (Wagner), hybride Räume und gemischte Zeiten, d.h. Loslösung der Kulturen von ihrer ursprünglichen Entstehung und Verbreitung. Byung-Chul Han geht davon aus, dass in der globalen Welt alle Menschen ihre bisherige Identität aufgeben und in „*ent*-grenzte", ständig fließende Räume eintreten. Die Zuspitzung dieser Entwicklung ist eine *Hyperkultur.* Diese Hyperkultur ist in keiner Weise monokulturell , kein Austausch über Grenzen hinweg, sondern ein austauschloses Nebeneinander kultureller Formen im hyperkulturellen Raum.

Bei Betrachtung gegenwärtiger globaler Kulturentwicklungen sind jedoch zwei Aspekte deutlich: zum einen dominiert der Einfluss westlicher Kultur auf die anderen Kulturen der Welt und zum anderen sind nicht alle Schichten der Bevölkerung in gleicher Weise davon betroffen. Mehrere Autoren heben hervor, dass sich dies auf zwei Gruppen bezieht: erstens auf Migranten und zweitens auf eine intellektuelle Elite (Huntington nennt sie die „Davos-Gruppe" – Wirtschaftsmanager, die global umherjetten, gleiche Sprache/Englisch, gleiche Bekleidung etc., sind international „zu Hause".).

Folgen der Globalisierung für Interkulturelle Kommunikation

Im Zusammenhang damit steht der Begriff *„Transkulturelle Kommunikation"* (Hepp), der sich auf Kommunikation bezieht, die über das globale Mediennetz verbreitet wird und die traditionellen Grenzen nationaler Kulturen überwindet. Zugleich entstand durch die Neuen Medien die Situation, dass Millionen von Menschen täglich virtuell andere Kulturen „besuchen" können und real mit Partnern in aller Welt kommunizieren können.

Fallen mit den Barrieren für Verständigung auch Interkulturelle Missverständnisse? Gleichen sich alle Kulturen weltweit an?

Es zeichnet sich ab, dass wir von einer einheitlichen Weltkultur noch weit entfernt sind. Kommunikationsprobleme bleiben (noch?) bestehen. Kommunikation benötigt eine gemeinsame Sprache. In der Übersicht der Sprachen der Welt steht Englisch erst an 7. Stelle (nach 6 asiatischen Sprachen mit Mandarin an der Spitze mit 15,2 % der Weltbevölkerung). Englisch wird nur von 7,8 % der Weltbevölkerung gesprochen (als Muttersprache), westliche Sprachen nur von jedem 5. Menschen in der Welt. Entwicklung von Zweitsprachenerwerb ist also dringend erforderlich.

Nach wie vor unterscheiden sich Körpersprache, Verhaltensmuster und Werte in der Welt auf der Grundlage historisch entstandener Kulturen und Gemeinschaften. Auch eine Annäherung der Religionen hin zu einer einheitlichen Religion der Welt ist nicht wahrscheinlich.

Auch wenn wir davon ausgehen können, dass durch globale Vernetzungen immer mehr Menschen sich auf andere Kulturen einstellen, so werden zugleich Bezugrahmen für die Identität des Einzelnen von Bedeutung bleiben, seien es die Region, Nation, soziale Gruppe oder Subkultur. Die damit entstandenen Bedingungen für Interkulturelle Kommunikation bleiben also bestehen und bedürfen der Entwicklung von Interkultureller Kompetenz.

Literaturverzeichnis

Allport, Gordon: Die Natur des Vorurteils. Köln 1971

Anderson, Benedikt: Kulturelle Wurzeln. In: Bronfen, Elisabeth, Steffen, Therese: Hybride Kulturen. a. a. O. 1997

Agar, Michael: Language Shock. Understanding the Culture of Conservation. William Morrow And Company, Inc. New York 1994

Argyle, Michael: Körpersprache und Kommunikation. Paderborn 1979

Apeltauer, Ernst (Hrsg.): Interkulturelle Kommunikation: Deutschland – Skandinavien – Großbritannien. Tübingen 2002

Auernheimer, Georg (Hrsg.): Einführung in die interkulturelle Erziehung. Darmstadt 1990

Beck, Ulrich: Was ist Globalisierung? Irrtümer des Globismus – Antworten auf Globalisierung. Frankfurt a. M. 2007

Bellebaum, Alfred: Soziales Handeln und soziale Norm. Paderborn 1983

Becker-Ritterspach, Florian: Arbeitsorganisation eines deutschen Automobilunternehmens in Indien. In: Berliner Debatte Initial 3, 14. Jg., 2003

Beniers, Cornelius: Managerwissen kompakt: Interkulturelle Kommunikation. München 2006

Bhabha, Homi K.: Die Frage der Identität. In: Bronfen, E./Steffen, T./Marius, Benjamin: Hybride Kulturen. a. a. O. 1997

Bitterli, Urs: Die „Wilden" und die „Zivilisierten". Grundzüge einer Geistes- und Kulturgeschichte der europäisch-überseeischen Begegnung. München 1991

Bochner, Stephen (Hrsg.): Cultures in Contact. Studies in Cross-cultural Interaction. Oxford, New York 1982

Böttcher, Siegfried: Kulturelle Unterschiede Grenzen der Globalisierung. Ein Vergleich zwischen dem Westen und Ostasien. In: Schriftenreihe des ifo Instituts für Wirtschaftsforschung. Nr. 147, Berlin/München 1999

Bogardus, Emory, S.: Measuring social distance. Chicago 1925

Bolten, Jürgen: Interkulturelle Kompetenz. Landeszentrale für Politische Bildung Thüringen (Hrsg.), Erfurt 2007

Bourdieu, Pierre: Die feinen Unterschiede. Kritik der gesellschaftlichen Urteilskraft. Frankfurt a. M. 1989

Breidenbach, Joana/Nyiri, Pál: Maxikulti. Der Kampf der Kulturen ist das Problem – zeigt die Wirtschaft uns die Lösung? Frankfurt/New York 2008

Bronfen, Elisabeth/Marius, Benjamin/Steffen, Therese (Hrsg.): Hybride Kulturen. Beiträge zur anglo-amerikanischen Multikulturalismusdebatte. Stauffenburg Discussion. Studien zur Inter- und Multikultur, Band 4.,Tübingen 1997

Broszinky-Schwabe, Edith : Leben mit anderen Kulturen – Bereicherung oder Überfremdung. in: Miteinander leben – aber wie? Berlin 1993

Broszinsky-Schwabe, Edith: Kultur in Schwarzafrika. Leipzig 1988

Broszinsky-Schwabe, Edith: Fremdbilder in Europa: Deutschland – Frankreich. Projekt der Kulturwissenschaft der Humboldt Universität Berlin und der Universität Paris VIII. Berlin 1993

Buchanan, William/Cantril, Hhadley: How nations see each other. Illinois 1953

Byung-Chul, Han: Hyperkulturalität. Kultur und Globalisierung. Berlin 2005

Chelhod, Joseph: Die arabische Gastfreundschaft. In: UNESCO Kurier Nr. 2/1990, Paris

Collett, Peter: Ich sehe was, was du nicht sagst. So deuten Sie die Gesten der anderen – und wissen, was diese wirklich denken. Bergisch Gladbach 2006

Collett, Peter: Der Europäer als solcher…ist unterschiedlich. Düsseldorf 1996

Datta, Asit (Hrsg.): Transkulturalität und Identität. Bildungsprozesse zwischen Exklusion und Inklusion. Frankfurt a. M./London 2005

Daftari, Shirin: Fremde Wirklichkeiten: Verstehen und Mißverstehen im Fokus bikultureller Partnerschaften. Fremde Nähe – Beiträge zur interkulturellen Diskussion. Bd. 13, Münster/Hamburg/London, Münster 2000

Deutsches Rotes Kreuz: „Du, oh beruhigte Seele…“ zum Umgang mit Tod und Trauer bei Muslimen in Krankenhäusern. Berlin 1998

Dreißig, Verena: Interkulturelle Kommunikation im Krankenhaus. Bielefeld 2005

Dülfer, Eberhard: Internationales Management in unterschiedlichen Kulturbereichen. 5. Aufl. München/Wien 1997

Duller; Eduard: Das deutsche Volk in seinen Mundarten, Sitten, Bräuchen und Trachten. München o. J.

Endres, Franz Carl/Schimmel, Annemarie: Das Mysterium der Zahl. Zahlensymbolik im Kulturvergleich. 10. Aufl., München 1997

Erdheim, Mario: Psychoanalyse und Unbewusstheit in der Kultur. Frankfurt 1997

Ferraro, Gary: The Cultural Dimension of International Business. Upper Saddle River, 4th Edition, New Yersey 2002

Ferraro, Gary: Cultural Anthropology. An Applied Perspective. 6th Editon, Thomson Wadsworth 2006

Ferraro, Gary: Outlines Highlights for Cultural Anthropology: An Applied Perspective. 8th Edition, Cram 101, Inc. 2010

Flader, Dieter; Conrad, Sigru: Kulturschock. Wiesbaden

Fritzsche, Yvonne: Wie höflich sind Japaner wirklich? Höflichkeitserwartungen in der Japanischen Alltagskommunikation. München 1998

Galli, Johannes: Interkulturelle Kommunikation und Körpersprache. Freiburg 2000

Ganeshan, Vridhagiri: Weltanschauung ohne Werturteil oder Duo cum faciunt idem, non est edem – Interkulturelle Differenzierungsversuche aus indischer Sicht. In: Hess-Lüttich, Ernest W. B. (Hrsg.): Differenzen? Interkulturelle Probleme und Möglichkeiten in Sprache, Literatur und Kultur. Publikation der Gesellschaft für Interkulturelle Germanistik (GIG), Vol. 9, Frankfurt a. M. 2009

Giordano, Christian: Die Rolle von Missverständnissen bei Prozessen der interkulturellen Kommunikation. In: Roth 1996

Glahn, Richard: Kommunikation im globalen Geschäftsleben. Selbst- und Fremdbilder als Quellen interkultureller Missverhältnisse, als Basis für die Ermittlung von Handlungsbedarf und als Chancen für Wettbewerbsvorteile. Reihe: Angewandte Sprachwissenschaft. Hoberg, Rudolf (Hrsg.) Band 14, Frankfurt a. M. 2005

Gloel, Rolf: Gewalt oder Dialog. Grundlagen und Perspektiven Interkultureller Jugendarbeit. Studien zur Interkulturellen Kommunikation. Saarbrücken/Fort Lauerdale 1992

Goffman, Erving: Interaktionsrituale. Verhalten in der direkten Kommunikation. Frankfurt a. M. 1986

Grunddaten der Zuwandererbevölkerung in Deutschland. Integrationsreport. BMF (Hrsg.), Bonn 2009

Gudykunst, William B./Ting-Toomey, Stella: Culture and Interpersonal Communication. Newbury Park, California, Beverly Hills, California, London 1988

Gudykunst, William B. (Hrsg.): Intercultural Communication Theory. Current Perspectives. Beverly Hills/London/New Delhi. International and Intercultural Communication Annual Volume VII. 1983

Gudykunst, William B./Ting-Toomey, Stella/Tsukasa, Nishida: Communication in Personal Relationships across Cultures. Thousands Oaks, California 1996

Gudykunst, William B./Young Yun Kim: Communicating with Strangers. An Approach to Intercultural Communication. 4th Editon, New York 2003

Hall, Edward T.: The Silent Language. Garden City, New York 1959

Hall, Edward T.: The Hidden Dimension. Garden City, New York 1969

Hall, Edward T./Reed, Mildred: Verborgene Signale. Über den Umgang mit Japanern. Hamburg 1985

Hayakawa, Samuel: Language in Action. New York 1939

Heckmann, Friedrich: Ethnische Minderheiten, Volk und Nation. Soziologie interethnischer Beziehungen. Stuttgart 1992

Heller, Eva: Wie Farben wirken. Farbpsychologie, Farbsymbolik, kreative Farbgestaltung. Hamburg 1989

Hinnenkamp, Volker: Interkulturelle Kommunikation. Heidelberg 1994

Heringer, Hans-Jürgen: Interkulturelle Kommunikation. Grundlagen und Konzepte. Tübingen und Basel 2004

Hepp, Andreas: Transkulturelle Kommunikation. Konstanz 2006

Hess-Lüttich, Ernest W. B./Müller, Ulrich/Schmidt, Siegrid/Zelewitz, Klaus: Differenzen? Interkulturelle Probleme und Möglichkeiten in Sprache, Literatur und Kultur. In: Cross Cultural Communication, Vol.14, Publikationen der Gesellschaft für Interkulturelle Germanistik (GIG), Vol. 9, Frankfurt a. M. 2009

Hinner, Michael B. (Hrsg.): The Influence of Culture in the World of Business. In: Freiberger Beiträge zur Interkulturellen und Wirtschaftskommunikation, Bd. 4, Frankfurt a. M. 2007

Hinner, Michael B. (Hrsg.): Chinese and Western Business Cultures. A Comparison and Contrast. In: Freiberger Beiträge zur Interkulturellen und Wirtschaftskommunikation, Bd 2, Frankfurt a. M. 2005

Hofstede, Geert: Lokales Denken, globales Handeln. Interkulturelle Zusammenarbeit und Globales Management. München 2006

Huber-Kriegler, Martina/Lazar, Ildiko/Strange, John: Mirrors and windows. An intercultural communication Textbook. European Centre for Modern Languages. Council of Europe Publishing. Strasbourg 2003

Huntington, Samuel: Kampf der Kulturen. 6. Aufl., München/Wien 1997

Ike, Obiara: Wende dein Gesicht der Sonne zu. München 2007

Jonach, Ingrid: Interkulturelle Kommunikation. München 1998

Kartari, Asker: Kommunikation zwischen türkischen Mitarbeitern und deutschen Vorgesetzten in einem deutschen Industriebetrieb. In: Roth 1996

Klein, Hans-Michael: Business-Etikette International: Das Deutschlandbild im Ausland. Kulturelle Gemeinsamkeiten und Unterschiede. Praktische Verhaltenstipps für 26 Länder. 2. Aufl.,Berlin 2009

Klein, Wolfgang; Dittmar, Norbert (Hrsg.): Interkulturelle Kommunikation. Göttingen 1994

Kessler, Michael/Wertheimer, Jürgen (Hrsg.): Multikulturalität. Tendenzen, Probleme, Perspektiven im europäischen und internationalen Horizont. Tübingen 1995

Kotthoff, Helga/Spencer-Oatey, Helen: Handbook of Intercultural Communication. Handbooks of Applied Linguistics. Volume 7, Berlin/New York 2007

Krämer, Gena/Quappe, Stephanie: Interkulturelle Kommunikation mit NLP. Einblick in fremde Welten. Berlin 2006

Krauskopf, Jürgen: Das Deutschland- und Frankreichbild in Schulbüchern. Tübingen 1985

Krumbier, Dagmar/Schulz von Thun, Friedemann (Hrsg.): Interkulturelle Kommunikation. Methoden, Modelle, Beispiele. Reinbeck bei Hamburg 2006

Le Goff, Jaques: Rire au Moyen Age. Paris 1999

Levine, Robert: Eine Landkarte der Zeit. Wie Kulturen mit Zeit umgehen. München 1998

Losche, Helga: Interkulturelle Kommunikation. Sammlung praktischer Spiele und Übungen. Alling 1995

Loenhoff, Jens: Interkulturelle Kommunikation. Zum Problem grenzüberschreitender Kommunikation. Opladen 1992

Lüsebrink, Hans-Jürgen: Interkulturelle Kommunikation. Interaktion – Fremderfahrung – Kulturtransfer. Stuttgart Weimar 2005

Lützeler, Paul Michael: Vom Ethnozentrismus zur Multikultur. Europäische Identität heute. In: Kessler, Michael; Wertheimer, Jürgen (Hrsg.): Multikulturalität. a. a. O. 1995

Maletzke, Gerhard: Interkulturelle Kommunikation. Zur Interaktion zwischen Menschen verschiedener Kulturen. Opladen 1996

Mbiti, John: African Religions & Philosophy: The Cconcept of Time. Heinemann London/ Ibadan-Nairobi 1969, reprint 1985

Meier, Harald (Hrsg.): Einführung in das Internationale Management. Interkulturelle Kommunikation – Internationales Personalmanagement – Diversity-Ansätze im Unternehmen. Herne/Berlin 2002

Meier, Harald (Hrsg.): Einführung in das Internationale Management. Internationalisierung und Globalisierung – Internationale Unternehmensführung – Interkulturelle Kommunikation. Herne/Berlin 2004

Merten, Klaus: Kommunikations-Begriff und Prozessanalyse. Opladen 1977

Miodek, Waclaw: Die Begrüßungs- und Abschiedsformeln im Deutschen und im Polnischen. Heidelberg 1994

Mohanti, Prafulla: Krupa Sindhu und der alte Bettler. In: UNESCO-Kurier Nr. 2/1990, 31. Jahrgang, Paris

Mondiacult. Weltkonferenz der UNESCO über Kulturpolitik. Mexiko 1982. Berlin 1983

Montagu, Ashley: Die Bedeutung der Haut für die Entwicklung des Menschen. Stuttgart 1974

Morris, Desmond: Körpersignale: Vom Scheitel bis zum Kinn. München 1996

Morris, Desmond: Körpersignale: Vom Dekolleté zum Zeh. München 1986

Müller, Susanne: Management in Europa. Interkulturelle Kommunikation und Kooperation in den Ländern der EU. Frankfurt 2005

Münz, Rainer/Seifert, Wolfgang/Ulrich, Ralf: Zuwanderung nach Deutschland. Frankfurt 1997

Naguschewski, Dirk/Trabant, Jürgen (Hrsg.): Was heißt hier „fremd"? Studien zu Sprache und Fremdheit. In: Studien und Materialien der Interdisziplinären Arbeitsgruppe „Die Herausforderung durch das Fremde" der Berlin-Brandenburgischen Akademie der Wissenschaften. Berlin 1997

Nyiri, Pál/Breidenbach, Joana: Maxikulti. Der Kampf der Kulturen ist das Problem – zeigt die Wirtschaft uns die Lösung? Frankfurt/New York 2008

Pettigrew, Thomas F./Meertens, R. W.: Subtle and blatant prejudice in Western Europe. In: European Journal of Social Psychlogy, Vol. 25, S. 57–75, 1995

Plessner, Helmut: Lachen und Weinen. München 1950

Porilla, Astrid/Jan D. ten Thije: Gesprächsfibel für interkulturelle Kommunikation in Behörden. München 2008

Rademacher, Helmoldt: Übungen zum interkulturellen Lernen. Evangelische Akademie 1993, Tübingen 1985

Rösch, Olga (Hrsg.): Interkulturelle Kommunikation in Geschäftsbeziehungen zwischen Russen und Deutschen. In: Wildauer Schriftenreihe: Interkulturelle Kommunikation, Bd. 1, Berlin 1999

Rösch, Olga (Hrsg.): Veränderungen in Europa. Anforderungen an interkulturelle Kommunikation mit osteuropäischen Partnern. In: Wildauer Schriftenreihe, Bd. 5, Berlin 2003

Roth, Klaus (Hrsg.): Mit der Differenz leben. Europäische Ethnologie und Interkulturelle Kommunikation. Münster/München, New York 1996

Schäffter, Ortfried (Hrsg.): Das Fremde. Erfahrungsmöglichkeiten zwischen Faszination und Bedrohung. Opladen 1991

Samovar, Larry A./Porter E. Richard: Communication between Cultures. 4th edition, Wadsworth. Thomson Learning. Australia, Canada, Mexico, Singapore, Spain, United Kingdom, United States. 2001

Samovar, Larry A./Porter, Richard E./Jain, Nemi C.: Understanding Intercultural Communication. Wadsworth Publishing Company. Belmont, California 1981

Scheflen, Albert: Körpersprache und soziale Ordnung. Kommunikation als Verhaltenskontrolle. Stuttgart 1976

Scherer, Klaus R.: Non-verbale Kommunikation. Hamburg 1972

Schiewe, Jürgen/Liczuk, Ryszard/Westphal, Werner (Hrsg.): Kommunikation für Europa. Interkulturelle Kommunikation als Schlüsselqualifikation. Frankfurt 2006

Schiffauer, Werner: Kulturelle Charakteristika als Bedingung Interkultureller Kommunikation. Weinheim und Basel 1986

Schlee, Günter: Das Glaubens- und Sozialsystem der Rendille. Berlin 1979

Schugk, Michael: Interkulturelle Kommunikation. Kulturbedingte Unterschiede in Verkauf und Werbung. München 2004

Seo, Min-Soon: Direkt und Indirekt. Analyse des interkulturellen argumentativen Gespräches zwischen Deutschen und Koreanern. In: Werkstattreihe Deutsch als Fremdsprache, Band 76, Frankfurt a. M. 2003

Simmel, Georg: Exkurs über den Fremden. In: Soziologie, Untersuchungen über die Formen der Vergesellschaftung. Hrsg. Rammstedt, Otthein Gesamtausgabe Bd. II, Frankfurt 1992

Tajfel, Henri: Gruppenkonflikt und Vorurteil. Entstehung und Funktion sozialer Stereotypen. Bern Stuttgart Wien 1982

Tan, Dursun: Das fremde Sterben. Tod und Trauer unter Migrationsbedingungen. Frankfurt 1998

Thésée, Gina/Carigan, Nicole/Carr, Paul: Les faces cachées de l'interculturel. Paris 2010

Thieme, Werner Maximilian: Interkulturelle Kommunikation und Internationales Marketing. Theoretische Grundlagen als Anknüpfungspunkt für ein Management kultureller Unterschiede. Frankfurt 2000

Thomas, Alexander/Kammhuber, Stefan/Scholl-Machl, Sylvia (Hrsg.): Handbuch Interkulturelle Kommunikation und Kooperation. Bd. 2: Länder, Kulturen und interkulturelle Berufstätigkeit. Göttingen 2003

Thomas, Alexander (Hrsg.): Psychologie interkulturellen Handelns. Göttingen, Bern, Toronto 1996

Triandis, H. C.: Einstellungen und Einstellungsänderungen. Basel-Weinheim 1975

Wagner, Bernd (Hrsg.): Kulturelle Globalisierung. Zwischen Weltkultur und kultureller Fragmentierung. In: Schriftenreihe der Hessischen Gesellschaft für Demokratie und Ökologie (HGIDO), 1. Aufl., Landesstiftung der Heinrich-Böll-Stiftung, Essen 2001

Warthun, Nicole: Interkulturelle Kommunikation in der Wirtschaft. Eine Studie zu den Erfahrungen deutscher Führungskräfte. Bochum 1997

Watzlawick, Paul/Beavin, Janet H./Jackson, Don: Menschliche Kommunikation. Formen, Störungen, Paradoxien. 9. Aufl., Bern 1996

Weber, Edith/Jonker, Gerdien: „Du, oh beruhigte Seele…! Zum Umgang mit Tod und Trauer bei Muslimen in Krankenhäusern. DRK Gesundheitsförderung (Hrsg.). Berlin 1998

Yousefi, Tatjana/Thomas, Alexander: Beruflich in Russland. Trainingsprogramme für Manager, Fach- und Führungskräfte. 2. Aufl., Vandenhoeck o. J.

Zimmer, H.: Indische Mythen und Symbole. Vishnu, Shiva und das Rad der Wiedergeburten. München 1993

Zimmermann, Matthias: Von nackten Rotkehlchen und furzenden Wölfen. Die witzigsten Redensarten unserer europäischen Nachbarn. verlag Berlin 2009

Zukrigl, Ina: Kulturelle Vielfalt und Identität in einer globalisierten Welt. In: Wagner, Bernd: Kulturelle Globalisierung. a. a. O. 2001

Internetquellen:

www, UNWTO. org, Stand: 11.05.10
wikipedia/org/wiki/Tourismus, Stand: 11.05.10
www.it-times.de/Gartner, Stand: 11.05.10
www.teltarif.de, Stand: 16.07.10
www.eds-destatis.de, Stand: 16.07.10
www.weltsprachen.net, Stand: 02.05.10

Zeitungsartikel:

Die Welt. 15.05.2007
Der Spiegel Nr.2/92, S. 95
Frankfurter Allgemeine Zeitung. 17.07.2010, S. 14

Bildnachweis

9. Kapitel:

Kolumbus trifft auf die Bewohner der „Neuen Welt“

In: Theodor de Bry: Amerika oder die Neue Welt. Erster Teil, Tafel 74, Kiepenheuer Verlag Leipzig/Weimar 1978
Staatsbibliothek Berlin

Völkerstereotype Deutschland – Japan
(Japanische Schüler sehen Deutschland, deutsche Schüler sehen Japan)

In: Katalog zur Ausstellung „Hakenkreuz und Butterfly“, Institut für Auslandsbeziehungen in Kooperation mit dem Japanischen Kulturinstitut, Köln, und der Deutsch-Japanischen Gesellschaft Baden- Württemberg e. V., Stuttgart 1981

(Alle weiteren Fotos sind aus Privatbesitz)

5187150R00147

Printed in Germany
by Amazon Distribution
GmbH, Leipzig